PHILOSOPHY

人民日报学术文库

马克思主义廉政观研究

李春艳 ｜著

人民日报出版社

北京

图书在版编目（CIP）数据

马克思主义廉政观研究／李春艳著 . —北京：人民日报出版社，2024.1

ISBN 978 - 7 - 5115 - 8149 - 5

Ⅰ.①马… Ⅱ.①李… Ⅲ.①马克思主义—廉政建设—研究 Ⅳ.①A811.64

中国国家版本馆 CIP 数据核字（2024）第 018122 号

书　　名：马克思主义廉政观研究
　　　　　MAKESI ZHUYI LIANZHENGGUAN YANJIU

作　　者：李春艳

出 版 人：刘华新
策 划 人：欧阳辉
责任编辑：曹　腾　杨　校

出版发行：人民日报出版社

社　　址：北京金台西路 2 号
邮政编码：100733
发行热线：(010) 65369509　65369527　65369846　65369512
邮购热线：(010) 65369530　65363527
编辑热线：(010) 65369523
网　　址：www.peopledailypress.com
经　　销：新华书店
印　　刷：三河市华东印刷有限公司
法律顾问：北京科宇律师事务所　010-83622312

开　　本：710mm×1000mm　1/16
字　　数：205 千字
印　　张：16
版次印次：2024 年 6 月第 1 版　　2024 年 6 月第 1 次印刷

书　　号：ISBN 978 - 7 - 5115 - 8149 - 5
定　　价：95.00 元

序

《马克思主义廉政观研究》这部著作是李春艳在其博士论文基础上修改形成的，这是她潜心向学的重要成果。目前书稿即将出版，她请我为书作序，作为导师，我欣然应允。

古人云："廉者，政之本也。"在中华优秀传统文化的理念和视野中，"廉洁"被视为"为官之宝""仕者之德""国之四维"。反对腐败、建设廉洁政治，是马克思主义政党的政治本色。中国共产党从成立之日起就将廉洁政治视为自身的价值追求。党的十八大以来，习近平总书记围绕党风廉政建设、建设廉洁文化作出一系列重要指示，十八届六中全会通过的《关于新形势下党内政治生活的若干准则》将"保持清正廉洁的政治本色"单列一项，十九大修订通过的党章将"清正廉洁"作为党的各级领导干部必须具备的基本素质郑重明确，二十大报告进一步强调"加强新时代廉洁文化建设"，充分体现了党中央继承和发扬廉洁治党的优良传统，持续推进廉政建设的鲜明导向。从学界有关成果来看，中外学者在腐败原因探究、现象揭示、治理对策路径以及廉政建设理论和实践方面都开展了多维度研究，形成了诸多具有重要创新价值的成果。但党风廉政建设和反腐败斗争是一项长期的、复杂的、艰巨的任务，随着时代发展，治理腐败和推进廉政建设会不断面临新问题新情况新要求。正如习近平总书记在二十届中央纪委三次全会上所强调："经过新时代十年坚持不懈的强力反腐，反腐败斗争取得压倒性胜利并全面巩固，但形势依然严峻复杂。我们对反腐败斗争的新情况新动向要有清醒认识，对腐败问题产生的土壤和条件要有清醒认识，以永远在路上的坚韧和执着，精准发力、持续发力，坚决打赢反腐败斗争攻坚战持久战。"这就意味着反腐败和廉政建设的理论研究和实践探索不能停止，仍要保持鲜明的问题意识和研究劲头。

　　研究廉政建设既要关注现实问题的思考，也要关注理论溯源的挖掘，马克思、恩格斯、列宁作为无产阶级革命导师，在探寻科学社会主义思想和社会主义建设规律的过程中，对无产阶级政党如何预防和反对腐败、建设廉洁政治，也给出了自己的思考和解答，学界在这方面的研究仍需要进一步加强。通过搜索文献，目前学术界主要致力于对马克思主义经典作家和中国共产党人的廉政观进行个体化研究或对比性研究，也形成了诸多颇有影响力的成果，但是这些比较分散化的研究难以从整体上全面系统地反映马克思主义廉政观。从这个意义上说，本书具有较强的学术价值和理论意义。我长期从事列宁思想、科学社会主义理论和实践的研究，我指导的博士生都是围绕马克思主义经典作家的思想及其实践开展研究。李春艳入学初就向我表达了想挖掘马克思主义经典作家廉政思想的想法，我表示认可和支持。今天呈现在读者面前的这部著作是她博士论文的精华，也算是她对这一问题研究的阶段性总结。本书旨在将马克思主义廉政观的历史演进和发展脉络较为系统地展示出来。作者在研读马克思主义经典原著基础上，梳理出马克思主义经典作家和中国共产党人关于廉政思想的论述和基本观点，再对他们提出廉政观时的历史背景、目标指向等进行深入研究和辩证分析，厘清他们廉政观的历史发展脉络、主要内容，并在此基础上概括出他们在阐述廉政观时所认识到的内在规律，进而分析出马克思主义廉政观对新时代党风廉政建设和反腐败斗争的主要现实启示。所以在某种意义上说，作者对马克思主义关于廉政建设的思想做出了难能可贵的探索，不失为一种有意义的学术研究。

通读该书，作者思路清晰、层次分明、逻辑严谨。前四章每一节都是按照马克思主义经典作家思想发展的时间轴，井井有条地论述了马克思主义关于廉政建设要坚持人民至上、依靠制度反腐、纯洁党的组织和反对特权的思想，并且在每章的最后部分，作者都对本章内容进行了有针对性的综合分析和评价，总结和提炼出了本章的中心思想，这无疑是一把可以帮助读者快速解开本章主旨之谜的钥匙。

虽然作者对本书投入大量精力，但仍有不少需要改进之处。希望她在日后学术生涯中"发扬钉钉子精神"，埋头苦干，沉下心来将"冷板凳"坐热，沿着自己的研究方向不断开拓进取，取得更多高质量、有深度的研究成果。

是为序。

俞良早

2024 年 5 月 20 日于南京师范大学

目　录
CONTENTS

引　言

　　所谓"廉政"，顾名思义是指廉洁政治，这是一种与贪污腐败直接对立的政治现象，因此，强调廉政就必须坚决反对腐败。当前，中国共产党要严加惩治贪污腐败问题，就必须把反腐败斗争和党风廉政建设的重要性提高到关系党和国家生死存亡的高度去认知，唱响反腐倡廉的时代最强音。党的十九届六中全会审议通过的《中共中央关于党的百年奋斗重大成就和历史经验的决议》指出，"腐败是党长期执政的最大威胁，反腐败是一场输不起也决不能输的重大政治斗争，不得罪成百上千的腐败分子，就要得罪十四亿人民"。① 可见，反腐败斗争首先是一场政治斗争，关系到民心这个最大的政治。党的十八大以来，经过坚决斗争，反腐败斗争取得压倒性胜利并全面巩固，但必须看到党内仍然存在许多亟待解决的突出问题，反腐败斗争形势依然严峻，正如习近平总书记在党的十九届中央纪委六次全会上所强调的："我们必须清醒认识到，腐败和反腐败较量还在激烈进行，并呈现出一些新的阶段性特征，防范形形色色的利益集团成伙作势、'围猎'腐蚀还任重道远，有效应对腐败手段隐形变异、翻新升级还任重道远，彻底铲除腐败滋生土壤、实现海晏河清还任重道远，清理系统

---

① 《中共中央关于党的百年奋斗重大成就和历史经验的决议》，北京：人民出版社 2021年版，第 32—33 页。

性腐败、化解风险隐患还任重道远。"① 这里，习近平总书记用四个"任重道远"形容当前党内反腐败斗争的特征，毫不避讳地指出了党所面临的执政环境和所存在的各种问题。为此，党中央多次提出要坚持反腐败永远在路上，不断深化标本兼治，努力保证干部清正、政府清廉、政治清明，通过廉政建设的不懈努力换取"海晏河清、朗朗乾坤"。因此，新时代，中国共产党要想坚定不移地走具有中国特色的反腐倡廉道路，就必须深入学习和挖掘马克思主义经典作家和中国共产党人的廉政思想，厘清该思想的历史发展脉络、所遵循的内在规律，挖掘其现实价值，这样才能对当前建设廉洁型执政党和彰显中国特色社会主义政治文明产生重要的指导性作用。

马克思主义廉政观为新时代中国共产党加强党风廉政建设提供了理论指导和思想资源。主要包含四个方面的重要内容：一是廉政建设要坚持人民至上的思想，如马克思提出要防止"社会公仆"变为"社会主人"；列宁提出执政党"最严重最可怕的危险之一，就是脱离群众"；毛泽东提出党拒腐防变的铜墙铁壁是真心实意的群众；邓小平提出廉政工作要相信群众、依靠群众、造福群众；习近平总书记强调紧紧依靠人民群众来保持执政本色。二是廉政建设要坚持制度反腐的思想，如马克思提出打碎旧的国家制度和机器是遏制腐败的根本途径；列宁提出消除腐败必须"用法令指明道路"；毛泽东提出用"党内法规"和制度来统一各级领导机关的行动；邓小平提出党和国家机关的廉洁要通过法制来保证；习近平总书记强调把法规制度建设贯穿到反腐倡廉各个领域。三是廉政建设要纯洁党的组织的思想。如马克思提出要严格党员入口，以保组织纯洁；列宁要求通过开展

① 习近平：《习近平在十九届中央纪委六次全会上发表重要讲话强调 坚持严的主基调不动摇 坚持不懈把全面从严治党向纵深推进》，《光明日报》2022 年 1 月 19 日，第 1 版。

"清党"工作以维护党组织纯洁；毛泽东提出抓好思想道德建设做"端端正正的官"；邓小平提出完善选人用人标准以确保组织纯洁；习近平总书记提出要通过培养选拔好干部、从严管理干部的方式来加强党的组织建设。四是廉政建设要加强权力监督，反对特权的思想。如马克思提出无产阶级的历史使命是消灭一切特权，实现人类解放；列宁提出要"同一切特权作不调和的斗争"；毛泽东提出要"以真正平等的态度对待干部和群众"；邓小平提出搞特权和特殊化"势必使我们的干部队伍腐化"；习近平总书记强调必须坚决反对"四风"问题，必须从思想作风上反对特权。

马克思主义廉政观在历史发展中具有继承性和创新性、时代性和局限性。中国特色社会主义进入新时代，结合新时代中国特色社会主义廉政建设的实践，可以得出马克思主义廉政思想对当前建设廉洁型执政党和中国特色社会主义政治文明的经验启示：巩固理想信念，补足精神之钙；紧紧依靠人民，保持执政本色；纯洁党的组织，筑牢战斗堡垒；完善制度建设，防止权力越轨；加强权力监督，确保权力阳光化；严厉打击特权，维护制度公正。

廉政建设关系执政党在政治上的先进性、思想上的纯洁性和组织上的纪律性，直接关系党和国家的兴衰成败和中华民族的伟大复兴。我们党必须把党风廉政建设和反腐败斗争提到关系党和国家生死存亡的高度来认识，只有坚持廉政建设和反腐败斗争永远在路上，才能确保中国共产党能够始终成为中国特色社会主义的领导核心，才能确保党始终同人民想在一起、干在一起，始终不忘中国共产党人的初心和使命，全心全意为中国人民谋幸福，为中华民族谋复兴，为把中国建设成为富强民主文明和谐美丽的社会主义现代化强国而不懈奋斗。

绪 论

腐败是人类社会发展与进步的沉疴毒瘤，具有非常强的传染性及腐蚀性、影响、制约和危害着一个国家的经济、政治、文化及社会发展。对此，习近平总书记多次强调："如果任凭腐败问题愈演愈烈，最终必然亡党亡国。"① 反腐败和廉政建设作为一体两面的存在，在马克思主义发展史中占据着极其重要的地位，它关系到最广大人民群众的根本利益、关系到社会的公平正义，还关系到无产阶级政党所主张的理想能否顺利实现。当前中国共产党必须严加惩治贪污腐败问题，要把反腐败斗争和党风廉政建设的重要性提高到关系党和国家生死存亡的高度去认知，唱响反腐倡廉的时代最强音。党的二十大报告强调"坚持打赢反腐败斗争攻坚战持久战"，指出"只要存在腐败问题产生的土壤和条件，反腐败斗争就一刻不能停，必须永远吹冲锋号"②。事实上，中国共产党自成立伊始，始终强调坚决反对腐败，始终把反腐败斗争作为一项重要的政治任务常抓不懈。新时代，中国共产党坚定不移地走具有中国特色的反腐倡廉道路，有条不紊地把党

---

① 《习近平关于党风廉政建设和反腐败斗争论述摘编》，北京：中国方正出版社 2015 年版，第 5 页。

② 习近平：《高举中国特色社会主义伟大旗帜 为全面建设社会主义现代化国家而团结奋斗：在中国共产党第二十次全国代表大会上的报告》，北京：人民出版社 2022 年版，第 69 页。

的廉政建设推向前进。在构建风清气正的廉洁政治生态的征程中，中国共产党高度重视对廉政观的研究，尤其是对马克思主义经典作家和中国化马克思主义理论中所包含的廉政观的研究。研究马克思主义关于廉政的思想，厘清这一思想的历史发展脉络、所遵循的内在规律，挖掘其现实价值，对于当前建设廉洁型执政党和彰显中国特色社会主义政治文明具有重要的指导性意义。

一、马克思主义廉政观研究的价值及意义

马克思主义廉政观是经过历史和实践检验的科学理论。这一廉政观经过马克思、恩格斯、列宁和历代中国共产党人的不断丰富和发展，已经形成了一个较完备且系统的思想理论体系。虽然这一廉政观在不同的时代、不同的国家具有不同的特征，但是中国共产党自成立以来的廉政建设和反腐败斗争实践已经证明了马克思主义廉政观的科学性，而且符合我国反腐倡廉建设现实的实践要求。在建设中国特色社会主义廉洁型执政党过程中，我们仍需要坚持以马克思主义廉政观为指引，更要坚持不懈地把马克思主义廉政思想中国化的最新成果作为指导中国共产党党风廉政建设和反腐败斗争的思想灵魂。

（一）理论价值

1. 研究马克思主义廉政观有助于丰富马克思主义党建理论研究的内容

马克思主义理论包括马克思、恩格斯、列宁等经典作家在创立和发展马克思主义的历史进程中所形成的思想和理论，也包括中国共产党人在坚持和发展中国特色社会主义进程中发展了的中国化马克思主义，内容涵盖诸多领域，十分丰富，其中就包含马克思主义廉政观。新时代，习近平总书记不断吸收和继承马克思主义廉政观，在廉政建设方面发表了一系列重

要讲话，提出了一系列新思想、新制度、新举措，带领全党取得反腐败斗争的压倒性胜利并全面巩固，形成了独具特色的廉政思想。但是，我们必须清醒地认识到，我国滋生腐败现象的土壤和文化因素依然存在，产生腐败的方法和形式也变得更加多样，腐败现象在很多领域内仍频发易发，反腐败斗争的形势依然严峻复杂，必须持续保持高压态势。针对腐败现象，中外学者、古今贤人在原因探究、现象描绘、对策路径等方面都给出了诸多具有重要创新价值的成果。马克思、恩格斯作为科学社会主义的创始人，也给出了自己的答案。他们给出的答案虽然具有理论上的科学性、现实上的指导性，但是不可否认理论与实践的差距依然存在。这就给后人留下了思想的空间，必须认识到廉政建设是一项长期、复杂、艰巨的任务。因此，当今的学术界和理论界仍需要深入挖掘马克思主义廉政观，结合新的时代环境和矛盾变化，不断去回答社会主义发展道路上出现的新廉政问题，丰富和发展马克思主义廉政观。

2. 研究马克思主义廉政观有助于拓展和深化中国特色社会主义政治建设研究的内容

中国特色社会主义政治发展道路主要包括三个方面：一是坚持党的领导，二是人民当家作主，三是依法治国。其中，党的领导是实现人民当家作主和依法治国的根本保证。进入新时代，建设廉洁型执政党的重任依然不能有丝毫松懈。因此，保证中国共产党始终能够保持中国特色社会主义的领导核心地位，坚持全面从严治党是必不可少的。而马克思主义廉政观十分重视从严治党建设，特别是关于加强干部队伍建设，关于确保无产阶级政党纯洁性的思想，对于建设和深化中国特色社会主义廉洁政治具有重大的理论价值和指导意义。

人民民主是社会主义的生命。从本质上来讲，实现人民当家作主是中国共产党人义不容辞的责任，也是社会主义民主政治的题中之义。在建设中国特色社会主义现代化事业过程中，最关键的就是要保证人民当家作主。马克思主义廉政观在发展进程中时刻不忘民主政治建设的重要性。比如，马克思、恩格斯主张要坚决避免资产阶级政府的金钱政治和权贵腐败，建立真正服务于人民的廉价政府，所有政府官员都要依法实行民主选举和罢免制度，从根本上防止党员干部由社会公仆变为社会"主人"；毛泽东讲的最多的就是党的宗旨，把全心全意为人民服务看成是反腐败斗争与无产阶级政党廉政建设的最终价值归宿。这些理论，都充分彰显了马克思主义廉政观肯定和重视人民群众的地位与作用。

依法治国是党领导人民治理国家的基本方略。党的十九大报告将"坚持全面依法治国"纳入新时代坚持和发展中国特色社会主义的基本方略中，明确了"建设中国特色社会主义法治体系、建设社会主义法治国家"①的总目标。由此可见，我们党把建设"法治中国"提到了前所未有的高度加以重视。马克思主义廉政观就非常重视法治建设，如列宁在苏维埃政权的实践探索中提出了一系列加强法制建设的思想，为布尔什维克党克服官僚主义提供了法制保障；毛泽东重视发挥完备的法制建设在反腐倡廉中的保障作用，主张要针对不同阶段制定不同的法律，使得不同时期的惩治腐败工作都有法可依。

实践证明，马克思主义廉政观中关于加强从严治党建设、民主政治建设、法制建设思想都是反腐倡廉的思想宝库，反腐倡廉是政治文明建设的题中应有之义，甚至直接关系到中国特色社会主义伟大事业的兴衰成败。因此，我们必须深入研究和挖掘马克思主义廉政观，努力为社会主义政治文明建设提供有力的理论支撑和保障。

---

① 《习近平谈治国理政》第 2 卷，北京：外文出版社 2017 年版，第 130 页。

（二）现实意义

1. 研究马克思主义廉政观有助于为新时代党风廉政建设提供理论支撑、思维方法

党风廉政建设关系到党员干部在政治上的先进性、思想上的纯洁性和组织上的纪律性，关系到党和国家的兴衰成败和中华民族的伟大复兴。党风廉政建设是党建的重要组成部分，无论是马克思、恩格斯，还是列宁、毛泽东及后来的中国共产党人都非常重视廉政建设。毛泽东在领导中国人民进行革命和建设的实践中都十分重视抓党风廉政建设。改革开放以后，邓小平一方面继承和发展了毛泽东关于廉政建设的思想，另一方面结合新时期实际作出了调整。在他看来，搞好党风廉政建设必须从严治党、严肃党纪，并强调整党不能走过场，要下决心实实在在搞党风廉政建设。党的十八大以来，习近平总书记在不同场合多次强调狠抓反腐倡廉建设，中央制定了一系列的反腐制度，一大批贪官被摘下乌纱帽，从中可以反映出党中央坚定不移惩治腐败的决心。当下，官员贪污腐化、利用特权搞特殊、奢侈浪费等现象仍然不同程度地存在，这些情况都使得党风廉政建设的难度不断提升，可以说，党风廉政建设还有一段非常艰苦的路程要走。对此，在党员干部中强化马克思主义理论教育，尤其是关于马克思主义廉政观的教育，对于治理腐败、整治不正之风有积极意义。

2. 研究马克思主义廉政观有助于克服和化解党面临的"四种危险"

党的十八大报告提出："精神懈怠危险、能力不足危险、脱离群众危险、消极腐败危险更加尖锐地摆在全党面前。"① 这"四种危险"准确地

---

① 胡锦涛：《坚定不移沿着中国特色社会主义道路前进 为全面建成小康社会而奋斗——在中国共产党第十八次全国代表大会上的报告》，《人民日报》2012年11月8日，第1版。

描述和概括了我党执政面临的危险形势。因此，要求全体党员具有勇于进取、居安思危、不怕困难敢吃苦的精神，与此同时，要强化党的先进性和纯洁性建设，全面提升党拒腐防变的能力，提高党科学执政、依法执政的能力和水平。除此之外，全体党员干部都要密切联系群众，坚持群众观点和群众路线，只有这样才能永葆党的坚强领导地位。

当前，极少数党员干部生活上纸醉金迷、贪图享乐，工作中思想涣散、精神懈怠，这些不良作风严重影响党风廉政建设，而马克思主义廉政观重视党风廉政建设，有助于克服形式主义、官僚主义、"精神懈怠危险"；还有一些党员干部自我净化、自我完善、自我革新、自我提高的能力不足，遇到困难不会主动从自己是否能力不够上找原因，故在党员干部中强化对马克思主义廉政观的学习，有助于化解"能力不足危险"；在全党深入开展以马克思主义廉政观为主要内容的培训教育，有助于解决关系群众切身利益的突出问题，防止党员干部出现"脱离群众危险"；马克思主义廉政观所强调的反对腐败、建设廉洁政治，通过对权力的监督和制度反腐等思想，都有利于权力在阳光下运行，使得党员干部自觉做到洁身自好、廉洁自律，从而克服"消极腐败危险"。

二、国内研究综述

近年来，国内诸多学者从研究马克思、恩格斯、列宁的廉政观入手，再对中国共产党人的廉政观进行研究。当然，也不乏有大量学者对单个或多个人物的廉政观进行多角度的研究或比较，其中有不少富有代表性的著作或论文。对此，可概括分析如下：

（一）关于马克思、恩格斯廉政观的研究

1. 从思想内容角度研究马克思、恩格斯廉政观

思想要通过内容来显现。研究马克思、恩格斯廉政观，首先就要研究马克思、恩格斯廉政观的具体内容。这方面学术界已经出版的著作有：《马克思主义廉政学说》（董世明、吴九占、李俊彪著）、《各国廉政建设比较研究》（宋振国、刘长敏著）、《廉政理论研究》（周卫东著）、《廉政建设概论》（王茂林著），书中论述了马克思、恩格斯关于无产阶级政权反腐倡廉的基本思想，总结了人类政治史上正反两方面的经验教训以及同各种腐败现象作斗争的历史经验。从思想内容角度研究马克思、恩格斯廉政观的论文如下：《马克思恩格斯的廉政思想》（丁俊萍）、《马克思恩格斯的廉政思想》（闵雪，薛忠义），《马克思的廉政建设思想及其启示》（董世明）。总体而言，他们都把马克思、恩格斯廉政观的内容归纳为以下几个方面：消灭私有制、建立公有制、建立廉价政府、公职人员应是"人民公仆"、公共权力应受监督等。例如，董世明指出马克思反腐倡廉思想主要包括加强对权力的监督、建立廉价政府、防止国家和国家机关工作人员由"社会公仆"变成"社会主人"、政府官员实行选举和罢免的制度、实行政务公开等。①

2. 从反腐败视角研究马克思、恩格斯的廉政观

廉政建设的基本内容就是要反腐倡廉，即反对腐败，倡导廉政。古今中外，要廉政就必须反腐，而反腐才能廉政，故从反腐败视角研究马克思、恩格斯的廉政观是题中之义。近年来，一些学者研究发现马克思、恩格斯从腐败产生的源头入手，深刻批判了资本主义社会的剥削本质，分析

---

① 董世明：《马克思的廉政建设思想及其启示》，《广州大学学报》（社会科学版）2008年第10期，第3页。

资本主义私有制的罪恶性，指出私有制是导致腐败的源头，还分析了资本主义社会公共权力的异化现象，揭示了资本主义社会根本无法克服腐败现象，只有无产阶级社会才有可能避免腐败现象。①

（二）关于列宁廉政观的研究

目前学术界专门研究列宁廉政观的著作较少，对列宁廉政观内容的研究大都比较概括，不够具体和全面，主要著作有：《列宁共产党执政思想研究》（王进芬著）指出列宁围绕共产党执政提出了一系列的思想主张，包括共产党执政的实质在于人民群众管理国家，执政党要努力探索和实现党内民主决策以及加强执政党自身建设的思想主张；《列宁执政党建设理论新探》（李宝国著）指出列宁在领导俄共（布）进行社会主义建设的同时高度重视执政党建设，提出了包括党的思想建设、组织建设、作风建设、反腐倡廉建设以及制度建设相对完整的执政党建设理论；《列宁执政党学习思想研究》（顾训宝著）从加强执政党建设的视角出发，阐释了要以先进的科学理论武装无产阶级政党，尤其是在加强党的作风建设方面，要努力教育全党反对官僚主义、克服拖拉作风。

对列宁廉政观进行研究的学术论文，主要集中在以下四个方面：

一是从从严治党视角研究列宁廉政观。研究这类问题的学者首先从列宁关于从严治党思想的研究视角出发，挖掘其内含的廉政思想。研究这类问题的学者强调列宁通过俄国的革命和实践，已经形成属于自己的一套从严治党思想体系。比如，龙献忠和陈方芳等学者认为，列宁从严治党基本方略主要体现在思想理论建设、组织建设、作风建设、制度建设和反腐倡

---

① 代表性成果有：张明清《马克思列宁廉政思想探述》，《理论月刊》1994 年第 8 期；杨建兵、陈绍辉《马克思恩格斯反腐败思想及其当代引领价值》，《广州大学学报》（社会科学版）2016 年第 2 期；和军《马克思恩格斯的反腐败思想及其现实意义》，《云南行政学院学报》2012 年第 2 期。

廉建设五个维度上。① 又如，吴成林指出列宁从严治党基本方略包括："一是坚决捍卫马克思主义的指导地位，从思想上从严治党。二是坚决维护党的团结统一，从组织上从严治党。三是构建党内外监督体系，从制度上从严治党。四是坚决反对官僚主义，从作风上从严治党。五是严惩党内腐败分子，从反腐倡廉上从严治党。"②

二是从党的纯洁性视角研究列宁廉政观。这类研究从列宁关于保持无产阶级执政党纯洁性的思想研究出发，挖掘其内含的廉政思想。一些学者认为列宁关于加强执政党纯洁性建设的思想，重点强调保持党在思想、组织、作风、制度上的纯洁性。比如，张士海总结了列宁关于无产阶级政党纯洁性的思想，即无产阶级政党为了保持政党纯洁性，体现政党先进性，必须积极开展思想建设、组织建设、作风建设、制度建设和反腐倡廉建设，这是无产阶级政党纯洁性建设的基本维度。③ 再如，蒯正明和王玉从保持无产阶级执政党纯洁性角度出发，概括了列宁的廉政思想：共产党人必须以马克思主义理论作武装，保持思想的纯洁性；努力提高党员、干部质量，保持组织的纯洁性；保持无产阶级政党的政治本色，发扬党的优良作风；加强对执政党的监督，保持党员干部清正廉洁。④

三是从法制反腐败视角研究列宁廉政观。近年来，随着我国民主法制进程的不断推动，法制反腐已经变成热点话题，它就像是反腐败的一把利器，直戳腐败内脏，使反腐败斗争工作取得了"破纪录"的显著成果，因

① 龙献忠、陈方芳等：《列宁从严治党思想的历史审视及其当代昭示》，《河南社会科学》2018年第2期，第28页。
② 吴成林：《列宁从严治党的思想实践及其现实启示》，《理论导刊》2017年第1期，第50-54页。
③ 张士海：《列宁关于无产阶级政党纯洁性思想及其启示》，《社会主义研究》2013年第2期，第25页。
④ 蒯正明、王玉：《列宁关于保持无产阶级执政党纯洁性的思想与现实启示》，《学术论坛》2012年第12期，第24页。

而从法制反腐败视角研究列宁廉政思想是不可或缺的。研究这类问题的学者们认为，依靠法制反腐败思想是列宁反腐倡廉思想的核心内容。比如，王强认为列宁的法制思想主要强调必须依法治国，坚持国家法制统一和司法独立，严格法律监督，法应与时俱进，法律面前人人平等，加强司法队伍建设，保证法律全面准确地实施。① 再如，张国安不仅认同依靠法制反腐败思想是列宁反腐倡廉思想的核心内容，还特别强调列宁的制度反腐，并指出这些制度包括加强干部管理制度建设、建立健全惩治贪污受贿的法制、建立完善党内监察制度以及建立和加强人民群众的监督制度等。②

四是从权力监督视角研究列宁廉政观。列宁在晚年提出了一系列改善党内和公权力监督的思想，特别是在无产阶级政党党内权力监督制约以及监察体制改革方面做出了巨大探索。多数学者认为列宁的权力监督思想的核心就是以权力制衡权力，从而有效控制权力。有的学者指出列宁晚年逐渐形成了以加强党内监督、群众监督和法律监督这种"三位一体"的权力制约思想③；有的学者认为列宁对于社会主义条件下的权力制约提出了很多独创性的见解，核心思想就是以"权利"制约权力，即人民有权通过一定途径对权力的运行进行适当的制约④；还有学者特别强调列宁提出了检察制度改革，并指出列宁形成了以权力监督制约和维护法制统一为宗旨、服务于苏维埃社会主义法制建设的检察理论，检察机关须承担起以维护法

---

① 王强：《列宁法制思想的当代意义》，《西南科技大学学报》（哲学社会科学版）2005 年第 2 期，第 18 页。

② 张国安：《制度反腐：列宁党风廉政建设思想核心的解读》，《江汉论坛》2006 年第 6 期，第 14 页。

③ 梁丹丹：《列宁"三位一体"的权力制约思想及其当代价值》，《理论导刊》2015 年第 1 期，第 35 页。

④ 王志连、石磊：《以"权利"制约权力——列宁晚年时对社会主义国家权力制衡的探索》，《社会科学研究》2001 年第 3 期，第 23 页。

制统一为宗旨和使命的一般监督职能。①

（三）关于中国化马克思主义廉政观的研究

中国共产党作为马克思主义政党登上历史舞台，自成立之日起，就始终将廉政建设写在自己的旗帜上。无论是执政前的廉政建设，还是执政后的廉政建设，都是学界关注的重点内容。目前，国内学者在这方面的研究主要集中于新中国成立后的中国共产党廉政观，也有部分学者把时间立足于中国共产党建党初期或中国古代。总之，这类研究的著作主要是以纵向的时间为线索，较为系统地阐述各个时期反腐倡廉建设实践和经验。其中，对新中国成立后的廉政观的研究主要是以中国共产党历代领导人为主线，对毛泽东、邓小平、江泽民、胡锦涛、习近平同志的廉政观进行研究，主要研究中国共产党人在党风廉政建设、反腐败斗争方面的理论和实践，并且这些学者大多认为中国共产党人的廉政观是在继承和吸收马克思主义廉政理论基础之上进一步传扬和发展的，既结合了我国社会主义的基本国情，又保留了马克思主义廉政理论的精华，是马克思主义廉政理论中国化的体现，形成了具有中国特色的中国共产党人的廉政思想。② 此外，对中国共产党的廉政观进行研究的学术论文也是不计其数，主要可以分为两方面：一方面，从中国共产党在反腐廉政建设方面的经验出发，阐释了

---

① 王建国：《列宁一般监督理论的制度实践与借鉴价值》，《法学评论》2013 年第 2 期，第 56 页。
② 代表性成果：黄宝玖、杨海蛟《新中国反腐倡廉建设历程》，北京：世界知识出版社 2011 年版；张雪娇、邹谨《新中国廉政建设史纲》，北京：社会科学文献出版社 2015 年版；宋振国、刘长敏《各国廉政建设比较研究》，北京：知识产权出版社 2013 年版；周卫东《廉政理论研究》，北京：中央编译出版社 2005 年版；陈挥、王关兴《中国共产党反腐倡廉建设史》，北京：中国方正出版社 2009 年版；唐尚朴、陈万松《中国共产党四代主要领导人反腐倡廉思想与实践研究》，四川：四川人民出版社 2012 年版。

中国共产党自新中国成立以来廉政建设的历史过程。论文如《中国共产党反腐廉政思想的历史演进及经验》（李景丽）、《新中国成立以来中国共产党推进反腐廉政法制建设研究》（马栋）。另一方面，从马克思主义廉政观中国化的角度出发，指出中国共产党的廉政建设必须始终坚持以中国化马克思主义廉政观作为指导思想，并且这些文章都对新中国成立后廉政思想脉络的演变进行了系统梳理。论文如《中国化马克思主义廉政思想研究》（洪海）、《马克思主义廉政思想中国化历程》（廖斌）。最后，需要特别强调的是学者们对习近平廉政观的研究更是不胜枚举，如有的学者指出习近平廉政观的新时代特色主要体现为：提出全面深化改革与反腐败有机结合的新理念，通过思想文化养成建立不想腐机制的新思路，加强追逃追赃构建国际反腐新秩序的新主张，为党风廉政建设和反腐败斗争新实践提供了正确的指导。① 还有的学者指出习近平总书记关于反腐倡廉法规制度建设的重要论述主要包括四个方面：一是织密权力运行的制度笼子，着力完善反腐倡廉法规制度体系；二是将反腐倡廉党内法规纳入法治化国家建设之中，实现依法治国与依规治党的统一；三是严格反腐倡廉法规制度执行，防止形成"破窗效应"；四是筑牢防腐拒变思想防线，使反腐倡廉法规制度"内化于心"。②

三、国外研究现状

就国外研究来说，目前尚未发现专门、直接研究马克思主义廉政观的文献，但有学者对列宁时期和列宁之后苏联政治生活中的一些官僚主义、特权行为、民主缺失、权力腐败等现象展开研究，如苏联学者拉·伊·哈

---

① 蒋来用：《习近平反腐倡廉思想的新时代特色》，《理论探索》2017年第6期，第5页。
② 矞正明：《新时代习近平反腐倡廉法规制度建设思想与启示》，《兰州学刊》2018年第9期，第5页。

斯布拉托夫在《官僚主义也是我们的敌人》中就阐述了列宁反官僚主义的思想和手段；格·阿尔巴托夫在《苏联政治内幕：知情者的见证》中对苏联政治生活中的体制僵化、权力腐败等现象及其导致苏联社会的衰退进行了论述；法国作家罗曼·罗兰到莫斯科访问并写下了《莫斯科日记》一书，他在书中写到"共产党的活跃成员利用其它特权（住房、食物、交通工具等）代替金钱，这些特权确保他们能过上舒适生活并拥有特殊地位"①；捷克斯洛伐克学者奥塔·希克在《共产主义政权体系》中，认为苏联政治生活中官僚特权阶层实现了政治统治。与此同时，第二次世界大战之后掀起的"西方列宁学"对列宁的执政党建设思想进行了研究，但多局限于阶级立场和政治倾向，许多研究往往偏离了客观公允，如阿夫托尔汉诺夫就指出列宁推行的"党治制"是绝对统治的官僚制度；保尔·弗勒利希在《罗莎·卢森堡。思想和事业》中将列宁的民主集中制思想歪曲为极端的集中主义。

西方一些政治学研究著作，如古希腊亚里士多德的《尼各马可伦理学》、美国罗尔斯的《正义论》、美国亨廷顿的《变化社会中的政治秩序》、俄罗斯哈布里耶娃的《腐败：性质、表现与应对》等，对政治美德、政治之善、制度正义、政治腐败等问题进行了论述，为本书提供了借鉴。与此同时，西方一些国家的廉政措施，如新加坡、芬兰、美国、德国等国家推行的廉洁教育、廉政制度建设、反贪机构设立、权力监督机制等，也为本书提供了有益参考。

综上所述，国内学术界对马克思主义廉政观的研究，主要集中在对马克思主义经典作家中的单个人物或部分人物廉政观的研究，也有部分学者将其中两个或多个人物的廉政观进行对比研究，进而得出一些启示性的理

---

① 〔法〕罗曼·罗兰：《莫斯科日记》，夏伯铭译，上海人民出版社 1995 年版，第 116 页。

论经验。但是，这些研究都比较分散和片面，不能从整体上全面系统地梳理马克思主义廉政观，特别是缺乏对马克思主义经典作家廉政观以及对中国化马克思主义廉政观进行全面和系统的研究。国外对马克思主义廉政观的研究更是很难称得上全面，他们对马克思主义经典作家的廉政观研究主要集中在列宁身上，国外目前还没有学者直接系统地对中国化的马克思主义廉政观进行研究。

四、相关概念界定

一是何为"廉政"。所谓"廉政"，就是廉洁政治，这是一种与贪污腐败直接对立的政治现象，因此，"廉政"与"腐败"常常同时出现，强调廉政就要坚决反对腐败，严惩腐败是为了追求廉政。"廉政"一词从中国词源追溯，最早可能出现在《晏子春秋·问下四》："廉政而长久，其行何也？……其行水也。美哉水乎清清，其浊无雩途，其清无不洒除，是以长久也。"即是说，廉洁正直的人能长久，他们的品性是什么样的呢？……他们的品性就像水一样。清澈的流水多美好啊，它在浑浊的时候任何东西都被涂脏，它在清澈的时候任何东西都能被洗净，因此他们能够长久。由此观之，作为个体的人，要追求廉洁，只有这样才是一个脱离低级趣味的人，作为统治机构，更要追求廉洁，只有这样才能实现长治久安。用历史的眼光看，中华民族从夏商周发展到现在，历经了多少朝代的更替，其中一个重要的教训是，朝代之初兴于廉政，朝代之末亡于腐败。而现在人们所言说的"廉政"主要指政府工作人员在履行其职能时不以权谋私，办事公正廉洁。后来，廉政中的"政"有了政治层面的内涵。

二是"反廉政"现象。所谓"反廉政"现象就是生活中存在的种种逆廉政行为。这是廉政建设必须关注的首要问题，只有明确了对立面，才能有效地防止坏的侵蚀好的。事实上，"反廉政"现象在历史的不同时期表现的也不一样，在中国和西方国家表现的也不一样，在马克思恩格斯时代、列宁时代和苏联时代表现的也不尽相同。而就"反廉政"现象而言，要重点关注几点：一是特权存在。这种特权不仅是政治上的特权，也指经济上的特权，还包含社会生活中的特权。马克思主义唯物史观认为，自私有制产生以来，人类就进入了阶级社会，而不同阶级的形成就是权力、财富、地位等不平衡分配的结果，因此必然伴随着特殊权利的产生。而人类文明的进步史，也是不断反对特权，追求平等的历史。因此，廉政建设必须坚决反对任何形式存在的特权。二是权力滥用。按照契约论的观点，权力来自人们的让渡，人们让渡出的权力原本是为公共利益服务，但是随着历史发展，权力的越界滥用使得权力不再服从于公众的利益。在资本主义制度下，权力发生了本质性的改变，权力异化成效命于金钱，被掌权者私有化、商品化、资本化，变成其谋取个人私利的利器。于是掌权者拼命地积攒自己的权力，目的是攫取更多的利益，随着其官职的提升，权力也变得越来越大，"权力积累"就是在这种形势下滋生的。三是党员腐败。中国共产党作为执政党，努力实现中华民族伟大复兴的中国梦是其历史使命，要带领中国人民实现国家富强，带领中华民族实现伟大复兴，而实现中国梦的前提就是要把党建设得更加坚强有力。但是，当前党内仍不同程度地存在着思想不纯、组织不纯、作风不纯等突出问题，面临着"四大考验"和"四大风险"，这就使得党内部分党员出现了贪污腐败的思想和行为。2016 年 10 月 27 日党的十八届六中全会通过的《关于新形势下党内政治生活的若干准则》对党内存在的种种"反廉政"行为进行了很好的概括："在一些党员、干部包括高级干部中，理想信念不坚定、对党不忠诚、纪律松弛、脱离群众、独断专行、弄虚作假、慵懒无为，……特别是高级干部中极少数人政治野心膨胀、权欲熏心，搞阳奉阴违、结党营私、团团伙伙、拉帮结派、谋取权位等政治阴谋活动。"① 从人类的政治生活史可以看出，不论哪种社会或哪种政府，如果让腐败现象肆意泛滥，听之任之，那么这个政府必将丧失它存在的合法性，政权崩溃。因此，"只有以反腐败永远在路上的坚韧和执着，深化标本兼治，保证干部清正、政府清廉、政治清明，才能跳出历史周期率，确保党和国家长治久安"②。

第三，廉政建设的内容。关于廉政建设的内容，横向看，不同国家所要求的内容不一样；纵向看，历史发展的不同时期也是不一样的。这里对学界关于廉政建设内容的主要观点略作介绍。一是"三要素"说。该观点认为"廉政"应当由执政成本低廉、执政官员廉洁和执政生态清廉透明三方面要素构成。二是"四要素"说。该观点认为廉政建设包括廉政理论、思想作风、法律法规、民主监督等。三是"五要素"说。该观点认为党的廉政建设包括政治建设、思想建设、组织建设、作风建设、纪律建设五个方面的内容。由上可知，不同学者对廉政建设所包含的内容有着不同的认知，但是都离不开以下几点：一是为何廉政，即必须坚持人民至上的核心宗旨。二是用何廉政，即必须通过制度来进行建设。三是廉政建设的着力点，即要加强的党的组织建设。四是廉政建设的重点，即要坚决反对形式多样的特权。

---

① 《关于新形势下党内政治生活的若干准则》，《人民日报》2016 年 11 月 3 日。
② 习近平：《决胜全面建成小康社会 夺取新时代中国特色社会主义伟大胜利》，北京：人民出版社 2017 年版，第 67 页。

第一章

马克思主义关于廉政要坚持人民至上的思想

引言：人民至上是廉政建设的核心宗旨和价值归宿

建立一个廉洁的政府是人类现代政治文明的美好愿望，但令人类困恼的是，与廉政理想相对立的腐败现象却是人类社会几千年来一直存在的顽疾和痼疾。反腐倡廉建设至今是各国政府所面临的共同课题。腐败现象作为人类社会几千年来的一种客观存在，必然有其存在的社会基础，否则，其既不会产生，也不可能长期存在，但作为有自觉意识的人类不能抱着"存在即合理"的偏念去容纳它。为此，古往今来、古今中外的先哲们总是在持续探究腐败因何产生、何以消除。马克思主义的诞生为人类认识和消除腐败现象，建设廉洁政府提供了新的努力方向。马克思主义认为，腐败现象之所以产生，根本原因在于剥削阶级、剥削制度的存在，在于私有制的存在。正是在这个意义上，《共产党宣言》提出："从这个意义上说，共产党人可以把自己的理论概括为一句话：消灭私有制。"① 只要这一根源存在，就还存在滋生腐败现象的土壤和条件。为此，马克思主义经典作家提出要坚持人民群众的主体地位，建立无产阶级政党，建立人民民主专政

① 《马克思恩格斯选集》第 1 卷，北京：人民出版社 2012 年版，第 414 页。

的政府，充分发挥人民群众的作用，来实现廉洁型的政党和政府，进而为人民群众的利益和幸福而奋斗。

列宁领导俄国实现了十月革命的胜利，建立了世界上第一个社会主义国家。十月革命之所以能取得胜利，是因为俄国共产党站在人民群众的立场去满足他们对面包、土地、和平的迫切追求。执政后的俄共（布）始终没有忘记马克思主义执政党的执政宗旨，但是面对其地位的转变，来自各方面的负面因素，特别是旧官僚势力和思想，严重威胁着党的执政地位。为此，以列宁为主要代表的俄共（布）特别强调党的执政地位来自人民，一定保持廉洁为民。列宁在病逝前留下的最后一篇口述文章中仍不忘提醒党要加强廉政建设。在他看来，只有党和国家机关厉行节约，把旧俄国和资本主义官僚机关遗留下来的腐败浪费现象铲除干净，才能保持国家里工人对农民的领导，保持农民对党和国家的信任。

始终坚持把人民至上作为廉政建设的核心宗旨和价值归宿，是中国共产党不断取得胜利的重要因素之一，更是中国共产党孜孜不倦追求的价值目标。中国共产党在革命、建设、改革的进程中逐渐形成了艰苦奋斗、崇廉耻贪的良好社会风气，不断提升党执政能力的科学化水平和党风廉政建设的制度化水平，这些宝贵的精神财富，谱写了党风廉政建设史上的新篇章。在《为人民服务》《论联合政府》等著作中，毛泽东立足于马克思主义群众观角度，深刻地指出了党的廉政文化建设思想应该发展的方向。在推进社会主义现代化的历史征程中，我们党要继续坚守全心全意为人民服务的根本宗旨，真正做到不忘初心、牢记使命，始终把人民群众的利益放在第一位，真正做到心系人民，始终坚持以人民为中心，老老实实地作人民的"公仆"，在坚持人民至上的基础上不断深化廉政文化建设水平，从而构建起有中国特色的反腐倡廉理论体系。

一、马克思、恩格斯关于廉政建设要坚持人民主体地位的思想

坚持人民的主体地位是马克思主义世界观和方法论来认知世界和改造世界的基本立场、基本观点和基本方法，它在根本上区别于以往的哲学家、神学家、宗教学家对人民地位的判识。打破充满阶级压迫的旧制度，建立实现人民幸福的新制度，是马克思、恩格斯理论创造与实践探索的永恒主题。关于如何打破旧制度，马克思、恩格斯提出要发挥人民群众的历史主体作用，强调历史活动是人民群众的事业。关于如何建立新制度，马克思、恩格斯虽然没有详细进行描绘，但是他们指明了社会主义前进的方向，即实现人的自由全面发展。在打破旧制度和建立新制度之间，马克思、恩格斯提出要有一个中间环节或过渡阶段，这个阶段要防止"社会公仆"变为"社会主人"。

（一）反抗旧制度的卑劣性要发挥"人民要求"的决定性作用

马克思、恩格斯关于人民群众主体地位的思想是对西方传统人民理论的革命性颠覆，但它不是主观随意被提出的和形成的，而是以马克思主义唯物史观为基础，以自身世界观的转变为标识，在马克思、恩格斯认真探究历史问题和深入调研社会实践基础上得出的科学结论。

马克思提出，要实现人民不可抗拒的要求就要发挥人民要求本身的决定性作用。《〈黑格尔法哲学批判〉导言》是马克思思想转变的重要著作，这篇著作标志着马克思的思想发生了本质性的变化，从原来坚持唯心主义立场转向坚持唯物主义立场，由原来的信仰革命民主主义转向信仰共产主义，这篇著作历来是中外学者关注和研究的重点，但是以往学者们往往是从哲学、宗教、文化的视角进行研究，而这篇著作中所蕴含的丰富的人民性思想则常常被忽视。在这篇著作中，首先，马克思对虚幻的宗教展开批判，明确提出要求实现人民的现实幸福。马克思写道："反宗教的批判的根据是：人创造了宗教，而不是宗教创造人。……人不是抽象的蛰居于世界之外的存在物。人就是人的世界，就是国家，社会。"① 在这里，马克思从本质上改变了自己对这个世界的看法，他不再用原来的唯心主义立场去看待世界，而是转变到用唯物主义的立场去评判整个世界。马克思强调人的主体性和先在性，而不是宗教的先在性和主导性。在他看来，宗教是虚幻的，是人类由于自身的认识或思想局限，臆想或抽象出的超验性的存在，而只有生活在现实中的人才是最真实的，因此他强调一切要从现实的人出发。为此，他提出要"废除作为人民的虚幻幸福的宗教，就是要求人民的现实幸福。要求抛弃关于人民处境的幻觉，就是要求抛弃那需要幻觉的处境"②。这里，马克思特别强调实现人民的幸福，抛弃和破除资产阶级加给人民的那些虚幻的、虚伪的、虚假的宗教幻觉。马克思进一步分析到，这种作为人民精神鸦片的宗教是与阶级压迫的政治制度紧密联系在一起的，因此要想把人民从"彼岸世界"（虚幻的宗教世界）拉回到"此岸世界"（真实的现世世界），必须发挥最广大人民群众的作用。他说："为了激起人民的勇气，必须使他们对自己大吃一惊。这样才能实现德国人民的不可抗拒的要求，而各国人民的要求本身则是能使这些要求得到满足的决定性原因。"③ 意思是说，要从根本上推翻当时德国反动的政府和政治制度，就必须发动人民，使广大人民深刻认识到自己所处的卑微境遇，并且为自己如此处境感到"大吃一惊"。这样，人民才可能会形成强大的勇气来反抗旧制度，来为自己的幸福和要求去抗争。

在《共产党宣言》中，马克思、恩格斯表达了同样的思想。他们写

---

① 《马克思恩格斯选集》第 1 卷，北京：人民出版社 2012 年版，第 1 页。
② 《马克思恩格斯选集》第 1 卷，北京：人民出版社 2012 年版，第 2 页。
③ 《马克思恩格斯选集》第 1 卷，北京：人民出版社 2012 年版，第 5 页。

道："共产党一分钟也不忽略教育工人尽可能明确地意识到资产阶级和无产阶级的敌对的对立，以便德国工人能够立刻利用资产阶级统治所必然带来的社会的和政治的条件作为反对资产阶级的武器，以便在推翻德国的反动阶级之后立即开始反对资产阶级本身的斗争。"① 这里的意思是说，共产党要时刻教育和提醒工人们，使工人在思想上认识到他们自身与资产阶级的根本对立，从而能在实践中利用资产阶级为自身创造的"条件"来随时开展反对资产阶级和推翻资产阶级统治的革命斗争。

马克思提出，历史的创造者是人民群众，那么，历史活动也是人民群众的活动，随着历史活动的不断壮大，人民群众的队伍也必将逐渐深入而扩大。这里首先要区分几对概念：一是历史的参与者和历史的创造者。历史的参与者，是指凡是从事一定认识活动和实践活动的人；历史的创造者，是指那些既能体现历史规律及其发展趋势又能推动社会发展的人们。历史的参与者一定包括历史的创造者，但是历史的参与者未必就是历史的创造者。二是杰出人物和普通人物。针对历史发展的主体力量问题，历来存在杰出人物和普通人物之争。而马克思、恩格斯从整体性的视角论证了人民群众才是历史发展的根本性或者原根性动力。在马克思、恩格斯看来，杰出人物对社会的发展过程具有助推作用，但杰出人物不能谱写整个历史，整体的历史需要人民群众去创造。正如恩格斯所说："无论历史的结局如何，人们总是通过每一个人追求他自己的、自觉预期的目的来创造他们的历史，而这许多按不同方向活动的愿望及其对外部世界的各种各样作用的合力，就是历史。"② 即是说，就每个人而言，单个个体都可以通过自己的人生经历创造他们的"小历史"，但是个人的历史终究是不能代表整个社会的历史的。要想对历史创造者这个问题进行深入探究，首先必须

---

① 《马克思恩格斯选集》第 1 卷，北京：人民出版社 2012 年版，第 434-435 页。
② 《马克思恩格斯选集》第 4 卷，北京：人民出版社 2012 年版，第 254 页。

要将个人的历史纳入到整个社会的历史中考察。因此，推动整个社会历史的发展靠的不是个体的力量而是全部人民群众的力量。人民群众是历史的创造者主要表现在以下两点：第一，人民群众是社会物质财富和精神财富的创造者。第二，人民群众是社会变革的决定性力量。一方面人心向背的民心体现了社会发展的趋势，人民群众推动了生产力的极大发展；另一方面人民群众是社会革命的主力军，充当着新社会诞生的"助产婆"。正是在这个意义上，马克思在《神圣家族》中提出："历史活动是群众的活动，随着历史活动的深入，必将是群众队伍的扩大。"① 人民群众才是推动历史发展的主人，人民群众的心愿就代表着历史发展的大趋势。

马克思主义唯物史观中关于人民群众是历史创造者的原理，要求无产阶级政党在实践中一定要坚持倾听群众观点、走群众路线。群众观点是体现无产阶级政党性质的根本观点，群众路线是无产阶级政党最根本的路线。群众的人心所向在社会发展中始终起决定性作用，代表着历史发展不可抗拒的潮流趋势，指明了未来社会发展的根本方向。

（二）新的无产阶级政权要防止"社会公仆"变为"社会主人"

马克思、恩格斯防止"社会公仆"变为"社会主人"的思想是针对资产阶级统治阶层的"腐败""堕落"等弊端而提出的。《共产党宣言》刚刚问世，一场席卷欧洲大陆的波澜壮阔的革命风暴就席卷而来。1848 年 2 月，"七月王朝"实行了极为反动的政策。"七月王朝"代表的是金融资产阶级的利益，因而它反对任何形式的改革，拒绝改革使得资本主义发展受到了阻碍，并且加重了对工人阶级和农民的剥削，引起了广大人民群众的强烈不满。为此，法国人民爆发起义推翻了"银行大王"路易·菲力浦七月王朝的统治，建立了法兰西第二共和国。同年 3 月 13 日，奥地利首都维

---

① 《马克思恩格斯文集》第 1 卷，北京：人民出版社 2009 年版，第 287 页。

也纳的市民、大学生和工人行动起来，举行了要求宪法、陪审制度、新闻出版自由的游行示威。群众与军警发生冲突，爆发了起义，推翻了执政30多年的梅特涅反动政权。1848年3月初，柏林群众于普鲁士首都举行了大规模地集会，目的是让普鲁士政府取缔等级特权制度，并召开议会宣布赦免政治犯。普鲁士政府却背道而驰，他们通过调动军队对人民群众进行残酷地镇压，发生了流血冲突，柏林群众于3月18日构筑街垒举行武装起义。1848年6月22日，法国政府颁布了封闭"国家工场"的挑衅性法令，激起巴黎工人的强烈反抗。6月23—26日，巴黎工人举行了大规模武装起义。6月25日，镇压起义的让·巴·菲·布雷亚将军在枫丹白露哨兵站被起义者打死，两名起义者后来被判处死刑。经过四天英勇斗争，起义被资产阶级共和国派政府残酷镇压下去。这次起义的失败，成为整个欧洲革命进程中的转折点，从此反革命势力在整个欧洲到处转入进攻。而后，马克思为《新莱茵报·政治经济评论》杂志撰写了一组文章。1895年，恩格斯将此组文章变成单行本，总标题改为《1848年至1850年的法兰西阶级斗争》。在这篇著作中，马克思揭露了资产阶级政府的"欺骗性"和"虚假性"，即资产阶级政权从权力的实施到意识形态的控制，都受着资本家、金融贵族的支配。用一句话来概括，即"金融贵族过着糜烂生活，人民却在为起码的生计而挣扎！"① 这里揭示了下层人民群众与上层资产阶级在生活中地位的巨大差别。而在马克思、恩格斯看来，无产阶级政党就是要通过无产阶级革命来打破这种充满着不平等和剥削的政治制度及充满阶级压迫的经济基础，从而建立一个同人民群众利益相一致的无产阶级政权。

在《法兰西内战——国际工人协会总委员会宣言》（以下简称《法兰西内战》）这部著作中，马克思不仅系统地阐述了巴黎公社的斗争过程，还对巴黎公社经验教训进行了全面的总结，详细阐释了马克思主义关于阶

---

① 《马克思恩格斯选集》第1卷，北京：人民出版社2012年版，第450页。

级斗争、国家权力、无产阶级专政等问题。在这篇文章中，马克思高度肯定了巴黎公社为实现人民主权所作出的种种努力。他写道："公社——这是社会把国家政权重新收回，把它从统治社会、压制社会的力量变成社会本身的充满生气的力量；这是人民群众获得社会解放的政治形式，这种政治形式代替了被人民群众的敌人用来压迫他们的假托的社会力量。"① 与此同时，马克思还详细阐发和描绘了未来理想社会主义国家政治制度所应该具有的品格。

　　一是要建立工人阶级的政府。马克思恩格斯运用唯物史观的基本方法考察和回顾了公共权力机关的历史流变。在他们看来，作为维护人类社会共同利益的公共权力机关大体上经历了两次大的转变，一次是"社会公仆"转变为"社会主人"，即在原始社会中氏族或部落首领扮演的是"社会公仆"的角色，他们并没有把自己当作高于其他社会成员之上的贵族，而是自觉地承担起为部落其他成员服务的忠贞职责，真心实意地为全体氏族成员服务。随着生产力的发展和社会分工的不断细化，根据社会需要产生了一些脱离人民生活的特殊的机关，即出现了阶级差别。为了维护本阶级的利益，机关逐渐成为了自身利益的"护身符"。正如恩格斯在1891年为《法兰西内战》写的导言中所说："社会为了维护共同的利益，最初通过简单的分工建立了一些特殊的机关。但是，随着时间的推移，这些机关——为首的是国家政权——为了追求自己的特殊利益，从社会的公仆变成了社会的主人。"② 他还以美国为例，揭露了美国政府的虚伪性。他指出："我们在那里（指美国——引者注）却看到两大帮政治投机家，他们轮流执掌政权……这些人表面上是替国民服务，实际上却是对国民进行统

---

　　① 《马克思恩格斯选集》第3卷，北京：人民出版社2012年版，第140页。
　　② 《马克思恩格斯选集》第3卷，北京：人民出版社2012年版，第54页。

治和掠夺。"① 他们认为，国家无非是一个阶级镇压另一个阶级的机器，而这个机器的最终归途是"消失"，而工人阶级所建立的政府就要朝着这个目标去努力。巴黎公社为实现人民掌权所作的种种努力得到了马克思的高度肯定，他说："公社的伟大社会措施就是它本身的存在和工作。它所采取的各项具体措施，只能显示出走向属于人民、由人民掌权的政府的趋势。"② 即表明，巴黎公社所作出的种种努力都是为了能够建立人民真正当家作主的政府，能够代表最广大人民群众根本利益的政府。

二是实现人民主权。人民主权简单而言是指国家的最高权力属于人民。这一思想在17、18世纪资产阶级启蒙运动中就已提出，而马克思、恩格斯在社会主义革命运动中，结合巴黎公社的实践经验，赋予了其新的内涵。巴黎公社虽然只存在了72天，但它昭示了社会发展的方向。它的伟大之处不仅在于通过工人阶级执掌政权的方式实现了对国家以及国家机关的性质转变，还成功地实现了将社会主人变为社会公仆的华丽转变，这个转变在人类社会历史上是前所未有的。巴黎公社所采取的各项措施都是为了实现真正民主的国家政权，马克思十分认同和赞许巴黎公社这一做法。因为在这样的公社里，它所代表和维护的完全是人民的利益，人民不仅实现了权力自由、选举自由，此外，还实现了工资上的平等，可以说，在整个公社里，人民真正实现了完全的自由、民主和平等。马克思写道："公社是由巴黎各区通过普选选出的市政委员组成的。这些委员对选民负责，随时可以罢免。"③ 在马克思看来，这样的政府就能克服资产阶级政府的弊端，消除国家高官所享有的特权，实现政府利益和人民利益的一致化。马克思还揭示出："公社的真正秘密就在于：它实质上是工人阶级的政府，

---

① 《马克思恩格斯选集》第3卷，北京：人民出版社2012年版，第54页。
② 《马克思恩格斯选集》第3卷，北京：人民出版社2012年版，第107页。
③ 《马克思恩格斯选集》第3卷，北京：人民出版社2012年版，第98页。

是生产者阶级同占有者阶级斗争的产物，是终于发现的可以使劳动在经济上获得解放的政治形式。"① 恩格斯也充分肯定了巴黎公社将社会主人变为社会公仆所采取的两个可靠办法。"第一，它把行政、司法和国民教育方面的一切职位交给由普选选出的人担任，而且规定选举者可以随时撤换被选举者。第二，它对所有公职人员，不论职位高低，都只付给跟其他工人同样的工资。"② 可以看出，他们认为，巴黎公社从根本摆脱了旧社会政府是"剥削者"的角色定位，实现了由人民选举、为人民谋福的历史性转变，实现了资产阶级提出但没有实现的"廉洁政府"的目标。

1890 年，恩格斯提出在无产阶级政党内担任领导职务的人应该向工人多学习。当时德国社会民主党内"青年派"在理论上宣扬的是被歪曲得面目全非的"马克思主义"，在实践上奉行的是完全不顾党实际斗争条件的冒险主义。对此，恩格斯在《给〈萨克森工人报〉编辑部的答复》中论述了应该如何正确对待马克思主义，针对如何提高无产阶级政党领导人的自身素养问题，恩格斯写道："要在党内担任负责的职务，仅仅有写作才能或理论知识，甚至二者全都具备，都是不够的，……总的说来，应该向工人学习的地方，比工人应该向他们学习的地方要多得多。"③ 意思是说，党内的每一个党员都不应高高在上，而应该善于向工人们学习，或者说，党员向工人学习的地方要比工人向党员学习的地方多。这里虽然用的是谦词，但是表明了无产阶级政党对党员要求的严格，对人民群众地位的尊重和人民群众智慧的汲取。

（三）自由人联合体中"公共权力就失去政治性质"

马克思通过对宗教神学和市民社会的批判，将"人"从理想的彼岸世

---

① 《马克思恩格斯选集》第 3 卷，北京：人民出版社 2012 年版，第 102 页。
② 《马克思恩格斯选集》第 3 卷，北京：人民出版社 2012 年版，第 55 页。
③ 《马克思恩格斯选集》第 4 卷，北京：人民出版社 2012 年版，第 281 页。

界拉回到了现实的此岸世界，并以此为出发点来研究人类社会发展的基本问题和基本规律。在他看来，"人的根本就是人本身。……对宗教的批判最后归结为人是人的最高本质这样一个学说，从而也归结为这样的绝对命令：必须推翻使人成为被侮辱、被奴役、被遗弃和被蔑视的东西的一切关系"①。在对人发展的理解上，马克思认为："个人的全面性不是想象的或设想的全面性，而是他的现实联系和观念联系的全面性。"② 因此，人的全面而自由发展，是通过创造全面而自由的社会关系来实现的。这样的社会关系是人通过社会实践活动创造出来的，不是主观臆想的也不是宗教神学创造的，是人通过创造现实的社会关系的方式来使自己全面地占有自己的本质。

德语中的"异化"一词来自希腊文，意为分离、疏远、陌生化，把异化真正提升为一个哲学概念来运用始于黑格尔。马克思对异化问题的论述是从国家问题开始的。在《黑格尔法哲学批判》中，马克思指出："政治制度到目前为止一直是宗教领域，是人民生活的宗教，是同人民生活现实性的尘世存在相对立的人民生活普遍性的天国。"③ 即表明，从中世纪以来，国家的政治制度一直受宗教的控制，与人民的现实生活相分离。在《论犹太人问题》中，马克思开始从资本异化的角度进行无情的批判，他指出："钱蔑视人所崇拜的一切神并把一切神都变成商品……钱是从人异化出来的人的劳动和存在的本质；这个外在本质却统治了人，人却向它膜拜。"④ 在《1844年经济学哲学手稿》这部著作中，马克思重点分析和阐述了异化问题，特别是异化劳动现象，马克思直截了当地提出了异化劳动所包含的主要方面：即劳动产品和劳动者相异化、劳动本身与劳动者相异

① 《马克思恩格斯选集》第1卷，北京：人民出版社2012年版，第10页。
② 《马克思恩格斯文集》第8卷，北京：人民出版社2009年版，第172页。
③ 《马克思恩格斯全集》第3卷，北京：人民出版社2002年版，第42页。
④ 《马克思恩格斯全集》第1卷，北京：人民出版社1956年版，第448页。

化、人与人的类本质相异化、人与人的关系的异化。

马克思、恩格斯遵循着唯物史观的研究路径来分析人的发展的历史。他们认为，在人类社会发展的早期阶段，社会分工还不明确，物质生产活动、精神生产活动、社会交往活动等都以朴素自然的形式融合在一起，个人活动显得全面和自由，但是这是一种低级的、原始的状态。在私有制条件下，片面的社会分工使得人的发展也呈现出片面化，进而导致与社会物质生产、精神生产全面发展共生的个人呈现畸形发展状态。在资本主义社会中，表现为人的全面异化。而马克思、恩格斯正是以寻找扬弃异化、实现人的自由全面发展为价值指向，不断探寻着人类社会和人的发展规律。为此，马克思、恩格斯提出要从扬弃私有制和建立新制度两个方面来实现人向自身的回归。

恩格斯为共产主义者同盟撰写的纲领草案《共产主义原理》提出，人的状况将随着无产阶级力量的增长和新社会新制度的建立而大大改变。在这部著作中，恩格斯阐明了共产主义理论的本质、无产阶级产生的历史和阶级特性、新的社会制度如何诞生及未来样态等多个问题。恩格斯在其中初步描绘了未来新制度下的生产状态。他写道："新的社会制度首先必须剥夺相互竞争的个人对工业和一切生产部门的经营权，而代之以所有这些生产部门由整个社会来经营……这样，这种新的社会制度将消灭竞争，而代之以联合。"① 即是说，在未来新制度的社会生产将打破和摒弃资本主义条件下的恶性竞争和残酷竞争，生产的经营权也将不再属于任何单个的资本家，而将是由整个社会来经营和掌管，为的是社会和全体人民的共同利益。在他看来，随着全部资本、全部生产、全部交换随着社会的发展，都将集中到代表人民利益的国家手里，这时候私有制将会消亡、金钱会变得毫无用处、生产力将会变得极其发达，而人的状况也将大大改变。到那

---

① 《马克思恩格斯选集》第 1 卷，北京：人民出版社 2012 年版，第 302 页。

时，"教育将使他们摆脱现在这种分工给每个人造成的片面性。这样一来，根据共产主义原则组织起来的社会，将使自己的成员能够全面发挥他们的得到全面发展的才能"①。即表明，在未来的理想社会中，人自身的片面性将消失，人的才能将得到全面发展。

在《共产党宣言》中，马克思、恩格斯对如何从两个方面使人走出"异化存在"进行了详尽描述。关于扬弃资本主义的所有制——私有制，马克思、恩格斯写道："现代的资产阶级私有制是建立在阶级对立上面、建立在一些人对另一些人的剥削上面的产品生产和占有的最后而又最完备的表现。从这个意义上说，共产党人可以把自己的理论概括为一句话：消灭私有制。"② 关于如何扬弃资本主义的政治制度，马克思、恩格斯写道："工人革命的第一步就是使无产阶级上升为统治阶级，争得民主。"③ 实际上，马克思、恩格斯如何克服和扬弃资本主义的论述具有整体性，不能将其原子化地分离开来去分析。他们认为，全面发展的社会必将是抛弃了异化的社会，而异化的社会注定只能是片面发展的社会。那么，顾名思义，全面发展的人必定是已经抛弃了异化的人，而异化的人只能称其为片面发展的人。"当阶级差别在发展进程中已经消失而全部生产集中在联合起来的个人的手里的时候，公共权力就失去政治性质。"④ 在他们看来，无产阶级将利用统治阶级的资格去消灭旧的、充满剥削压迫的生产关系，因为这种"生产关系"是产生阶级对立的基本条件，只要消灭了这种"生产关系"，阶级对立存在的条件也会随之被消灭。进而，"代替那存在着阶级和阶级对立的资产阶级旧社会的，将是这样一个联合体，在那里，每个人的

---

① 《马克思恩格斯选集》第 1 卷，北京：人民出版社 2012 年版，第 308 页。
② 《马克思恩格斯选集》第 1 卷，北京：人民出版社 2012 年版，第 414 页。
③ 《马克思恩格斯选集》第 1 卷，北京：人民出版社 2012 年版，第 421 页。
④ 《马克思恩格斯选集》第 1 卷，北京：人民出版社 2012 年版，第 422 页。

自由发展是一切人的自由发展的条件"①。需要指出的是，个人的全面而自由发展是有前提条件的，如物质财富的充分涌流、"三大差别"的消灭、社会劳动的各尽其能和消费品的按需分配等。具体到人的自身，至少应包括以下方面：一是旧式分工的消灭，实现人的类特性的发展；二是自由时间的充裕，实现人的社会性的发展；三是劳动的自主性，实现人的个性发展。

二、列宁关于无产阶级政党须依靠人民获得和制约国家权力的思想

（一）坚信无产阶级才是争取政治自由和敌视专制制度的先进战士

列宁始终强调无产阶级政党要毫不犹豫地夺取国家政权。在他看来，以往历史上的统治阶级多数是剥削阶级的政治家和政治集团，为的是个人或小集团的利益，无产阶级政党则相反，它要为最广大底层人民群众实现当家作主，实现他们应有的权利。

首先，列宁对以往一切剥削阶级执掌政权时镇压和压迫人民的行径进行了揭露和批判。"政党是代表一定的阶级、阶层或社会集团并为其根本利益而斗争的政治组织，任何政党执政都是为了实现本阶级的专政，谋求和维护本阶级的最大利益。"② 因此，任何政党之所以要努力获得国家统治权力，归根到底是为了能够利用这个政权来为本阶级服务，实现本阶级利益的最大化。在列宁看来，封建社会的国家政权是为了维护地主阶级的利益，资本主义社会的国家政权是为了维护以资本家为首的资产阶级的利益，这些都是剥削阶级执掌政权，维护的是少数人的利益，而最广大的人

---

① 《马克思恩格斯选集》第 1 卷，北京：人民出版社 2012 年版，第 422 页。
② 王进芬：《列宁共产党执政思想研究》，北京：中共中央党校出版社 2008 年版，第 64 页。

民群众毫无权利可言。随着俄国革命形势的发展，马克思主义对国家问题的论述得到了进一步的阐发，列宁于 1916 年秋和 1917 年初在苏黎世精心研究了马克思和恩格斯的国家学说，并出版《国家与革命》一书。在这本书中，列宁对资产阶级议会制的本质进行了揭露。他写道："每隔几年决定一次由统治阶级中什么人在议会里镇压人民、压迫人民，——这就是资产阶级议会制的真正本质，不仅在议会制的立宪君主国内是这样，而且在最民主的共和国内也是这样。"① 即表明，无论是在立宪君主制的国家，还是在民主共和国内，资产阶级的议会制都是形式上的民主，而非实质意义上的民主，人民仍是没有任何权利而言。进言之，"这种民主制度始终受到资本主义剥削制度狭窄框子的限制，因此它实质上始终是少数人的即只是有产阶级的、只是富人的民主制度"②。可以看出，在资本主义社会里，由于其制度的限制，即使在最顺利发展的条件下，民主也只是极少数人享受的民主，也是富人享受的民主。

其次，列宁提出只有无产阶级才能成为争取政治自由和民主制度的先进战士，才绝对敌视专制制度和俄国官吏。19 世纪后期，针对日益腐化和堕落的专制制度，俄国出现了新的革命党民权党（俄国民主主义知识分子的秘密团体，1893 年夏成立，其宗旨是联合一切反对沙皇制度的力量为实现政治改革而斗争）、民意党（俄国土地和自由社分裂后产生的革命民粹派组织，于 1879 年 8 月成立）、劳动解放社（俄国第一个马克思组会议团体，于 1883 年在日内瓦建立）等社会团体或革命组织。1897 年底，在纷繁杂乱的社会组织中间，为了能够明确俄国社会民主党人的实践革命问题，列宁在《俄国社会民主党人的任务》这篇文章中明确提出了俄国社会民主党在今后一个时期的奋斗目标。马克思、恩格斯在《共产党宣言》中

---

① 《列宁全集》第 31 卷，北京：人民出版社 2017 年版，第 43 页。
② 《列宁全集》第 31 卷，北京：人民出版社 2017 年版，第 83 页。

提出的工人阶级要支持一切反对专制制度的社会阶级和集团的思想。列宁继承了马克思恩格斯的这一思想，他写道："社会民主党人支持一切反对现存任何社会制度的革命运动，支持一切被压迫的民族、被迫害的宗教、被贱视的等级等等去争取平等权利。"① 这里，列宁明确了社会民主党人政治方面的努力方向，即要尽一切力量去争取权利平等。他还写道："只有无产阶级，才能成为——而且按其阶级地位来说不能不成为——彻底的民主主义者，坚决反对专制制度的战士，而不会作任何让步和妥协。只有无产阶级，才能成为争取政治自由与民主制度的先进战士。"② 在列宁看来，无产阶级之所以成为"先进战士"，有两个主要原因：第一，无产阶级长期以来受到的政治压迫最深。一方面统治阶级不可能改变无产阶级的阶级地位，另一方面无产阶级无法接近统治阶级进而无法影响社会舆论，所以只有通过革命的手段来推翻专制制度。第二，"只有无产阶级才能彻底实现政治社会制度的民主化，因为实行这种民主化，就会使工人成为这个制度的主人"③。即是说，无产阶级要通过彻底的革命来建立代表自己利益的、民主的社会政治制度。与此同时，列宁还揭露了资本主义国家如英国、俄国的官僚机关。他指出官僚是处于特权地位的特殊阶层，他们专干行政事务，并在人民面前耀武扬威，这些官僚机关无论是在专制的还是有自由的资本主义国家（英国、俄国）都是随处可见的。所以，在列宁看来，只有无产阶级，才能绝对地敌视充满特权的专制制度，才能彻底地反对权力不受人民监督的专制制度。

（二）无产阶级政党要让人民群众来掌管国家政权和管理国家

十月革命的胜利，使得无产阶级政党上升为执政党，无产阶级成为统

---

① 《列宁选集》第 1 卷，北京：人民出版社 2012 年版，第 145 页。
② 《列宁选集》第 1 卷，北京：人民出版社 2012 年版，第 147 页。
③ 《列宁选集》第 1 卷，北京：人民出版社 2012 年版，第 147 页。

治阶级，广大人民群众摆脱了旧制度的压迫，在人类历史上第一次实现了当家作主。

针对资本主义共和国的"虚假性"，列宁提出无产阶级政党一定要掌管国家政权。共产党作为无产阶级的先锋队，只有先取得国家政权，上升为执政党，才能实现人民群众当家作主来管理国家的前提条件。没有这一前提，人民群众当家作主只能沦为口号，化为乌有。基于此，列宁在革命前就提出："人民需要共和国，为的是教育群众实行民主。……发动广大的无产者和半无产者群众去掌握管理国家的艺术，去掌管全部国家政权。"① 在列宁看来，一方面人民群众要积极主动地从社会实践中学习民主，学习如何掌管全部的国家政权；另一方面无产阶级政党要发动群众有成效地、直接地、普遍地参加国家管理，或者说国家的管理要发挥群众的积极作用。只有这样，才能保证无产阶级革命的完全胜利，保证社会主义事业的稳步前进。

俄共（布）成为执政党后，列宁多次强调，苏维埃政权的实质就在于让人民群众来管理国家。1918年4月，苏俄在非常艰苦的国际国内环境中取得了短暂的和平发展机遇。列宁为此撰写了《苏维埃政权的当前任务》提出要实现苏俄工作中心的转移。列宁在这篇著作的开篇，首先分析了苏俄当前面临的国际环境和社会主义革命的基本任务，因为只有分析了自身所处的境遇和自己所要达到的目标，才能够对问题有更深、更远的分析。他写道："只有在无产阶级和贫苦农民能够表现充分的自觉性、思想性、坚定性和忘我精神的情况下，社会主义革命的胜利才有保障。"② 即表明，苏俄社会主义革命的胜利必须要依靠无产阶级和贫苦农民，只有他们才是革命胜利最根本的后盾和最强大的支撑。紧接着，他论述了苏维埃民主制

---

① 《列宁全集》第29卷，北京：人民出版社2017年版，第287页。
② 《列宁全集》第34卷，北京：人民出版社2017年版，第154页。

和资产阶级民主制的根本性区别，区别之处在于："第一，选举人是被剥削劳动群众，排除了资产阶级；第二，废除了选举上一切官僚主义的手续和限制，群众自己决定选举的程序和日期，并且有罢免当选人的完全自由；第三，建立了劳动者先锋队即大工业无产阶级的最优良的群众组织，这种组织使劳动者先锋队能够领导最广大的被剥削群众，吸收他们参加独立的政治生活，根据他们亲身的体验对他们进行政治教育，从而第一次着手使真正全体人民都学习管理，并且开始管理。"① 这里表明，苏维埃的民主制具有的优势：一是选举人排除了资产阶级，是被剥削的劳动群众。二是人民群众实现了政治选举的完全自由。三是建立了代表人民群众根本利益的自己的组织。这些在人类历史发展史上都是第一次。针对当时有些政权组织、有些苏维埃成员有变为"议会会员"和官僚小资产阶级的趋势，列宁提出要防止这种趋势的发展。在列宁看来，"苏维埃同'人民'之间，即同被剥削劳动者之间的联系的牢固性，以及这种联系的灵活性和伸缩性，是消除苏维埃组织的官僚主义弊病的保证"②。可以看出，列宁认为，苏维埃政权同人民的牢固联系是苏维埃组织消除官僚主义弊病的保证。1921 年 3 月 4 日，在国际劳动妇女节的讲话中，列宁再次重申了苏维埃政权的本质，即"布尔什维主义的实质，苏维埃政权的实质，就在于：它在揭露资产阶级民主制的欺骗性和虚伪性、废除土地和工厂的私有制的同时，把全部国家政权集中在被剥削劳动群众的手里。由这些群众自己来掌管政治即建设新社会的事业"③。由上可见，苏维埃政权的根脉和生命都源于人民，人民是苏维埃政权的力量源泉。

---

① 《列宁全集》第 34 卷，北京：人民出版社 2017 年版，第 183 页。
② 《列宁全集》第 34 卷，北京：人民出版社 2017 年版，第 185 页。
③ 《列宁全集》第 40 卷，北京：人民出版社 2017 年版，第 380 页。

（三）执政党"最严重最可怕的危险之一，就是脱离群众"

国家政权问题是一切革命的根本问题，因此只有执掌了政权，才能实现政党及本阶级孜孜以求的奋斗目标。列宁认为，俄共（布）和其他政党一样，也要争得政治上的统治权，因为掌握政权是实现党的使命的必要政治准备。十月革命的胜利，使得俄共（布）取得了执政地位。而后，列宁强调全党必须适应新的革命形势、新的实践要求、新的领导方法，实现从革命党到执政党的角色转变。

首先，执政党只有时刻保持人民群众的血肉联系，才能巩固新生的苏维埃政权。俄共（布）领导的十月革命之所以能在集各种矛盾于一身的俄国率先取得胜利，尽管革命前后乃至时至今日都有各种各样的不同争论，但是俄共（布）打着"土地""面包""和平"的旗帜，赢得了人民的拥护，其为最广大人民群众谋利益的宗旨是不可否认的。列宁历来认为，为无产阶级和广大人民群众谋利益是无产阶级政党的根本宗旨。他深深地知道，正是广大人民群众的推动力，才使得俄共（布）能够在内忧外患中走上历史的舞台，并取得革命的胜利。为此，他多次提醒全党要时刻牢记无产阶级政党的出发点和行动归宿。如他说："对于一个人数不多的共产党来说，对于一个作为工人阶级的先锋队来领导一个大国在暂时没有得到较先进国家的直接援助的情况下向社会主义过渡的共产党来说，最严重最可怕的危险之一，就是脱离群众，就是先锋队往前跑得太远，没有'保持排面整齐'，没有同全体劳动大军即同大多数工农群众保持牢固的联系。"①因为当时世界上只有一个社会主义国家——苏俄，一方面面临着资本主义国家的外部围堵，另一方面面对着国内敌对势力的内部扰乱，而俄共（布）要想巩固新生的政权，出路只有一条，即时刻保持与工农群众的牢

---

① 《列宁全集》第42卷，北京：人民出版社2017年版，第72页。

固联系。正如列宁多次讲道："因为我们的政治和行政管理靠的是整个先锋队保持同全体无产阶级群众、同全体农民群众的联系。"① 他还把党与农民的结合视为一次考试，并将"这次考试"提升到新经济政策的命运和俄国社会主义政权命运的高度加以阐发。

其次，执政党只有时刻保持与人民群众的紧密联系，才能实现党对国家社会的高效领导。成为执政党后的俄共（布）如何带领庞大的俄国沿着社会主义道路继续前行成为一道难题。为此，列宁提出要实现党的工作重心的转移，"管理俄国"应成为党的重心任务。1918 年 4 月，列宁简要回顾了俄共（布）的发展历史及其经历的几次重要转折。他指出，任何一个代表未来的政党第一个任务就是要通过宣传教育的方式让大多数人民相信自己政党纲领和策略的正确性，只有这样人民群众才能跟着其前进。第二个任务便是政党要带领人民群众夺取政权和镇压剥削者的反抗。第三个任务是上升为执政地位的政党要组织社会建设。为此，列宁在俄共（布）获得执政地位后就提出："现在我们应当管理俄国。目前时局的全部特点，全部困难，就是要了解从主要任务是说服人民和用武力镇压剥削者转到主要任务是管理这一过渡的特征。"② 但是列宁提醒全党要时刻牢记为人民群众谋利益的宗旨，提醒全党要正确表达人民的想法，倾听人民的呼声。针对革命胜利后，俄共（布）党内党员中出现了一些狂妄自大、摆架子，热衷于发布行政命令和运用行政手段开展工作的行为，列宁批评说："在人民群众中，我们毕竟是沧海一粟，只有我们正确地表达人民的想法，我们才能管理。否则共产党就不能率领无产阶级，而无产阶级就不能率领群众，整个机器就要散架。"③ 表明了列宁在思想上，非常清楚共产党执政的

① 《列宁全集》第 43 卷，北京：人民出版社 2017 年版，第 104 页。
② 《列宁全集》第 34 卷，北京：人民出版社 2017 年版，第 155 页。
③ 《列宁全集》第 43 卷，北京：人民出版社 2017 年版，第 109 页。

根基在人民，力量源于人民，如果不能充分满足人民的利益诉求，那么共产党必然要走向自我灭亡。

最后，执政党只有时刻保持与人民群众的牢固联系，才能带领苏俄建成社会主义社会。马克思主义认为，无产阶级政党的历史使命是消灭资本主义制度，建立社会主义新社会。十月革命的胜利使无产阶级政党带领人民群众通过实践建立社会主义国家成为可能。实际上，列宁在 1921 年之前始终坚持认为苏俄建成社会主义的一个重要条件和保证就是西方革命的援助①。如 1919 年 12 月，列宁在全俄苏维埃第七次代表大会上回顾了十月革命前后他关于俄国革命的认识。他说："无论在十月革命前或十月革命中，我们一直说，我们把自己看做是而且只能看做是国际无产阶级大军中的一支部队……社会主义革命至少要无产阶级在若干先进国家中取得胜利后，才能说取得了最终的胜利。"② 可以看出，列宁在这一段时间内是坚持马克思、恩格斯"同时发生"的思想，即在《共产主义原理》中提及的："共产主义革命将不是仅仅一个国家的革命，而是将在一切文明国家里，至少在英国、美国、法国、德国同时发生的革命，在这些国家的每一个国家中，共产主义革命发展得较快或较慢，要看这个国家是否有较发达的工业，较多的财富和比较大量的生产力。……它是世界性的革命，所以将有世界性的活动场所。"③ 1919 年底，苏维埃政权作为世界上独有的红色政权已成功坚持了两年之久，且经受住了西方资本主义大国和国内反革命势力的围堵。为此，列宁的思想发生了转变，提出苏俄一国开始在西方未发生革命的情况下先进行社会主义建设，但是建成社会主义还需要西方革命

---

① 俞良早：《对社会主义史上一个迷案的透视——关于所谓一国或数国社会主义首先胜利的理论》，《江汉论坛》2018 年第 4 期；刘旺旺：《列宁十月革命的战略思想及进程中的重要转变》，《湖湘论坛》2017 年第 5 期。

② 《列宁全集》第 37 卷，北京：人民出版社 2017 年版，第 371-372 页。

③ 《马克思恩格斯选集》第 1 卷，北京：人民出版社 2012 年版，第 306 页。

的支持。正是基于这种判断，列宁提出了"战略退却"、利用"中间环节"、注重"渐进发展"等方略。但列宁始终强调："反对我们的力量仍然比我们强大。要取得这场斗争的胜利，还必须依靠最终的力量源泉。而最终的力量源泉就是工农群众，就是他们的自觉性，他们的组织性。"① 意思是说，苏俄要取得社会主义的最终胜利，或者说建成社会主义，其力量源泉仍在于人民群众的自觉性和组织性。

列宁在领导苏俄进行社会主义建设的征程中，提出了许多富有新意的思想论断，其核心在于执政党要牢记为人民群众谋利益的宗旨，要让人民群众来管理国家，防止取得的执政地位因共产党员的腐败、堕落等走向灭亡。为此，他坚持把马克思主义基本原理与俄国实际相结合，提出和践行了诸多以人民为中心来进行廉政建设的好做法。

第一，强调要用人民的"权利"来制约国家的权力。如何防止国家公共权力不被滥用历来是统治阶级最为关注的问题和最难解决的难题。资产阶级常常采用启蒙思想家提出的"三权分立"的办法。但是这种方法遭到了马克思主义者的斥责，因为这种制度依然是资本家们操纵下的"政治游戏"，广大人民群众依然是被排除在政治之外的。对此，列宁提出要不断扩大和实现人民民主权利的办法来制约国家权力。主要的做法有：一是通过政务公开，保障人民群众对国家事务的知情权。1920 年 10 月，他在《关于专政问题的历史》中写道："这个政权对大家都是公开的，它办理一切事情都不回避群众，群众很容易接近它；它直接来自群众，是直接代表人民群众及其意志的机关。"② 即表明，新政权与过去一切旧政权的不同就在于它依靠人民群众，能够对人民群众实行公开性。二是让人民群众选举公职人员并拥有罢免权。实际上，早在十月革命前，列宁就继承了巴黎公

① 《列宁全集》第 42 卷，北京：人民出版社 2017 年版，第 188 页。
② 《列宁全集》第 39 卷，北京：人民出版社 2017 年版，第 379 页。

社关于人民权利的做法。他在《修改党纲的材料》中指出："国家的最高权力应当全部属于人民代表，人民代表由人民选举产生并且可以由人民随时撤换。"① 十月革命胜利不久后通过的《罢免权法令草案》中，为了能使人民的代表真正代表人民，列宁提出："任何由选举产生的机关或代表会议，只有承认和实行选举人对代表的罢免权，才能被认为是真正民主的和确实代表人民意志的机关。"② 在列宁看来，只有广大人民群众真实地拥有了罢免权，人民选出的代表才能够真正代表人民，为人民的疾苦而发声，为人民的利益而奋斗。

第二，强调要靠人民群众的信任来获取力量。任何一个国家政权的有效运行，既要有以思想文化、意识形态为主要内容的软性教育，也要有军队、警察、监狱等为主要内容的强制力量。虽然强制性的力量是维护一个政权持久稳定必不可少的武器，但是政权的稳固归根到底要靠人民群众对政权的充分信任。列宁对此有深刻的认知，深知俄共（布）正是靠人民群众的支持才获得了执政地位。因此，他在《关于专政问题的历史》中明确指出："这个新政权所依靠的和力图依靠的强力，不是一小撮军人所掌握的刺刀的力量……这个力量依靠的是什么呢？依靠的是人民群众。这就是这个新政权同过去一切旧政权的旧机关的基本区别。"③ 在列宁看来，正是有了人民群众对新政权的信任，新政权才有了强大的依靠力量。俄共（布）成为执政党后，列宁更加重视人民群众对政权的信任态度，将争取群众的认同和支持看作保持政权的重要内容。

第三，强调执政党要善于利用各种途径接近群众。列宁多次强调和提醒全党，要时刻保持和群众密切联系，特别是党的领导干部和党员同志，

---

① 《列宁全集》第29卷，北京：人民出版社2017年版，第506页。
② 《列宁全集》第33卷，北京：人民出版社2017年版，第102页。
③ 《列宁全集》第39卷，北京：人民出版社2017年版，第378页。

不能因获得政权就狂妄自大，要与群众打成一片，与群众同呼吸共命运。因为，执政初期的俄共（布）既没有社会主义国家的执政经验可循，也没有详细具体的理论指南可参，唯一的出路就在牢牢保持与人民群众的血肉联系。为此，列宁提出了以下方面的工作要求：一是要求党员干部要做好人民群众的来信来访工作。列宁于 1918 年 12 月起草了《关于苏维埃机关管理工作的规定草案》，他指出："每个苏维埃机关，都要张贴接待群众来访日期和时间的告示，不仅贴在室内，而且贴在大门外面，使没有出入证的群众都能看到。接待室必须设在可以自由出入、根本不需要什么出入证的地方。"① 在列宁看来，要想深入人民群众这个集体中，必须要认真对待这个群体的诉求，特别是对于他们的来访工作一定要详细调查，对于他们对党和政府工作提出的意见和建议，一定要虚心接受和采纳，对于群众反映强烈的问题，要及时加以解决，给人民群众交出最满意的答复。二是要求党员干部要深入基层。1921 年 4 月，列宁在《论粮食税》中谈及反对官僚主义时强调党的干部和工作人员不要害怕下基层，到下面去。他说："为什么现在不可以把全俄中央执行委员会某些委员，或者某些部务委员，或者其他身任要职的同志们，调到下面去工作，甚至是担任县的、乡的工作呢？我们确实还没有'官僚化'到这样的程度，还不至于因为下调就'感到难堪'。"② 即是说，如果俄共（布）官僚化严重的话，党的高级干部就会不愿到下面去工作，不愿到基层去工作，因为这样会使他们觉得难堪，但是苏俄现在还没有"官僚化"到这样的程度。

三、中国共产党人关于廉政工作依靠人民和为了人民的思想

近代以来，西方列强的入侵，封建统治的腐败，使得中国陷入了内外

---

① 《列宁全集》第 35 卷，北京：人民出版社 2017 年版，第 360 页。
② 《列宁全集》第 41 卷，北京：人民出版社 2017 年版，第 224 页。

交困的两重困境，人民也遭受了前所未有的苦难。"为中国人民谋幸福、为中华民族谋复兴"变成了中国社会需要面对的时代课题，也是实现中华民族伟大复兴的时代要求。中国共产党自诞生之日起，就从来没有忘记自己的初心和使命，从来没有忘记为人民服务的宗旨，从来没有背离和放弃过人民群众的利益，党始终保持着和人民群众血肉相连的紧密联系。纵观历史，中国共产党之所以能够实现革命、建设、改革的伟大胜利，归根究底是人民群众的作用，是人民群众给予了党源源不断的力量，使得党能够攻坚克难，所向披靡。中国共产党的性质和宗旨是我党能够赢得民心的重要原因。密切联系群众是我党区别于其他政党最大的政治优势，我们要时刻谨记党的根基、血脉和力量全都来源于人民。

（一）党拒腐防变的铜墙铁壁是真心实意的群众

中国共产党在成立之初就将为劳苦大众求解放，为人民群众谋幸福，为共产主义奋斗终身作为共产党员的行为准则，这也是共产党人廉洁奉公的出发点和归宿。在中国共产党第二次全国代表大会上通过的《关于共产党的组织章程决议案》中就指出："我们既然是为无产阶级群众奋斗的政党，我们便要'到群众中去'要组成一个大的'群众党'"，"党的一切运动都必须深入到广大的群众里面去。"[①] 因此，中国共产党在今后革命、建设和改革的实践中，不断提醒自己要坚持依靠群众，受群众监督的原则，并在实践发展中丰富它的内容。

土地革命战争时期，中国共产党创建了自己的革命根据地，建立了工农民主专政的红色政权，开始局部执政，进行了红色政权廉政工作的开创性和历史性探索。以毛泽东同志为核心的党的第一代领导集体和当时的苏

---

① 《中共中央文件选集》第一册（1921—1925），北京：中共中央党校出版社 1989 年版，第 90 页。

维埃政府时刻把群众利益放在第一位。早在井冈山根据地，人民军队中出现了部分党员损害人民群众利益的现象，毛泽东经过核实后就立马在部队制定了六大注意事项，有效地保护了人民群众的利益。1928 年 4 月初，毛泽东在桂东沙田亲自制定了"三项纪律六项注意"①。虽然这纪律现在看来很简单，但在当时确实是必要的，体现了共产党人的群众观和廉洁观。针对当时部分地区的苏维埃政权不注意工作方法，毛泽东指出应当采取实际具体和内心说服的工作方法，而不应该采用官僚主义和抛弃命令主义的工作方法。毛泽东在 1934 年 1 月 27 日江西瑞金召开的第二次全国工农兵代表大会上作总结时指出："同志们，真正的铜墙铁壁是什么？是群众，是千百万真心实意地拥护革命的群众。这是真正的铜墙铁壁，什么力量也打不破的，完全打不破的。"② 毛泽东强调只有人民群众才是党值得依靠的铜墙铁壁，人民群众对党的真心实意是看得见的。因此，党也要以更深更真挚的诚意回馈最广大的人民群众，特别是落实到现实工作中，广大党员干部在与人民群众沟通中必须要注意自己的态度和方法，要善于倾听人民群众的心声，要设身处地地为人民着想，只有这样，才能不辜负人民群众对党的真心实意。

在抗日战争时期，中国共产党仍然十分重视廉政建设工作。中国共产党领导的八路军、新四军，深入敌后开展革命根据地建设，先后创建了晋察冀、鄂豫皖、苏浙皖等多个抗日根据地。抗日战争时期，中国共产党的党政军机关干部和工作人员艰苦奋斗、廉洁奉公的现象十分普遍。如毛泽东于 1937 年 11 月 27 日给湖南表兄写的信中所言："惟我们这里仅有衣穿饭吃，上自总司令下至火夫，待遇相同，因为我们的党专为国家民族劳苦

---

① "三项纪律"：一、行动听指挥；二、不拿工人农民一点东西；三、打土豪要归公。"六项注意"：一、上门板；二、捆铺草；三、说话和气；四、买卖公平；五、借东西要还；六、损坏东西要赔。

② 《毛泽东选集》第 1 卷，北京：人民出版社 1991 年版，第 139 页。

民众做事，牺牲个人私利，故人人平等，并无薪水。"① 1938 年 10 月，在中国共产党第六届中央委员会扩大的第六次全体会议上，毛泽东在《论新阶段》的报告中阐明了"中国共产党在民族战争中的地位"这一问题，目的是让全党同志严肃认真地承担起领导抗日战争这一历史重担。他在讲话中指出："共产党员在政府工作中，应该是十分廉洁、不用私人、多做工作、少取报酬的模范。……因此，自私自利，消极怠工，贪污腐化，风头主义等等，是最可鄙的；而大公无私，积极努力，克己奉公，埋头苦干的精神，才是可尊敬的。"② 后来，毛泽东又写了《纪念白求恩》《为人民服务》等阐述革命人生观的光辉篇章，教育党员干部要毫不利己、专门利人，时刻牢记公仆意识，全心全意为人民服务。但随着抗日战争的发展和敌后革命根据地的日益增多和壮大，不少根据地都出现了贪污腐化现象，如个人享乐主义、自我牟利思想、腐化堕落现象，贪污及谋求小团体利益行为，五花八门的以权谋私现象，侵害集体、群众利益的行为，等等。对此，毛泽东于 1941 年 4 月在有关讲话中提出："在这个时期内一部分共产党员被资产阶级所腐化，在党员中发生资本主义的思想，是可能的，我们必须和这种党内的腐化思想作斗争。"③ 他还提出："我们一切工作干部，不论职位高低，都是人民的勤务员，我们所做的一切，都是为人民服务。"④ 刘少奇在《论共产党员的修养》中也讲道："共产党代表无产阶级和人类解放的整体利益和长远利益，党的利益是无产阶级和人类解放利益的集中表现。绝不能把共产党看作是图谋党员私利的、行会主义的小团

① 《毛泽东文集》第 2 卷，北京：人民出版社 1993 年版，第 72 页。
② 《毛泽东选集》第 2 卷，北京：人民出版社 1991 年版，第 521-522 页。
③ 《毛泽东选集》第 3 卷，北京：人民出版社 1993 年版，第 793 页。
④ 《毛泽东文集》第 3 卷，北京：人民出版社 1996 年版，第 243 页。

体。凡是这样看的人，都不是共产党员。"①

1942 年到 1945 年间，毛泽东在全党范围内开展了著名的延安整风运动，该运动以"为人民服务"为宗旨，对全体党员干部实行了思想政治教育。通过整风全体党员干部提高了廉洁自律意识，这对党的廉政建设工作来说具有重大的意义。1945 年 7 月，访问延安的民主人士黄炎培，曾在与毛泽东的对话中讲到了他对中国共产党的希望，他说他希望中国共产党将来建立的政权能够跳出旧政权"其兴也勃焉，其亡也忽焉"的周期率。黄炎培说："我生六十多年，耳闻的不说，所亲眼看到的，真所谓'其兴也勃焉'，'其亡也忽焉'，一人，一家，一团体，一地方，乃至一国，不少单位都没有跳出这周期率的支配力。大凡初时聚精会神，没有一事不用心，没有一人不卖力，也许那时艰难困苦，只有从万死中觅取一生。既而环境渐渐好转了，精神也就渐渐放下了。有的因为历史长久，自然地惰性发作，由少数演变为多数，到风气养成，虽有大力，无法扭转，并且无法补救。……总之没有能跳出这周期率。"② 意思是说，根据黄炎培自身的历史观察，发现小到一个人、一个家庭，大到一个团体、一个地方，乃至一个国家，初期都会聚精会神，表现出"万事用心、万人用力"的景象。但是，随着环境的变化，精神渐渐放松，最后出现无法扭转、无法补救的"人亡政息"局面，而中国共产党自成立以来就谋求探索一条新路，以求跳出"历史周期率"，发展到至今，是否找到了呢？毛泽东听后答道，我们已经找到了民主这条新路，只有依靠民主才能让我们党跳出这个历史周期率。民主的本质就是让人民当家作主，政府只有在阳光下运行，充分接受人民群众"严厉"的监督才不会懈怠，广大党员干部只有时刻谨记全心

---

① 《建党以来重要文献选编（1921~1949）》第十六册，北京：中央文献出版社 2011 年版，第 499 页。

② 黄炎培：《八十年来》，北京：文史资料出版社 1982 年版，第 156—157 页。

全意为人民服务的宗旨才能汇民力、得民心、顺民意。在毛泽东看来，只有依靠人民才能避免出现"人亡政息"的悲惨局面。

1949 年 10 月 1 日，中华人民共和国成立，共产党在全国范围内建立了工人阶级领导的、以工农联盟为基础的人民民主专政的国家政权，标志着人民在历史上第一次实现真正意义上的当家作主。执政后的中国共产党在建国初期面临的反腐倡廉形势严峻。一是阶级力量的对比发生了变化，不甘退出历史舞台的资产阶级还以各种形式来反抗和破坏新生的政权。二是中国是一个落后的农业大国，几千年的封建传统思想意识根深蒂固。三是因形势的发展和工作的需要，大量新干部和新党员加入党的组织。四是建国初期各种规章制度不健全。上述种种因素，使得一些不坚定分子经不起考验，贪图享受、以权谋私、腐化堕落、蜕化变质。因此，在执政后如何保持艰苦奋斗、廉洁奉公，是一个极其严峻的考验。毛泽东认为，中国共产党取得执政党的地位之后，更容易使党的领导干部和党员脱离群众，高高在上，更容易使他们沾染上旧社会遗留下来的习气。1953 年 1 月 5日，毛泽东在《反对官僚主义、命令主义和违法乱纪》中指出："官僚主义和命令主义在我们的党和政府，不但在目前是一个大问题，就是在一个很长的时期内还将是一个大问题。就其社会根源来说，这是反动统治阶级对待人民的反动作风（反人民的作风，国民党的作风）的残余在我们党和政府内的反映的问题。"① 可以看出，毛泽东将人民的作风和官僚主义、命令主义看作相对立的两种工作态度，强调党和政府应接受人民的监督，而决不应该违背人民的意愿。

1956 年 11 月中旬，中国共产党召开八届二中全会，会议针对特权现象提出了两个思想，一是要防止领导干部人员特殊化，二是要防止"特权阶层"的产生。刘少奇在大会的发言中指出："为了把我们的工作做好，

---

① 《毛泽东文集》第 6 卷，北京：人民出版社 1999 年版，第 254 页。

要特别注意一个问题，就是我们党的以及我们国家的领导机关和各级领导人员，无论如何也不要脱离工农劳动群众，这是一个根本问题。"① 周恩来在大会的发言中也指出，在中国，封建社会有很长的历史，封建主义思想根深蒂固，它不可避免的会延续到新的社会中来，影响党的干部队伍。周恩来说："脱离群众，高高在上，生活特殊，讲究排场，中国的统治阶级过去是这样的，我们也很容易这样做。"② 这里，他从中国历史发展的角度强调执政的共产党不能脱离群众而高高在上，否则就是走历史的回头路。为了发扬党的优良传统，克服官僚主义、宗派主义、主观主义倾向，进一步密切联系群众，中共中央对此下发文件和指示，要求全党必须要时刻谦虚谨慎、戒骄戒躁，适应新形势下党群关系的新发展。1957 年 3 月 25 日，中共中央印发了关于处理罢工罢课问题的指示，其中指出："人民群众的领导者愈是注意联系群众，保持和发扬实事求是的群众路线作风，随时发现和解决人民群众中的问题，这种矛盾就愈小；如果脱离群众，染上官僚主义的习气，不解决或者不正确地解决人民群众中的问题，这种矛盾就愈大。"③

综上可见，以毛泽东同志为核心的党的第一代中央领导集体，始终将人民群众的利益放在首位，强调党要时刻倾听群众呼声，密切联系群众，克服官僚主义、命令主义、主观主义等习气。正如毛泽东所言："我们相信，只要依靠人民，世界上就没有攻不破的'法宝'。"④

（二）廉政工作要相信群众、依靠群众、造福群众

1976 年 10 月，中国的社会主义建设事业进入了一个新的历史阶段。

① 刘少奇：《要防止领导人员特殊化》，《党建》1988 年第 11 期。
② 《周恩来选集》下卷，北京：人民出版社 1984 年版，第 230 页。
③ 《中共中央文件选集（一九四九年十月～一九六六年五月）》第 25 册，北京：人民出版社 2013 年版，第 230 页。
④ 《毛泽东文集》第 6 卷，北京：人民出版社 1999 年版，第 404 页。

党风、政风、民风都与以往呈现出迥然不同的新气象、新景象。但是建设有中国特色社会主义的伟大事业是一项全新的事业，在探索过程中，由于经验不足，在某些问题上处理不当，造成了反腐倡廉面临复杂的形势。概而言之有两个方面：一是将"文化大革命"期间遭到破坏的党的组织、制度和优良传统恢复；二是探索新的廉政工作道路，如何加强党的廉政建设工作？怎样提升党的执政能力？怎样提高党对社会主义事业的治理水平？这些问题该从哪里寻找答案？邓小平提出要相信群众、依靠群众、造福群众。

第一，要通过充分相信群众恢复党的作风。邓小平作为党的第一代领导集体的重要成员，早在新民主主义革命时期、社会主义建设和改革时期就明确提出，全体党员，尤其是党的高级干部一定要防止出现骄傲自满的情绪。1954年2月6日至10日，党的第七届中央委员会第四次全体会议在北京召开，邓小平在大会上作了《骄傲自满是团结的大敌》的发言。他在发言中指出，在新民主主义革命胜利后，随着社会主义建设事业的开展，各项工作都获得了巨大的胜利，于是在我们党的高级干部中滋长了骄傲自满的情绪，如果不及时加以提醒，必然会使我们的伟大事业遭到失败。1956年，在党的第八次全国代表大会上，邓小平再次强调："执政党的地位，很容易使我们同志沾染上官僚主义的习气。脱离实际和脱离群众的危险，对于党的组织和党员来说，不是比过去减少而是比过去增加了。……这实际上是一种狭隘的宗派主义倾向，也是一种最脱离群众的危险倾向。"① 可以看出，邓小平对取得执政地位后的中国共产党能够保持清正廉洁以及如何保持清正廉洁有着清晰的认知。因此，1977年，恢复工作后的邓小平立马提出："要搞好我们的党风、军风、民风，关键是要搞好

---

① 《邓小平文选》第1卷，北京：人民出版社1994年版，第214页。

党风。"① 那么如何搞好党风？邓小平提出："我们只要充分信任群众，实事求是，发扬民主，把毛泽东同志的建党学说和党的一整套作风恢复起来，发扬起来，那么，毛泽东同志所说的那样一种政治局面，就一定会达到。"② 在邓小平看来，只有通过信任群众，发扬民主，才能形成毛泽东所期盼的既有统一意志、又有个人舒畅，全党、全军、全民团结的生动局面。

第二，党和国家领导制度改革只有依靠群众才能形成强大的力量。"文化大革命"后，随着干部政策的落实，有些干部的私欲开始膨胀，利用手中的权力开始搞特殊化，侵占群众的利益。1980 年 8 月 18 日，中央政治局扩大会议对党和国家领导制度改革问题进行了专门的探讨，邓小平在会上发表了《党和国家领导制度的改革》的重要讲话。他在讲话中说："当前，也还有一些干部，不把自己看作是人民的公仆，而把自己看作是人民的主人，搞特权，特殊化，引起群众的强烈不满，损害党的威信，如不坚决改正，势必使我们的干部队伍发生腐化。"③ 即是说，如果党的干群关系发生颠倒，那么，必然引起群众的不满，如果党没有及时意识到这一问题加以改正，那么，必然腐化党的干部队伍。他还说："改革党和国家的领导制度，不是要削弱党的领导，涣散党的纪律，而正是为了坚持和加强党的领导，坚持和加强党的纪律。"④ 在邓小平看来，在中国这样一个人口多、面积大的国家，要把几亿不同民族、不同地区的人口团结和统一起来，必须要有党的统一领导，"没有一个由具有高度觉悟性、纪律性和自我牺牲精神的党员组成的能够真正代表和团结人民群众的党，没有这样一

---

① 《邓小平文选》第 2 卷，北京：人民出版社 1994 年版，第 46 页。
② 《邓小平文选》第 2 卷，北京：人民出版社 1994 年版，第 46 页。
③ 《邓小平文选》第 2 卷，北京：人民出版社 1994 年版，第 332 页。
④ 《邓小平文选》第 2 卷，北京：人民出版社 1994 年版，第 341 页。

个党的统一领导，是不可能设想的，那就只会四分五裂，一事无成"①。与此同时，他还强调党的廉政建设不能一蹴而就，需要花时间、费功夫来解决，但更需要依靠人民的力量。他说："对贪污、行贿、盗窃以及其他乌七八糟的东西，人民是非常反感的，我们依靠人民的力量，一定能够逐步加以克服。"② 可以看出，依靠人民来加强党的廉政建设是邓小平从严治党的重要内容。

第三，廉政工作旨在维护良好的党群关系，维护人民群众的根本利益。面对改革开放初期，党的廉政工作出现的新情况新问题，邓小平以长远眼光、全局思维、战略高度审视反腐倡廉工作，坚定地认为人民群众是加强党的廉政工作的主力军和依靠力量。他说："群众是我们力量的源泉，群众路线和群众观点是我们的传家宝。党的组织、党员和党的干部，必须同群众打成一片，绝对不能同群众相对立。"③ 人民群众痛恨腐败、期盼严厉打击腐败，实际上，人民群众是党加强廉政建设、大力惩治腐败的主体性力量，可以说，人民群众是党反腐倡廉最大的功臣，是党取得反腐败胜利的法宝。在邓小平看来，从根本上讲，惩治腐败、打击腐败，根本目的是维护党和人民群众的根本利益不受损害。如果对腐败行为听之任之，就会严重损害党群关系，党的廉政建设也就无从谈起。一旦党被人民所抛弃，党就会面临丧失执政地位的危险。但值得一提的是，邓小平十分重视反腐败斗争，他把反腐败看作一场严肃又艰难的斗争，全党必须要打赢这场战斗，要把反腐败贯彻到改革开放全过程。此外，他明确地提出反腐倡廉建设要坚持"两手抓""要靠法制"等思想，决不能走以前搞群众政治运动的老路。邓小平从严治党、廉政反腐的建设创举既调动了人民群众的

① 《邓小平文选》第2卷，北京：人民出版社1994年版，第341-342页。
② 《邓小平文选》第3卷，北京：人民出版社1993年版，第156页。
③ 《邓小平文选》第2卷，北京：人民出版社1994年版，第368页。

积极性，加强了党的廉政建设，又防止了群众政治运动的破坏性，维护了社会环境的安定团结，不仅具有思想上的创新价值，而且在实践上保证了社会主义事业的健康良序发展。

（三）廉政工作关乎人民政权的生死存亡

一个时期有一个时期所面临的问题、难题、要题，而对这些问题、难题、要题的清晰认知是正确处理和解决其的前提准备。20 世纪 90 年代，面对深化改革开放的国内形势和风云变幻的国际局势，以江泽民为主要代表的党的第三代领导集体对新形势、新阶段下党的反腐败斗争有着更加清晰的认识，并多次召开中共中央纪律检查委员会会议进行部署和强调廉政工作，在理论上有所创新、在实践上有所探索。江泽民从我党所担负的历史使命出发，深入推进党风廉政建设和反腐败斗争，并把它提高到关系党和国家前途命运的战略高度去认识。

第一，如果对腐败现象掉以轻心，就会葬送我们的人民政权。1992 年，邓小平南方谈话之后，中国市场经济的发展进一步加快，随之而来的是腐败、官僚、贪污、行贿现象的增多。1993 年 8 月，在中共中央纪律检查委员会第二次全体会议上，江泽民一方面肯定了一个阶段以来反腐败斗争取得的成绩，与此同时指出了党内存在的问题。他说："在党内、在国家机关中确实存在着腐败现象，有些方面还在滋长蔓延，……如果我们掉以轻心，任其泛滥，就会葬送我们的党，葬送我们的人民政权，葬送我们的社会主义现代化大业。我们的党、我们的干部、我们的人民，是绝不允许出现这种后果的。"[1]这里，江泽民毫不掩饰党内存在的腐败现象，而是将其提高到党和国家、人民和现代化大业的高度来强调，旨在说明共产党的执政地位和社会主义政权是人民赋予的，人民需要的是一个廉洁的执政

---

① 《江泽民文选》第 1 卷，北京：人民出版社 2006 年版，第 319 页。

党、一个廉洁的人民政府，而不是充满官僚气息、脱离人民群众的党和政府。2000 年，在中共中央纪律检查委员会第五次全体会议上，江泽民强调："党风廉政建设和反腐败斗争关系党和国家的生死存亡。我们党和政府的宗旨是全心全意为人民服务，这就决定了各级领导干部必须清正廉洁，始终同人民群众同甘共苦、息息相通。不解决好反腐倡廉的问题，改革发展稳定就没有坚强的政治保证，党和政府就会严重脱离群众，就有亡党亡国的危险。"① 这里，他再次从党的宗旨的高度来阐释人民群众、反腐倡廉、亡党亡国三者之间的层级关系，肯定了反腐倡廉工作的战略意义和重要地位，为进一步加强这项工作的力度增添了动力和提供了理论依据。

第二，党的各级领导干部必须认识到手中的权力是人民赋予的。权力的腐败不仅是一种历史性存在，更是一种全球性现象。中国共产党自作为执政党的那一刻起，就已经斩钉截铁地承担了建设新型政权、巩固政权的责任，任何政党都要面临权力的腐败问题，那么如何遏制权力腐败问题就成为新时期中国共产党廉政建设的全新课题。对于权力腐败问题，毛泽东和邓小平虽多次在我国革命和建设的进程中论及，但由于受到客观历史条件的限制，尚未将此提到极其紧迫的地位。当今世界变幻莫测，任何政党时刻都有丧失执政地位的危险，随着苏联及东欧社会主义国家政权的先后垮台，江泽民从党所面临的国内外新形势出发，多角度地对反腐倡廉建设进行了科学的诠释。在世纪之交，江泽民主持召开了中共中央纪律检查委员会的全体会议。在会上，江泽民重点阐述了"关于正确认识党的执政地位及其带来的影响"这一重大问题。他开门见山地直入问题的根本，用了一连串的问题来叩问全党。他说："为什么在我们党内和社会上还会出现腐败现象呢？而且会那么顽固地存在呢？"② "最主要的问题是：党的各级

---

① 《江泽民文选》第 3 卷，北京：人民出版社 2006 年版，第 175 页。
② 《改革开放三十年重要文献选编》下，北京：人民出版社 2008 年版，第 1137 页。

干部是否真正懂得我们的权力是人民赋予的，能不能正确地运用手中的权力？能不能始终保持同人民群众的密切联系，永远不脱离群众?"① 在江泽民看来，中国共产党作为马克思主义执政党，我国的根本政治制度是人民代表大会制度，党的宗旨是全心全意为人民服务，二者的性质就决定了与腐败现象是水火不容的。但是腐败的问题却一直存在，一直考验着我们党，"如果我们不警惕、不警觉，让那些与我们党的性质和宗旨相违背的错误思想和腐败行为蔓延开来，那将带来灾难性后果"②。意思是说，执政党的地位和国家的政权都是人民赋予的，如果党和政府不能真心实意地代表人民群众的根本利益，为人民群众的幸福而奋斗，那么，终将会被人民群众所抛弃。

第三，党和政府的廉政工作归根到底是为了人民群众。廉政工作是党的作风建设的重要内容，党的作风是党的外在形象，廉洁的政党要通过党内优良的作风来体现，即党内政风廉洁，才能换得人民群众对党的真心和信赖。而我们党自成立之初就将为最广大人民群众求解放、谋幸福写在自己的旗帜上，因此党是否能够始终坚持全心全意为人民服务的宗旨，关乎党的生死存亡、关乎国家的前途命运。在江泽民看来，只有始终保持党同人民群众的血肉联系，才能加强和改进党的作风，才能更好地把中国特色社会主义事业推向前进。为此，他提出要在全党进行群众路线的贯彻和落实，"坚持群众路线，必须解决好深入群众、深入实际这个大问题。我们共产党人，必须心系最广大群众"③。"政风廉洁，从来是赢得民心，实现政治清明、社会安定繁荣的重要一环。这是对兴亡规律的一个重要经验总结。"④

---

① 《改革开放三十年重要文献选编》下，北京：人民出版社 2008 年版，第 1138 页。
② 《江泽民文选》第 3 卷，北京：人民出版社 2006 年版，第 181 页。
③ 《江泽民文选》第 3 卷，北京：人民出版社 2006 年版，第 328 页。
④ 《江泽民文选》第 3 卷，北京：人民出版社 2006 年版，第 185 页。

（四）廉政建设要坚持"三为民"的廉政文化观

面对复杂多变的国际国内形势，胡锦涛提出了一系列有关党风廉政建设的新思想、新观点、新论断：大力弘扬为民、务实、清廉的新作风，提出"权为民所用，情为民所系，利为民所谋"的群众观。

第一，党风政风建设的核心问题是始终保持党同人民群众的血肉联系。2002年12月，刚上任不久的胡锦涛就率领中央有关同志前往西柏坡考察学习，他在讲话中指出："只有坚持艰苦奋斗，心中装着人民群众，始终同人民群众同呼吸、共命运、心连心，才能保持我们党同人民群众的血肉联系，才能增强抵御腐朽思想侵蚀能力，才能不断与时俱进、开拓创新。"① 2007年10月21日中国共产党第十七次全国代表大会通过的中共中央纪律检查委员会向党的全国代表大会作的报告中指出："端正党风政风，必须全面加强领导干部作风建设，着力解决在廉政勤政方面存在的突出问题；必须始终关注民生，把解决损害群众利益的突出问题作为党风政风建设的工作重点。"② 中国共产党十分强调党风政风建设的重要性。为此，胡锦涛要求全体党员干部必须做到以人为本、关注民生，当人民群众利益受到损害时要坚决同这种不正之风作斗争，切实维护好人民群众的利益，要把维护党同人民群众的血肉联系摆在党风廉政建设的更加突出的位置来抓。胡锦涛在有关会议上指出："我们党作为马克思主义执政党，只有不断保持纯洁性，才能提高在群众中的威信，才能赢得人民信赖和拥护，才能不断巩固执政基础，才能实现党和国家兴旺发达、长治久安。"③ 在他看来，党的廉政建设好坏，关系着中国共产党的廉洁清正，关系着人民群众

---

① 《胡锦涛文选》第2卷，北京：人民出版社2016年版，第9页。
② 《十七大以来重要文献选编》上，北京：中央文献出版社2009年版，第54-55页。
③ 《胡锦涛文选》第3卷，北京：人民出版社2016年版，第578页。

的认同程度，关系着国家是否能更加繁荣富强，关系着社会主义建设的成败。

第二，倡导为民、务实、清廉的廉政文化观。廉政文化，是人们关于廉洁从政的思想、信仰、知识、行为规范，任何一个廉洁的政党，它的执政理念、执政目的和执政方式都可以通过廉政文化反映出来。2005 年 1 月，中共中央关于印发《建立健全教育、制度、监督并重的惩治和预防腐败体系实施纲要》的通知，提出："大力加强廉政文化建设，积极推动廉政文化进社区、家庭、学校、企业和农村。"① "反腐倡廉意识从政治自觉提升到文化自觉，就是说反腐倡廉建设，不仅出于政治上保持党员先进性的考量，更要出于坚守人生信仰及弘扬高尚人文精神的诉求。"② 2007 年，党的十七大报告中将"廉政文化"写进党的报告之中，提出："加强廉政文化建设，形成拒腐防变教育长效机制、反腐倡廉制度体系、权力运行监控机制。"③ 廉政文化建设的核心价值观，是为民、务实、清廉。为民，就是心中时刻装着人民群众，始终把最广大人民群众的利益看作最高利益，坚持一切为了群众的工作原则。务实，就是要认真掌握中国特色社会主义执政党廉洁从政的执政规律，坚持立党为公、执政为民的工作原则，对人民负责，对党负责。清廉，就是要求我们党要保持艰苦奋斗的优良传统，坚持严格执法、廉洁奉公的原则，坚守高尚的道德情操和刚正不阿的精神品质，让共产党人的正义浩气长存。可以说，廉政文化的这一价值观，不仅反映了最广大人民群众的意愿，还顺应了时代发展需求，是社会主义先进文化的本质体现和建设方向。

第三，提出"权为民所用，情为民所系，利为民所谋"的廉政观。腐

---

① 《改革开放三十年重要文献选编》下，北京：人民出版社 2008 年版，第 1467 页。
② 励慧芳：《反腐倡廉：从政治自觉到文化自觉——改革开放 30 年来中国共产党廉政观念的演进》，载于《浙江社会科学》2008 年第 6 期，第 10 页。
③ 《胡锦涛文选》第 2 卷，北京：人民出版社 2016 年版，第 657 页。

败、官僚主义等现象之所以发生，在于当权者没有对权力有深层次的清晰认知。说到底，共产党的执政地位和执政权力源自人民，是人民赋予的。胡锦涛说："我们手中的权力是党和人民赋予的，只能用来为广大人民谋利益。要树立正确权力观，坚持立党为公、执政为民，真正为人民掌好权、用好权，做到夙兴夜寐、勤奋工作。"① 所谓权为民所用，是指中国共产党是执政党，党的各级干部掌握各级的领导权，但这些权力来自人民，因此权力要为人民所用，而不是为自我所用去谋取私利，这是党员干部必须要建立的正确的权力观，只有端正权力观，并且强化各种监督机制，才能真正做到权为民所用。所谓情为民所系，是指对人民群众要充满感情，要赢得民心，因为这关系到党和国家政权的兴衰成败，党员干部只有对人民群众产生正确的情意观，坚持与群众同呼吸共命运，才能真正做到情为民所系。所谓利为民所谋，是指牢记不能为了一己私利而背离或抛弃人民群众的切身利益，要本着一切为了人民的原则，时刻关注人民群众的心声和利益诉求，一心为人民谋利益，党员干部只有树立这样正确的利益观，坚持人民的利益高于一切，才能真正做到利为民所谋。

（五）全面从严治党要坚持"以人民为中心"

党的十八大以来，以习近平同志为核心的党中央坚持以人民为中心推进全面从严治党，始终把人民群众放在心中最高位，站在人民的立场，遵循人民的方向，是全面从严治党之本。在党的坚强领导下，党和国家事业发生了历史性变革、取得了历史性成就。新时代必须坚持人民至上，让人民幸福就是习近平总书记心中的"国之大者"。

第一，坚持以人民为中心推进全面从严治党。人民是党执政兴国的力量源泉和最大底气，人民立场是全面从严治党和反腐败斗争的基本政治站

---

① 《胡锦涛文选》第2卷，北京：人民出版社2016年版，第11页。

位。我们党之所以敢于正视自身问题、勇于自我革命，正是因为中国共产党没有与人民群众不同的利益，始终代表人民群众的利益，中国共产党初心和使命就是为中国人民谋幸福，为中华民族谋复兴。正如习近平总书记所言："人民对美好生活的向往就是我们的奋斗目标。"① 新时代，随着生活水平的提高，人民群众不仅热爱生活，而且有了更美好更广泛更高质量的生活新期盼，对于"少数干部或无视群众期盼、或不敢应对诉求，在群众面前处于失语状态"② 等现象，必须有则改之、无则加勉，必须破除"官本位"思想。中国共产党作为世界上最大的马克思主义执政党，如何永葆初心和使命、如何保持先进性和纯洁性都是大党独有难题，要想解决这些难题，跳出历史周期率，就必须牢固树立"以人民为中心"的思想，贯彻落实全面从严治党，以人民利益高于一切义无反顾地进行反腐败斗争，坚持立党为公、执政为民，坚持忠诚履责、执纪为民，推动全面从严治党向纵深发展。

第二，全面从严治党必须始终保持党同人民群众的血肉联系。唯物史观认为，人民群众是历史的创造者，失去人民群众的支持，任何政党和政权都会不复存在。深入推进反腐倡廉建设，离不开广大人民群众的支持和参与，必须密切联系人民群众，高度重视和充分发挥人民群众的重要作用。"政之所兴，在顺民心；政之所废，在逆民心。"习近平总书记反复强调："江山就是人民，人民就是江山，打江山、守江山，守的是人民的心。"③ 中国共产党来自于人民，植根于人民，赢民心、顺民意是我党维持政权长治久安的重要法宝。党的十八大以来，以习近平同志为核心的党中央始终保持惩治腐败的高压态势，切实把整治群众反映强烈的腐败和作风

---

① 《习近平谈治国理政》第 4 卷，北京：外文出版社 2022 年版，第 58 页。
② 《习近平著作选读》第 2 卷，北京：人民出版社 2023 年版，第 122 页。
③ 任仲文：《如何走好新的赶考之路》，北京：人民日报出版社 2022 年版，第 29 页。

问题放在突出位置，严肃政治发生在群众身边的腐败问题，深入调研、加强整改，切实让群众感受到正风反腐的成效和变化。对于群众身边的"微腐败"，对于啃食群众利益的"蛀虫"，习近平总书记强调："推动全面从严治党向基层延伸，严肃政治发生在群众身边的腐败问题，开展扶贫民生领域专项整治……对基层站所、街道干部吃拿卡要、盘剥克扣、优亲厚友的坚决查处，切实把党的惠民政策落实在群众心里。"[①] "蝇贪猛于虎"，"微腐败"看似微小，但是数量巨大，也可能成为"大祸害"，成为祸害党群干群关系的"毒瘤"，成为动摇党的执政基础和执政合法性的"癌细胞"。"水可载舟，亦可覆舟"，人民群众对基层"微腐败"的感受是最深的，因此，"老虎露头要打""苍蝇乱飞也要拍"，正如习近平总书记所强调的那样，要"严肃查处'微腐败'，维护群众切身利益"[②]；"在市县党委建立巡察制度，加大整治群众身边腐败问题力度"[③] 等。总之，群众期盼处，就是正风反腐发力点，十八大以来党中央以壮士断腕的决心、刀刃向内的勇气和舍我其谁的担当，不断加大反腐败斗争力度、严肃查处腐败分子，用沉甸甸的成绩让人民群众真正感受到了反腐倡廉建设的实际成效，可以说，中国共产党是真正在同人民群众的血肉联系中实现了自己的根本宗旨。

民心是最大的政治，民意是最好的向导。我们党必须毫不动摇地加强党的廉政建设，因为只有得民心、顺民意，才能把中国特色社会主义伟大事业不断向前推进。腐败是社会发展的毒瘤，是使一个政党政治变异的罪魁祸首，如果不刹住腐败，就会直接损害党和人民群众的根本利益，直接

---

① 《习近平著作选读》第二卷，北京：人民出版社 2023 年版，第 125 页。

② 中共中央党史和文献研究院：《习近平关于全面从严治党论述摘编》，北京：中央文献出版社 2021 年版，第 382 页。

③ 中共中央党史和文献研究院：《十九大以来重要文献选编》上，北京：中央文献出版社 2019 年版，第 47 页。

削弱党的执政能力以及人民群众对党的执政合法性认同。人民立场、人民至上是马克思主义经典作家和中国共产党人所始终坚持的根本政治立场和始终遵循的最高政治宗旨，是中国共产党增强凝聚力、向心力的力量源泉。中国共产党只有始终坚持同人民群众同呼吸共命运，才能得到人民群众的真心拥护；只有顺民心才能增强中国共产党执政的合法性基础，才能把中国特色社会主义现代化事业顺利向前推进。

四、对本章的综合分析与评价

对人民地位与作用的重视是马克思主义区别于其他理论的首要标识。这一标识由马克思、恩格斯所开创，而后被不同国家、不同时代的马克思主义者所继承和弘扬。在马克思、恩格斯的文本中，他们多次提及"人民""工人群众"等概念，而且特别强调他们所研究的人是现实的人而不是想象的人，是社会存在物而不是固有抽象物。在列宁、毛泽东、邓小平等所著的文本中，"人民群众"的概念已经被常用和被熟知。所有这些的终极目标指向都是一致的，即实现"这样一个联合体，在那里，每个人的自由发展是一切人的自由发展的条件"①，但是具体到不同时代，它又是不同的。在马克思、恩格斯所处的时代，这一目标可以细化为无产阶级如何上升为统治阶级；在列宁、毛泽东所处的时代，这一目标可以细化为无产阶级如何夺取政权和如何初步建设政权；在邓小平及后来中国共产党人所处的时代，这一目标可以细化为如何实现政权的长期稳定和终极目标的逐步达成。无论时代如何变化，无产阶级政权要坚持人民至上的基本立场和价值追求始终没有变。因此，廉政建设要坚持人民至上的思想在马克思主义发展史中具有举旗立心的重要作用。

马克思、恩格斯关于廉政建设要坚持人民至上的内涵与意义。"人民

---

① 《马克思恩格斯选集》第1卷，北京：人民出版社2012年版，第422页。

至上"是当代人对"人民"重要性的话语表达，在马克思、恩格斯的文本中找不到精准的阐释，但是这并不影响马克思、恩格斯在人类社会发展史对"人民"这一历史发展主体的空前重视。通读马克思、恩格斯的文本可以发现，他们思想的出发点是如何为广大的无产阶级找到出路，落脚点是通过废除资本主义私有制来实现整个人类的解放，这中间的途径便是设法让无产阶级上升为统治阶级取得政权。关于这一政权所应具有的基本品格，马克思、恩格斯并没有具体的描述，但有些特点却是清晰表达的，如新政权必须要坚持无产阶级政党的领导，新政权要尽可能快地增加生产力的总量，新政权将把工业和农业结合起来促使城乡对立逐步消失，等等。1871年3月18日，当巴黎公社作为第一个无产阶级政权初步尝试登上历史舞台时，马克思、恩格斯对此进行了高度关注。巴黎公社失败后，马克思对此进行了评价，他说："但是即使公社被打败，斗争也只是推迟而已。公社的原则是永存的，是消灭不了的；这些原则将一再凸显出来，直到工人阶级获得解放。"① 那么，具体有哪些原则？其中有一条就是公社实现了人民自己当家作主，公社采取的公职人员的普选、监督、罢免权、反对特权、废除高薪等措施，切实保证了人民群众的当家作主。恩格斯在探讨无产阶级政权建设时，也高度评价了公社采取的保障人民当家作主的做法。由此可以看出，马克思、恩格斯认为，无产阶级建立的政权必须是一个能够让人民自己当家作主的"廉价政府"，要让人们从旧制度的压迫中彻底解放出来，而巴黎公社就是这样的政权。

列宁关于廉政建设要坚持人民至上的思想发展与实践探索。马克思、恩格斯对于无产阶级政党以及未来理想社会政权建设的思考是理论性的，由于受到当时历史条件的限制，马克思、恩格斯并没有亲自指导无产阶级政党进行政权建设，因此，他们的很多廉政思想主要是在批判资本主义制

---

① 《马克思恩格斯文集》第3卷，北京：人民出版社2009年版，第607页。

度的腐朽和资产阶级政权下存在的弊病基础之上提出来的。无产阶级政党领导下无产阶级政权建设是否能够真正克服资产阶级政权的弊病，成为一个真正能够代表无产阶级根本利益的政权？是否能够真正实现廉洁政府？这些成为后来的马克思主义者们需要持续探索的重点难题。列宁充分地考虑了俄国的具体国情和现实实践，在坚持马克思主义基本原理的基础上对廉政建设进行了思想发展和实践探索。思想发展体现在：一是列宁特别强调苏维埃政权的实质就在于让人民群众来管理国家；二是列宁特别强调无产阶级执政党执掌政权的根本问题在于时刻保持同人民群众的联系；三是列宁将新政权能否保持同人民群众的联系，依靠人民群众来建设社会主义定位到党和国家生死存亡的高度。实践探索体现在：一是"模仿"巴黎公社。十月革命之前，列宁就曾反复地阐述工农民主专政的思想，十分推崇巴黎公社原则，因为它实现了人民当家作主。十月革命胜利后，列宁指出要按照巴黎公社的原则设计工农代表苏维埃国家。为了表明苏维埃政权的工农性质，新政权决定用锤子（代表工人阶级）和镰刀（代表农民阶级）作为国徽图案。二是尝试直接民主。苏俄在政治建设过程中特别强调人民当家作主和突出共产党的先锋队作用，但具体做法在实践中不断调整。十月革命胜利后，俄共（布）试图按照人人直接参加国家管理的原则来组织政权，其实现形式就是苏维埃。实践证明，在一个经济文化落后的大国难以实行直接民主。三是设立工农检查院。由于直接民主难以推行，但又要保证新政权不成为"官僚"，在这种情况下，列宁主张建立工农检查院，把它作为苏维埃俄国的国家机关，并授予人民群众广泛监督各级政府机关的权利。无论从思想上还是实践上，列宁都特别强调要依靠人民获得和制约国家权力，因为他深知这一政权的来之不易，必须依靠人民才能长治久安。

中国共产党人关于廉政建设要坚持人民至上的话语创新与实践创造。俄国走向社会主义走的是"城市带领农村"道路，中国走向社会主义走的

"农村包围城市"道路，道路的不同规定了政党和政权的面向根基就不同，但是目标是相同的，即都是为了实现和建设社会主义，都是为了实现人民的当家作主。在这种"不同"与"相同"的关系中，要求中国共产党必须实现自己的话语创新和实践创造。

需要强调的是，从理论上讲，社会主义作为资本主义的对立物登上历史舞台，本质体现就是人民当家作主，这一思想是无产阶级政党和政权的终极命题，更是马克思主义廉政建设的首要命题。这其中变的是"思想发展""话语创新""实践创造"，不变的是"人民至上"的价值追求和实践遵循。

第二章

马克思主义关于制度反腐的思想

引言：坚持制度反腐是廉政思想和实践的核心要义

一个现代化的国家和政党，其制度必须现代化，一个走在世界前列的国家和政党，其制度必须领先世界。从某种程度上说，马克思主义正是依靠对资本主义制度的批判而登上历史舞台的。对于无产阶级政党进行社会主义建设的实践经验，马克思、恩格斯对资本主义制度下的权力腐败、官僚主义、专制主义、独断主义、虚假民主等现象进行了激烈的批判。与此相对，他们提出要彻底消除资本主义制度下的腐败行为，与资本主义社会实行最彻底的决裂，建立共产主义的新制度。他们认为，腐败现象将与新制度根本不相容，腐败现象在新制度下也将被彻底地消除和灭亡。他们提出，无产阶级政党和社会主义国家必须建立"廉价政府"，实现廉洁政治的目标，并在总结巴黎公社的经验教训中更加明确了制度反腐的重大意义。十月革命的胜利使得世界上建立了第一个社会主义国家，俄共（布）真正尝到了"权力的滋味"。但是列宁并没有被胜利冲昏头脑，因为他深知俄国与西方先进资本主义国家相比仍是非常落后。有鉴于此，他特别强调用法令、制度来约束权力和严惩腐败。

在中国共产党反腐败斗争史上，大体经历了运动反腐、权力反腐、制度反腐三个阶段。前两种反腐形式都具有易变性，缺乏规范性、民主性，主要体现的不是法律和制度的意志。进而，这种反腐只能解决表面的问题，而解决不了根本的问题，只能解决局部问题，而解决不了全局问题，只能解决一时的问题，而解决不了长期的问题。为此，邓小平最后一次复出工作之后，基于历史正反两方面的经验教训，提出要重视和发挥制度在反腐倡廉建设中不可小觑的作用："领导制度、组织制度问题更带有根本性、全局性、稳定性和长期性。这种制度问题，关系到党和国家是否改变颜色，必须引起全党的高度重视。"① 总体而言，制度化反腐是对运动反腐和权力反腐的巨大超越，规避了运动反腐和权力反腐的随意性、短暂性特点，取而代之的是稳定性和长期性的特征，它是集法治反腐和制度反腐优越性于一身的最佳结合。事实上，从"变量"和"常量"的视角看，人性的善与恶是一个变量，人性的善，如果缺乏制度常量的有效保护，依然抵挡不住权钱色的诱惑；人性的恶，如果缺乏制度常量的科学规范，必然会在漏洞中出轨泛滥。因此，制度反腐是马克思主义廉政思想的重要内容，是中国共产党廉政建设的必然诉求。

一、马克思、恩格斯对腐败的制度根源的分析及其破解

在国际共运史上，如何有效地扬弃资本主义制度下的腐败现象，实现廉洁政治，是马克思、恩格斯首先提出的。他们首先对其所处的资本主义社会进行了深刻的揭露和批判，提出腐败是由于私有制和阶级的出现而滋生的，其在阶级社会发展的各个时期都普遍存在。因此，只要阶级存在，腐败行为就不可能得到根本性的消除。为此，他们提出，要通过推翻不合理的阶级压迫和阶级统治，消灭腐败产生的根源即私有制的存在，建立真

---

① 《邓小平文选》第 2 卷，北京：人民出版社 1994 年版，第 333 页。

正属于人民权利的民主制度，实现人民自己管理国家，进而彻底有效地根治这一顽疾。

（一）资本主义制度及私有制是腐败的根源

第一，对资本主义国家政权腐败行为的无情揭露批判。自国家产生以来，腐败现象就紧随人类历史的发展，而且腐败的滋生根源、表现形式多种多样。马克思、恩格斯所处的时代是资本主义发展的上升阶段，资本主义制度下的各种腐败行径表现形式多样，引起了马克思、恩格斯极强烈的反感进而展开了无情的揭露和批驳。恩格斯在向唯物主义和共产主义转变的过程中，先对资产阶级政治经济学作了比较系统的考察，阐明了资本主义私有制条件下的竞争必然导致的种种恶果，揭露了资产阶级政治经济学的阶级实质，指出它是资本主义私有制的理论表现。在《英国工人阶级状况。根据亲身观察和可靠材料》这部著作中，恩格斯首先分析了英国资产阶级的发展史，其次系统全面地论述了在资本主义制度下工人阶级所处的被资本家残酷压迫和赤裸剥削的社会地位、与资产阶级的斗争历程和推翻资产阶级的历史使命。恩格斯指出，资本主义越发展，资本主义社会的矛盾就会越尖锐，虽然统治阶级会做出一些正义和仁爱的让步，但事实上都只是一种手段，资本还是加速集聚在少数人手中。为了能够改变这种备受资产阶级制度压迫的悲惨命运，恩格斯指出："处于这种境况，无论是个人还是整个阶级都不可能像人一样地思想、感觉和生活。因此，工人必须设法摆脱这种非人的状况，必须争取良好的比较合乎人的身份的地位。"①这里，恩格斯从类的视角强调工人作为人，要像人一样的活着，要有思想、有感觉、有生活，要努力摆脱资本主义制度下的"非人"状况。

《共产主义原理》是恩格斯为共产主义者同盟撰写的纲领草案。在这

---

① 《马克思恩格斯文集》第1卷，北京：人民出版社2009年版，第448页。

篇文章中，恩格斯揭露了资产阶级代议制是建立在资本之上的。恩格斯指出，当资产阶级消灭了贵族和行会师傅的社会势力后，就等于也消灭了他们的政治权力。上升为统治阶级之后的资产阶级，通过代议制来实施自己的政治权力。"代议制是以资产阶级的在法律面前平等和法律承认自由竞争为基础的。这种制度在欧洲各国采取立宪君主制的形式。在这种立宪君主制的国家里，只有拥有一定资本的人即资产者，才有选举权。这些资产者选民选出议员，而这些资产者议员可以运用拒绝纳税的权利，选出资产者政府。"① 这表明，资产阶级虽然强调法律面前人人平等和自由竞争，但是资产阶级政权的选举者却是拥有一定资本的人，这些拥有资本的人选出议员，再由议员选出政府，而政府通过免税来"优惠"议员。可见，资本主义制度下的代议制根本就不是实质意义上的民主，而是资本逻辑操纵下的民主。在《共产党宣言》中，马克思、恩格斯阐明了资本主义国家政权的实质，即资产阶级"在现代的代议制国家里夺得了独占的政治统治。现代的国家政权不过是管理整个资产阶级的共同事务的委员会罢了"② 。这里表明，广大的无产阶级仍是被排斥在资产阶级政权之外的。

1848年至1850年，欧洲多国都发生了无产阶级的革命运动，但革命均以失败而告终。《1848年至1850年的法兰西阶级斗争》这部著作就是马克思总结这次革命运动的集中体现。在著作中，他对法国政府——七月王朝依赖上层资产阶级的腐败行径进行了揭露，指出："由国家经手花出的巨款，又使各式各样骗人的供货合同、贿赂、贪污以及舞弊勾当有机可乘。"③ 金钱与权力勾连，社会交往变成了金钱交易，社会的公平正义在资产阶级各种腐败的丑恶行径肆虐下荡然无存。马克思在《法兰西内战》中

---

① 《马克思恩格斯选集》第1卷，北京：人民出版社2012年版，第300页。
② 《马克思恩格斯选集》第1卷，北京：人民出版社2012年版，第402页。
③ 《马克思恩格斯选集》第1卷，北京：人民出版社2012年版，第447-448页。

对资产阶级政府再次进行了揭露。他写道:"国家政权在性质上也越来越变成了资本借以压迫劳动的全国政权,变成了为进行社会奴役而组织起来的社会力量,变成了阶级专制的机器。"① 可以看出,资产阶级及其制度下的国家政权有以下特点:一是受到资本家的控制和左右;二是为了维护资本家的利益而产生严重的腐败;三是广大无产阶级是被排斥在政治之外的;四是广大无产阶级不仅受到经济上的剥削,而且受到政治上的压迫。

马克思、恩格斯认为,生产资料的私有制和阶级社会的存在是腐败产生的根源和温床。在私有制条件下,由于国家与社会出现了异化,人与人之间的关系出现了异化,腐败就成为一种必然存在的现象。因此,他们认为资本主义时代与以往历史时代相比,确实取得了巨大进步,但资产阶级及其代言人——政府高喊的"宪政民主、自由平等"等口号仍难以掩饰其侵吞公众财富、贪污腐败的肮脏行径。马克思在致国际工人协会欧洲和美国全体会员关于普法战争的第一篇宣言中写道:"普鲁士细心保存了自己旧制度固有的一切妙处,另外又采纳了第二帝国的一切奸猾伎俩:它的真专制与假民主,它的政治面具与财政骗局,它的漂亮言辞与龌龊手腕。"② 这里,马克思用"奸猾伎俩""真专制与假民主""面具""骗局""漂亮言辞""龌龊手腕"概括了德国政治制度的黑暗。

第二,对资本主义国家政权腐败行为的制度根源分析。马克思、恩格斯对资本主义并非完全否定,而是坚持了辩证扬弃的原则。他们认为,资本主义在人类历史发展进程中曾产生过重要作用,"资产阶级在历史上曾经起过非常革命的作用"。随着封建所有制关系的被炸毁,"起而代之的是自由竞争以及与自由竞争相适应的社会制度和政治制度、资产阶级的经济

---

① 《马克思恩格斯选集》第3卷,北京:人民出版社2012年版,第96页。
② 《马克思恩格斯选集》第3卷,北京:人民出版社2012年版,第60页。

统治和政治统治"①，但本质上，"它用公开的、无耻的、直接的、露骨的
剥削代替了由宗教幻想和政治幻想掩盖着的剥削"②。马克思、恩格斯指
出，资本主义制度之所以存在腐败不仅在于私有制的存在，更在于其政治
制度的局限。

恩格斯在《共产主义原理》中揭示了资本主义制度下定期会出现商业
危机，其根源在于生产力的发展已经不适应当前的社会制度。他指出，这
种商业危机每五年至七年就要爆发一次，并且每爆发一回就会对社会的经
济发展和现存的社会制度形成巨大的冲击，商业危机给无产阶级带来极度
贫困的同时也激起了他们想推翻现存制度的革命热情。那么，这种反复出
现的商业危机最后的结果是什么呢？恩格斯分析指出，随着现代资本主义
大工业的快速发展，这种发展会使生产力得到无限扩大，这为无产阶级建
立一种全新的社会制度提供了有利的前提条件。"在这种社会制度下，一
切生活必需品都将生产得很多，使每一个社会成员都能够完全自由地发展
和发挥他的全部力量和才能。"③ 他还指出，现在社会中由于大工业的那种
特性造成一切贫困和商业危机的因素——资本主义私有制及其政治制度，
在另一种社会——共产主义社会，正是消灭这种贫困和这些灾难性波动的
因素，也就是《共产党宣言》所言："资产阶级用来推翻封建制度的武器，
现在却对准资产阶级自己了。但是，资产阶级不仅锻造了置自身于死地的
武器；它还产生了将要运用这种武器的人——现代的工人，即无产者。"④
正是基于上述判断和逻辑推理，恩格斯肯定地得出结论："（1）从现在起，
可以把所有这些弊病完全归咎于已经不适应当前情况的社会制度；（2）通

---

① 《马克思恩格斯选集》第 1 卷，北京：人民出版社 2012 年版，第 405 页。
② 《马克思恩格斯选集》第 1 卷，北京：人民出版社 2012 年版，第 403 页。
③ 《马克思恩格斯选集》第 1 卷，北京：人民出版社 2012 年版，第 302 页。
④ 《马克思恩格斯选集》第 1 卷，北京：人民出版社 2012 年版，第 406 页。

过建立新的社会制度来彻底铲除这些弊病的手段已经具备。"① 上述内容表明，他们认为，正是因为资本主义的制度造成了无产者永远陷入在贫困的深渊而不得翻身，他们要想翻身，就必须团结起来，通过革命的手段打碎旧的社会制度，建立新的社会制度。

恩格斯在《英国工人阶级状况。根据亲身观察和可靠材料》1892 年版的序言中再次明确表达了同样的思想。他写道："工人阶级处境悲惨的原因不应当到这些小的弊病中去寻找，而应当到资本主义制度本身中去寻找。"② 因为当时随着无产阶级的壮大和斗争的扩散，资本主义社会不断调整着自身与无产阶级的关系，不断给无产阶级施以正义、仁爱的让步，使得有些人对资本主义社会的态度发生了转变。为此，恩格斯强调对工人阶级的悲惨处境要到资本主义制度中去寻找，还特别给这些字进行加黑说明，可见恩格斯对制度根源的重视。他还继续分析到，工人们为了每天得到一定数目的工资把自己的劳动力低价卖给资本家，而资本家却无偿地占有了工人们所创造的剩余价值，"产生这个结果的，并不是这个或那个次要的弊端而是制度本身，这个事实目前已经在英国资本主义的发展过程中十分鲜明地显示出来"③。这里，恩格斯再次强调是资本主义的制度导致了社会的越来越分裂化。

马克思在《法兰西内战》中从欧洲近代政治史发展的视角分析了当前法国的政治制度。他指出，18 世纪的法国大革命扫除过去时代（封建时代）的残余，建立起了现代国家的大厦。但是国家的政权依旧没有改变其阶级专制的本质属性，只是实现了政权的转移，原来是地主阶级的政权，现在变成了资本家的政权，但是归根结底政权不在工人阶级手中，它只不

---

① 《马克思恩格斯选集》第 1 卷，北京：人民出版社 2012 年版，第 302 页。
② 《马克思恩格斯选集》第 1 卷，北京：人民出版社 2012 年版，第 67 页。
③ 《马克思恩格斯选集》第 1 卷，北京：人民出版社 2012 年版，第 67 页。

过是从一个敌人手中转移到了另一个敌人手中，没有发生性质上的变化。"表面上高高凌驾于社会之上的国家政权，实际上正是这个社会最丑恶的东西，正是这个社会一切腐败事物的温床。……帝国制度是国家政权的最低贱的形式，同时也是最后的形式。"① 这里，马克思也再次强调是这种帝国的制度使得社会上充满了腐败，为此，要通过革命的手段来取代这种帝国的制度。

(二) 打碎旧的国家制度和机器是遏制腐败的根本途径

第一，要向资产阶级的政府制度开火。马克思在 1843 年 10 月—12 月这一期间写了《〈黑格尔法哲学批判〉导言》，并于 1844 年 2 月发表在《德法年鉴》。这篇短文是马克思世界观、革命立场转变的重要著作，其中明确提出要向德国的制度开火。马克思以德国为研究对象探讨了社会主义革命的阶级力量。他说："向德国制度开火！一定要开火！这种制度虽然低于历史水平，低于任何批判，但依然是批判的对象，……因为这种制度的精神已经被驳倒。"② 在马克思看来，当时德国虽然是资本主义国家，但仍旧保留大量封建专制社会的传统，因此与当时的英国、法国等西欧资本主义国家相比，它的制度是落后的。"这种制度的精神已经被驳倒"是指封建专制主义和资本主义的制度已经被揭露具有虚伪性，应当受到批判，这是毋容置疑的。那么这种已经被驳倒的制度之所以存在，在马克思看来，是因为："现代的旧制度不过是真正主角已经死去的那种世界制度的丑角。历史是认真的，经过许多阶段才把陈旧的形态送进坟墓。"③ 而这种旧制度的存在也正如马克思所揭露的："政府制度是靠维护一切卑劣事物

---

① 《马克思恩格斯选集》第 3 卷，北京：人民出版社 2012 年版，第 98 页。
② 《马克思恩格斯选集》第 1 卷，北京：人民出版社 2012 年版，第 4 页。
③ 《马克思恩格斯选集》第 1 卷，北京：人民出版社 2012 年版，第 6 页。

为生的，它本身无非是以政府的形式表现出来的卑劣事物。"① 即是说，政府的一切制度只是政府的形式表象，而资本主义政府的制度维护的是资本家的利益，维护的是一切卑劣事物，因为在这一制度下，人们被无止境地分成各色人等，而且处于相互对立状态。为此，马克思特别指出要大胆地、毫不客气地进行揭露，使处于底层的人民认识到自己卑微的处境，并为此感到大吃一惊，然后鼓起勇气向德国的制度开火，一定要开火。在《德意志意识形态》中，马克思表达了同样的思想，提出无产者要改变自身现在的生存条件就必须消灭与自己处于直接对立的国家，即"无产者，为了实现自己的个性，就应当消灭他们迄今面临的生存条件，消灭这个同时也是整个迄今为止的社会的生存条件，即消灭劳动。因此，他们也就同社会的各个人迄今借以表现为一个整体的那种形式即同国家处于直接的对立中，他们应当推翻国家，使自己的个性得以实现"②。《共产党宣言》的最后一段话也明确提出："共产党人不屑于隐瞒自己的观点和意图。他们公开宣布：他们的目的只有用暴力推翻全部现存的社会制度才能达到。"③即表明共产党人一定要通过推翻现存的社会制度，才能达到自己的目的。

第二，未来新的社会制度将以联合代替竞争，进而从根本上消灭腐败。资产阶级国家政权中存在的腐败行为遭到了马克思、恩格斯的强烈批判，与此相对，实现廉洁政治是无产阶级政党孜孜以求的价值目标和理想追求。那么，针对如何从根本上消除腐败现象，马克思、恩格斯提出要通过革命的手段（在某种程度上来说是必须意义上的）来建立新的国家制度。因为在他们看来，"革命之所以必需，不仅是因为没有任何其他的办法能够推翻统治阶级，而且还因为推翻统治阶级的那个阶级，只有在革命

---

① 《马克思恩格斯选集》第 1 卷，北京：人民出版社 2012 年版，第 4 页。
② 《马克思恩格斯选集》第 1 卷，北京：人民出版社 2012 年版，第 201 页。
③ 《马克思恩格斯选集》第 1 卷，北京：人民出版社 2012 年版，第 435 页。

中才能抛掉自己身上的一切陈旧的肮脏东西，才能胜任重建社会的工作"①。这里强调了必须用"革命"的手段来推翻资产阶级的统治，抛掉资产阶级身上肮脏的东西，进而重建整个社会。马克思、恩格斯还给出了必须进行革命的四点理由：一是生产力的发展造就了一个阶级，即无产阶级，这个阶级在现有制度下不得不同其他一切阶级发生最激烈的对立，为此，无产阶级必须要具备共产主义意识，因为只有具备共产主义意识才算是具备最彻底的革命意识。二是一切革命斗争的对象都是针对旧的统治阶级。三是迄今为止的一切革命斗争始终都没有触动剥削社会的本质。四是无产阶级的革命意识只有在革命的运动中才有可能实现。当然，这并不意味着马克思、恩格斯就是典型的"革命主义者"，因为他们并不拒绝采用和平手段代替暴力革命。如恩格斯在《共产主义原理》中针对"能不能用和平的办法废除私有制"的提问回答说："但愿如此，共产主义者当然是最不反对这种办法的人。"② 即表明，如果和平的办法能实现无产阶级的利益，共产党人也是欢迎的，因为无产阶级最终的目标是建立没有阶级、没有压迫、没有剥削的共产主义社会。

马克思、恩格斯认为，未来的社会主义政权将不再是原来意义上的政权，因此，就能够消除腐败现象。1847 年，马克思在《哲学的贫困》中指出："劳动阶级在发展进程中将创造一个消除阶级和阶级对抗的联合体来代替旧的市民社会；从此再不会有原来意义的政权了。"③ 1874 年，恩格斯在有关信件中也指出，巴黎公社"已经不是原来意义上的国家"④。为此，他们提出要用"共同体"的概念来取代"国家"的称呼。那么，如何掌握现在的国家机器？巴黎公社提供了实践的创举。1871 年 3 月 18 日清

---

① 《马克思恩格斯选集》第 1 卷，北京：人民出版社 2012 年版，第 171 页。
② 《马克思恩格斯选集》第 1 卷，北京：人民出版社 2012 年版，第 304 页。
③ 《马克思恩格斯选集》第 1 卷，北京：人民出版社 2012 年版，第 275 页。
④ 《马克思恩格斯选集》第 3 卷，北京：人民出版社 2012 年版，第 348 页。

晨，巴黎公社宣告成立，中央委员会在当日发布的宣言中指出，巴黎的无产者挽救时局的时刻已经到来，他们只有夺取政权才能掌握自己的命运，才能实现自己亲手领导公务事务，因此，夺取政权是他们不可推卸的历史使命。马克思对此解析道："但是，工人阶级不能简单地掌握现成的国家机器，并运用它来达到自己的目的。"① 即表明旧的国家机器必须打碎，工人阶级不能幻想利用旧的国家机器来维护争得的统治，而应该打碎旧的国家机器，建立新的代表无产阶级利益的国家机器，这是两种根本性质不同的国家机器。但是这些国家机器，在马克思、恩格斯看来，其终极归宿也是要消除的、灭亡的。因为，"国家无非是一个阶级镇压另一个阶级的机器，而且在这一点上民主共和国并不亚于君主国。国家再好也不过是在争取阶级统治的斗争中获胜的无产阶级所继承下来的一个祸害"②。1875 年，恩格斯在给奥·倍倍尔的信中，表达了同样的思想。他说："当无产阶级还需要国家的时候，它需要国家不是为了自由，而是为了镇压自己的敌人，一到有可能谈自由的时候，国家本身就不再存在了。"③ 上述思想表明，国家是阶级矛盾不可调和的产物，是因为有了阶级的存在，才有了国家存在的必要性，但是随着人民政权的建立，人民可以通过自己联合管理自己的时候，国家就会成为一种"多余"的存在，也就会随着历史的发展，随着阶级的消亡，最终走向消亡。

（三）建立真正的民主制和罢免制是防止权力滥用的有效途径

第一，要利用资产阶级的民主来向私有制发起进攻，保障无产阶级生存的权力。民主一词源于希腊字"demos"，其定义为：在一定的阶级范围

---

① 《马克思恩格斯选集》第 3 卷，北京：人民出版社 2012 年版，第 95 页。
② 《马克思恩格斯选集》第 3 卷，北京：人民出版社 2012 年版，第 55 页。
③ 《马克思恩格斯选集》第 3 卷，北京：人民出版社 2012 年版，第 349 页。

内，按照平等和少数服从多数原则来共同管理国家事务的国家制度。马克思、恩格斯对原始社会民主制进行了科学的分析，主要集中体现在马克思晚年的"古代社会史笔记"和恩格斯的《家庭、私有制和国家的起源》中。在马克思、恩格斯看来，人类是经历了漫长的氏族社会之后才进入阶级社会，在氏族社会里充满着民主原则和平等原则，如"议事会公开开会，四周围着其余的部落成员，这些成员有权加入讨论和发表自己的意见。"① 这是一种"自然形成的民主制"（恩格斯语）。原始社会解体后，人类社会出现了第一个国家类型，即奴隶制国家，这就有了阶级的划分——奴隶主阶级和奴隶。随着生产力的进一步发展，人类社会从奴隶社会过渡到了封建社会，地主阶级和农民阶级成为两大对立阶级。马克思对封建社会的民主制分析道："政治制度是私有财产的制度，但这只是因为私有财产的制度就是政治制度。在中世纪，人民的生活和国家的生活是同一的。人是国家的现实原则，但这是不自由的人。因此，这是不自由的民主制，是完成了的异化。"② 这里的意思表明，在中世纪，封建社会的国家制度背离了民主制的原则，国家和社会已经被异化，反过来成为统治人的异己力量，束缚了人的自由，因此该民主也不是真正意义上的民主。

产生于 17 世纪—18 世纪的欧洲启蒙思想为资产阶级取得统治地位提供了思想上和理论上的准备，其中法国声势浩大的启蒙运动为即将到来的法国大革命作了充分的思想动员。因此，启蒙运动为资产阶级带来了民主，虽然这个民主具有虚假性、虚伪性，但是它为无产阶级争取斗争和生存的权利提供了途径。恩格斯在《共产主义原理》中提出："如果不立即利用民主作为手段实行进一步的、直接向私有制发起进攻和保障无产阶级

---

① 《马克思恩格斯选集》第 4 卷，北京：人民出版社 2012 年版，第 104 页。
② 《马克思恩格斯全集》第 3 卷，北京：人民出版社 2002 年版，第 42-43 页。

生存的各种措施，那么，这种民主对于无产阶级就毫无用处。"① 即表明，既然资产阶级提出要实现人民民主，那么无产阶级就要立即利用民主来向资本主义的私有制发起进攻，进而保障自身的生存权利，否则，这种民主对无产阶级来说就是毫无意义的摆设。

第二，赋予人民充分的选举权和罢免权。1871年3月18日凌晨，巴黎政府军想要背着巴黎人民偷偷夺取市内的战略要地，被巴黎人民发现后遭到人民的强烈反抗，于是城内的战略要地当晚就被巴黎人民取而代之，临时政府总理梯也尔狼狈出逃，迁往凡尔赛。不久，巴黎公社便正式成立，这是历史上出现的第一个无产阶级政权。马克思在《法兰西内战》中描述了公社为防止权力滥用采取的种种措施。他写道："公社是由巴黎各区通过普选选出的市政委员组成的。这些委员对选民负责，随时可以罢免。其中大多数自然都是工人或公认的工人阶级代表。公社是一个实干的而不是议会式的机构，它既是行政机关，同时也是立法机关。警察不再是中央政府的工具，他们立刻被免除了政治职能，而变为公社的承担责任的、随时可以罢免的工作人员。"② 这里有以下几层意思，一是公社是通过人民普选而选出的，打破了资产阶级议会受资本操纵的桎梏，人民第一次实现了选举权。二是人民选出的委员必须对选民负责，否则人民有随时罢免委员的权利，这就可以实现人民对权力的有效监督。三是选民具有广泛性，大多数是工人或工人阶级的代表。马克思还写道："法官和审判官，也如其他一切公务人员一样，今后均由选举产生，对选民负责，并且可以罢免。"③ 这样，法官在资本主义社会中具有独立性的虚假面具就会被无情地揭露，实质上，法官在资本主义社会中根本没有实现独立性的地位，所

---

① 《马克思恩格斯选集》第1卷，北京：人民出版社2012年版，第305页。
② 《马克思恩格斯选集》第3卷，北京：人民出版社2012年版，第98页。
③ 《马克思恩格斯选集》第3卷，北京：人民出版社2012年版，第99页。

谓的独立性其实就是自己向政府奴颜谄媚的假象。

马克思认为，人民主权的重要表现形式就是普选制，普选制是民主政治的重要内容。因为普选制既能够确保国家政权真正为人民所掌握，也是人民直接普遍参与社会管理和国家管理的有效途径。关于普选制，马克思指出，公社实施普选制不是为了让统治阶级中的一些人每隔几年以选举的名义在议会里当人民的假代表，而是为了更好地服务于公社里的人民，实现的公社职员的定期更换，以期实现适当的位置上使用适当的人。"如果用等级授职制去代替普选制，那是最违背公社精神不过的。"① 为此，马克思给予了世界上第一个无产阶级政权——巴黎公社制定并加以实践的民主普选制度高度的赞扬："普选权在此以前一直被滥用，……而现在，普选权已被应用于它的真正目的：由各公社选举它们的行政的和创制法律的公职人员。"② 按照公社的法律规定，所有的公职人员，从公社委员到人民法官、警察长，从将军到区长，一律由人民直接投票选举。人民选举产生的代表无论职务高低，都是人民的勤务员，都应该对选民负责，都必须为人民服务。从上述马克思的论述可以看出他对公社的这一创举的高度赞赏，因为这一措施能够有效地克服资本主义制度下的腐败行为，实现人民真正地当家作主掌握国家政权。

二、列宁关于消除腐败必须"用法令指明道路"的思想

列宁 1919 年 3 月在俄共（布）第八次代表大会上指出，"但假使我们拒绝用法令指明道路，那我们就会是社会主义的叛徒"③。众所周知，限于社会条件和时代条件，马克思、恩格斯并没有长期经历在无产阶级政党掌

① 《马克思恩格斯选集》第 3 卷，北京：人民出版社 2012 年版，第 100 页。
② 《马克思恩格斯选集》第 3 卷，北京：人民出版社 2012 年版，第 141 页。
③ 《列宁全集》第 36 卷，北京：人民出版社 2017 年版，第 188 页。

握政权的条件下进行社会主义建设，进而在实践方面没能直接提出无产阶级政党执政后的廉政问题。但是他们间接提出了关于无产阶级执政后的廉政思想，虽然这些思想只能建立在对资产阶级政权的批判之上，易言之，就是资产阶级政权中存在的种种弊端，无产阶级政权都要坚决反对并努力根除。他们认为，无产阶级政权因其品格必然与腐败行为格格不入。列宁继承和发展了马克思、恩格斯关于制度反腐的思想，并根据苏俄的社会主义实践，对社会主义国家如何进行廉洁建设、割除腐败的现象这一重大课题进行了进一步的探索，给后人以深刻的启发。

（一）建立和完善民主集中制来防止权力专断

列宁在俄国社会民主工党创立和发展的实践中，针对党内如何防止权力专断这一问题进行了详细且深入的思考，最终形成了缜密且系统的民主集中制思想。

第一，努力使俄国政治社会制度实现民主化，推翻专制制度。努力打破和彻底推翻旧社会的专制制度，实现政治权力的民主化是马克思、恩格斯一生孜孜追求的政治方向，也是无产阶级政党力求实现的政治目标。列宁在革命初期坚定继承了马克思、恩格斯的这一思想。1898 年 3 月，俄国社会民主工党第一次代表大会召开，大会宣告了党的成立。在此前后，被流放在西伯利亚的列宁写了《俄国社会民主党人的任务》的小册子，于1898 年由劳动解放社在日内瓦首次出版，并在俄国先进工人中广泛流传。列宁在小册子中提出了俄国社会民主党人当前最迫切的任务就是"实践活动问题"，即党的建设工作。列宁提出："俄国社会民主党人除了宣传科学社会主义以外，同时还要在工人群众中间广泛宣传民主主义思想，竭力使工人认识专制制度的一切活动表现，专制制度的阶级内容，推翻专制制度的必要性，如果不争得政治自由并使俄国政治社会制度民主化，就不可能为工人事业进行胜利的斗争。"① 这里有几层意思：一是俄国社会民主党始终将社会主义工作与民主主义工作联系在一起。当时有人指责俄国社会民主党避开了政治问题，列宁对此进行了回应。二是明确了专制和民主的对立。俄国社会主义民主党的任务就是要推翻专制制度，争得政治自由。三是俄国政治社会制度的民主化，是工人事业胜利斗争的前提。他还说："只有无产阶级才能彻底实现政治社会制度的民主化，因为实行这种民主化，就会使工人成为这个制度的主人。"② 可以看出，针对经济文化落后的俄国如何建设马克思主义先进政党，列宁提出党面临两大难题：一是推翻沙皇专制制度，二是彻底实现政治民主化，这两大难题阐明了当前完成俄国民主主义革命的紧迫性和重要性。但是党刚刚成立后不久，沙皇政府就开始疯狂封杀党的中央委员会，再加上一大没有及时制定出统一的党纲、党章，导致建党的任务失败。特别需要指出的是，这时候的列宁只是继承了马克思、恩格斯关于无产阶级政党需要建立民主制度、实施民主原则的思想，还没有明确提出集中制的问题。

第二，党内民主须依靠民主集中制，遵从民主集中制的要求。列宁在党的一大后开始着手党的重建工作。与此同时，针对究竟建设一个什么样的党，党内发生了严重的意见分歧。当时社会中弥漫着无政府主义思潮，不仅在党内，而且在工人群众中都引起了巨大的影响。1901 年，列宁专门写了《无政府主义与社会主义》对此进行批判。1901 年秋至 1902 年 2 月，列宁又专门写了《怎么办？（我们运动中的迫切问题）》对俄国社会民主党下一步的任务进行了详细的分析。1903 年 7 月，俄国社会民主工党第二次代表大会召开，制定了党纲、党章，完成了党的重建工作。其中在党纲草案中，党提出要建立具有民主宪法的共和国，民主宪法应保证"承认国

---

① 《列宁选集》第 1 卷，北京：人民出版社 2012 年版，第 143 页。
② 《列宁选集》第 1 卷，北京：人民出版社 2012 年版，第 147 页。

内各民族的自决权"。有些人错误地理解为这是支持任何民族自决的要求。为了防止出现党的领导架空，各民族的无产阶级出现"一盘散沙"的斗争局面，列宁提出："受专制制度压迫的各族无产者反对专制制度、反对日益紧密团结的国际资产阶级的斗争要取得胜利，集中制是必不可少的。"① 这里，列宁已经开始提出"集中"的问题。

如果说列宁之前更多强调的是马克思、恩格斯思想中民主的重要性，那么，列宁之后开始更多地结合俄国实际强调集中的重要性。1904 年，列宁写了《进一步，退两步（我们党内的危机）》专门论述了组织建党的重要性。在这本小册子中，他首先梳理了两派在党的第二次代表大会上的意见分歧。列宁说："归结起来说，问题正在于是彻底实行组织原则，还是崇尚涣散状态和无政府状态。"② 这里，主张"彻底实行组织原则"的是布尔什维克，崇尚"涣散状态和无政府状态"的是孟什维克。他还写道："为了保证党内团结，为了保证党的工作集中化，还需要有组织上的统一，而这种统一在一个已经多少超出了家庭式小组范围的党里面，如果没有正式规定的党章，没有少数服从多数，没有部分服从整体，那是不可想象的。"③ 可以看出，随着俄国各种错误思潮的泛起，面对党内出现的严重意见分歧，列宁开始强调民主基础之上的集中，并更加重视党的集中团结对党的高效领导的积极作用。那么，如何理解列宁提出的"民主集中制"？自提出以来，一直有人将其歪曲为"形式上的民主、本质上的集中"，加之苏联的解体，使得这一曲解不断沉渣泛起。但近年来也有不少学者提出了许多可资借鉴的观点，如许耀桐教授提出的观点："民主集中制的两个制度，究其实质都是民主制度。民主集中制是一个完整的民主制度、大写

---

① 《列宁选集》第 1 卷，北京：人民出版社 2012 年版，第 467 页。
② 《列宁选集》第 1 卷，北京：人民出版社 2012 年版，第 472 页。
③ 《列宁选集》第 1 卷，北京：人民出版社 2012 年版，第 499 页。

的民主制度，其中的党内民主制是民主实施的第一阶段，即民主在党内开展的初始进程，党内集中制则是民主实施的第二阶段，即民主最终走向完善的进程。"①

第三，强调党的集中制，但更要防止对权力的专断。执政党要实现高效执政、长期执政，必须在集思广益、兼听各方、博采众长基础之上制定正确的路线、方针和政策。在列宁看来，充分实现党内决策的民主化，在此基础上集中统一步伐执行，这是避免或者减少决策失误的基本前提。但是在成为执政党后的俄共（布），许多高级领导干部随着身份地位的转变，在党内形成了唯我独尊、独断专行的官僚主义作风。为此，列宁进行了以下实践探索：一是保障党员在党内决策面前具有充分的知情权和参与权。具体包括四点：（1）凡是党内的事务必须要由全体党员共同做决定；（2）重大问题应当征求全体党员的意见；（3）认真实行党的选举制和报告制；（4）党的代表大会和代表会议必须定时定期召开。二是党内决策时要允许有不同意见的讨论。这方面的主要内容：（1）党内决策要展开不同意见的充分交流；（2）"少数服从多数"是党实现党内民主决策的基本原则；（3）保障少数反对派的正当权利，宽容对待反对意见的同志。三是党的高层实行集体决策，反对个人崇拜。具体内容：（1）集体决定全党性的决议和重大问题；（2）提出了多条关于加强党的集体领导的建议；（3）集体决策要与个人分工负责相结合。②

（二）加强干部管理制度建设以保证党政机关廉洁

廉洁是人民群众对领导干部的基本要求。因此，如何保持领导干部的

---

① 许耀桐：《列宁党内民主思想探析》，载于《福建师范大学学报》（哲学社会科学版）2019年第3期，第11页。

② 王进芬：《列宁共产党执政思想研究》，北京：中共中央党校出版社2008年版，第90—119页。

廉洁品质，是对任何政权的一种持续且艰巨考验。因为领导干部廉洁品质的确立不是一劳永逸，也更难做到永不变质。领导干部能否长久保持廉洁的品质是受到时空条件的影响的，时间的推移、环境的变化都会使坚守廉洁变得愈加艰巨。列宁领导俄共（布）经历了从革命党到执政党的转变，执政后的俄共（布）党员，特别是高级领导干部，他们不想着为人民谋利益，只想着怎样为自己谋私利。在现实生活中，党员干部滥用职权的事件时有发生，为此列宁强调要加强党的干部管理，努力保证党政机关的廉洁。

第一，建立一个"职业革命家"的组织，以保证党的团结、稳定、巩固、廉洁。如何带领人民群众打破旧的专制制度，建立实现人民当家作主的新制度，是列宁革命活动的主题。而以工人阶级为主要代表的人民群众在旧社会大多数是没有文化的，因此政治上觉悟比较低。那么，如何领导这一群体进行革命斗争？列宁提出需要建立一个"职业革命家"组织。1897 年，流放在西伯利亚的列宁写了《俄国社会民主党人的任务》的文章，明确了党的下一个阶段的中心任务。在文章的最后一部分，列宁向彼得堡工人和社会主义者发出了"邀请"。当时的政府动员了全部力量来镇压影响力很大的工人运动，进行了大规模的逮捕和成批的放逐。列宁说："斗争不可能没有牺牲。对于沙皇强盗的野蛮迫害，我们镇静地回答说：革命者牺牲了，——但革命必将胜利！……所以我们向一切觉悟的工人和一切愿意贡献自己的力量为革命事业服务的知识分子发出号召。"[①] 与此同时，列宁毫不回避地指出了革命者需要具有的品质。他说："要求每个人都要有极大的耐心，有高度的自我牺牲精神，要求把全副精力贡献给一种不显眼的、单调的工作，它要求和同志们断绝来往，要求革命者把全部生

---

① 《列宁选集》第 1 卷，北京：人民出版社 2012 年版，第 157 页。

活服从枯燥和严格的规定。"① 这里，提出了"革命者"要服从于各种"枯燥和严格的规定"。在列宁看来，随着革命形势的高涨，必须要尽快建立起"职业革命家"组织有效的领导群众运动，即"建立一个巩固的、集中的革命家组织"，"这个组织既能领导准备性的斗争，又能领导任何突然的爆发，并且也能领导最后的决定性的进攻"②。

第二，严格干部的开支情况，防止高薪对干部的腐化。如果说十月革命前，列宁将革命的希望寄托于"职业的革命家"，那么十月革命后，列宁则将建设的希望寄托于"党的干部"。十月革命后，国家的建设需要大量的资金投入，特别是为了加快发展速度必须通过高薪来聘请资本主义国家的专家。列宁认为，通过高薪来聘请专家是必须的，更是必要的，但是不能通过高薪来腐化党的干部队伍。他说："高额薪金的腐化作用既影响到苏维埃政权（尤其在急剧变革的情况下，不会没有相当数量的冒险家和骗子混入这个政权，他们和各种委员当中那些无能的或者无耻的人，也是乐意充当'明星'——盗窃公产的'明星'的），也影响到工人群众，这是无可争辩的。"③ 这里，列宁已经意识到高额薪金会影响党的干部队伍，也会影响到工人群众对党的态度和认知。为此，列宁还在关于俄共（布）第九次全国代表会议草案中提出："制定完全切实有效的规章制度，以消除'专家'、负责工作人员同群众之间（在生活条件、工资数额等方面）的不平等现象；这种不平等是违反民主制的，并且是瓦解党和降低党员威信的根源。"④ 即是说，党必须通过制定实实在在的规章制度，来保障专家、工作人员和群众之间的平等关系，否则就会消解群众对党员的信任度。随后，1920 年 9 月 22 日至 25 日在莫斯科召开的俄共（布）第九次全

---

① 《列宁选集》第 1 卷，北京：人民出版社 2012 年版，第 158 页。
② 《列宁全集》第 5 卷，北京：人民出版社 2013 年版，第 328 页。
③ 《列宁选集》第 3 卷，北京：人民出版社 2012 年版，第 484 页。
④ 《列宁全集》第 39 卷，北京：人民出版社，2017 年版，第 288 页。

国代表会议上通过的《关于党的建设的当前任务》的决议中第 17、第 18 条就贯彻了列宁的思想。其中第 17 条指出："党员负责工作人员没有权利领取个人特殊薪金、奖金以及额外的报酬。"① 与此同时，列宁还强调共产国际中必须执行财政纪律。他指出，凡向共产国际领取款项的人都应知道，他必须绝对准确地执行共产国际执行委员会的所有指示，特别是要准确地执行向俄共中央绝对详尽、迅速和正确地报告每一戈比开支情况的一切必要规定和条件。列宁明确要求党员干部必须极其严格地执行这些关于收支情况的规定。1922 年 3 月 6 日，列宁在有关会议上对有些干部不注意节约开支的行为进行了批评。他说："他们不关心节省他们得到的每一个戈比，更不设法把一个戈比变成两个戈比，而是去制定开支数十亿乃至数万亿苏维埃卢布的计划。对这种坏现象，我们必须进行斗争。"② 1922 年 8 月 4 日—7 日，俄共（布）通过了《关于党的领导干部的物质状况》的决议，制定了与党的不同等级工作人员相匹配的工资登记表。上述列宁的思想和实践中的做法，都是为了能够规范干部的收入，以求廉洁清正。

第三，坚持"宁肯少些，但要好些"的原则来选拔干部和机关工作人员。无产阶级政党的领导干部政治素养的高低直接关系到社会主义事业的兴衰成败。党的领导干部在从政过程中只有具备良好的政治品格，才能胜任党和人民交给他们的工作，才能不辜负党和人民的托付和信任。1922 年 3 月 3 日—7 日，全俄五金工人代表大会在莫斯科召开。列宁在会议上指出："我们需要的不是新的法令、新的机构和新的斗争方式。我们需要的是考查用人是否得当，检查实际执行情况。下次清党就要轮到那些以行政官员自居的共产党员了。"③ 列宁明确提出，不是党的法令、党的机构、党

---

① 《苏联共产党代表大会、代表会议和中央全会会议汇编》第 2 分册，北京：人民出版社 1964 年版，第 43 页。
② 《列宁全集》第 43 卷，北京：人民出版社 2017 年版，第 15 页。
③ 《列宁全集》第 43 卷，北京：人民出版社 2017 年版，第 15 页。

的斗争方式不对，而关键在于执行工作的领导干部，这些干部常常只知道开会、谈话，不会实际的工作，即使有些工作较为简单。为此，他强调，随着苏俄社会主义建设事业的全面展开，必须严格干部的选拔制度和培养制度。1923 年，列宁在口述的《宁肯少些，但要好些》中表现出了对苏俄国家机关工作人员素养的忧虑。他说："我们应该遵守一条准则：宁可数量少些，但要质量高些。"① 与此同时，他要求党的国家机关必须厉行节约，铲除干净旧社会遗留下来的浪费现象。他说："我们应当使我们的国家机关厉行节约。我们应当把沙皇俄国及其资本主义官僚机关大量遗留在我们国家机关中的一切浪费现象的痕迹铲除干净。"② 在他看来，只有这样清洗苏俄的国家机关，才能保证党和国家机关的廉洁，才能更好地建设社会主义，才能更好为人民群众谋利益。

（三）建立惩治贪污腐败的监督检查机构

为了使国家政权机关及其工作人员有效利用手中的政治权力，防止产生腐败行为，列宁特别重视发挥监督检查制度的重要性。

第一，建立监察委员会。十月革命一成功，列宁马上拟定了《工人监督条例草案》。全俄中央执行委员会议于 11 月 14 日审议了专门委员会提出的草案并通过了《工人监督条例》这一法令，列宁拟定草案的基本原则都体现在这个条例中。1918 年 4 月，列宁在《苏维埃政权的当前任务》中明确了全民计算和监督的重要意义。在他看来，千百年来国家留给人民群众的遗产就是"极端仇视"和"不信任"，而苏维埃政权就是要努力克服这一千年顽疾。列宁说："没有监督，就是扼杀社会主义的幼芽。"③ 1921 年

---

① 《列宁全集》第 43 卷，北京：人民出版社 2017 年版，第 380 页。
② 《列宁全集》第 43 卷，北京：人民出版社 2017 年版，第 391 页。
③ 《列宁选集》第 3 卷，北京：人民出版社 2012 年版，第 488 页。

3月8日—16日，俄共（布）第十次代表大会选出了首届中央监察委员会。这次代表大会通过的有关决议规定了监察委员会的职责："同侵入党内的官僚主义和升官发财思想，同党员滥用自己在党内和苏维埃中的职权的行为，同破坏党内的同志关系、散布毫无根据的侮辱党或个别党员的谣言以及其他诸如此类的破坏党的统一和威信的流言蜚语的现象作斗争。"①决议还规定了中央、区域和省的监察委员会的选举办法、组成人数、党龄要求等。如提出"监察委员会委员不得兼任党委员会委员，也不得兼任负责的行政职务"；"监察委员会和党委员会平行地行使职权，并向本级代表会议和代表大会报告工作"；"监察委员会委员有权出席本级党委员会和苏维埃委员会的一切会议以及本级党组织的其他各种会议，并有发言权"；"监察委员会的决议，本级的委员会必须执行，而不得加以撤销"②。上述种种规定，旨在赋予监察委员会以权力，来监督党和国家机关的工作，实现党的廉洁执政，实现政府的廉洁为民。1922年3月，俄共（布）召开的第十一次代表大会，重申和明确了监察委员会的条例、任务和性质。列宁晚年提出党要突出重视监察机关的地位，提高它的规格和权威，最大限度地发挥监察委员会对高级党政机关及其干部权力的制约和监督职能。

第二，建立工农检查院。十月革命胜利后，党内出现严重的官僚主义现象，不仅削弱了党和国家政权，还损害了党同人民群众的紧密联系，降低了国家机关的工作效率。针对此，列宁提出党要重视加强国家监督制度的建设。1918年7月10日，在列宁亲自指导下，全俄苏维埃第五次代表大会通过的《俄罗斯社会主义联邦苏维埃共和国宪法》规定，通过设立国家监察人民委员部来统一负责全国的监察工作。1920年2月，国家监察人

---

① 《苏联共产党代表大会、代表会议和中央全会会议汇编》第2分册，北京：人民出版社1964年版，第70页。
② 《苏联共产党代表大会、代表会议和中央全会会议汇编》第2分册，北京：人民出版社1964年版，第71页。

民委员部被改组为工农检查院，它的主要职能是负责监督各国家机关和各社会团体的活动，监督苏维埃政府法令和决议的执行是否落实到位。此外，还有同党内出现的各种不良作风作斗争，尤其是官僚主义和拖拉作风等等。列宁提出这一主张的初衷是有效地同党内各机关中存在的因循守旧、官僚主义、命令主义等不良行为作斗争，这样才能充分发挥监察机关的作用，更好地监督和检查中央、地方的国家机关对党的法律、政策的执行落实情况。但是工农检查院的实践情况却令列宁大失所望。列宁说："让我们直说吧，工农检查人民委员部现在没有丝毫威信。大家都知道，再没有比我们工农检查院这个机关办得更糟的机关了，在目前情况下，对这个人民委员部没有什么可要求的了。"① 列宁毫不回避地指出了工农检查院工作的"失败"。与此同时，他还分析了工农检查院出现不能胜任它的职能的原因，即列宁当初企图通过让工人来参加中央委员会，进而实现检查和改善苏俄的国家机关的目的，但是随着时间的推移和实践的发展，"起初由工农检查院行使这一职能，但它实际上不能胜任，只是成了这些中央委员的'附属品'，或者在一定条件下成了他们的助手"②。为此，列宁提出要想方设法地去提高工农检查院的地位，不能让它成为摆设，要让它发挥实质性的监督和检查作用。如在职权范围方面，列宁提出："工农检查院本来就是为我们的一切国家机关而设的，它的活动应毫无例外地涉及所有一切国家机构……总之，各机关一无例外。"③ 即表明，工农检查院是负责监督检查一切国家机关的，或者说，任何国家机关都必须接受工农检查院的监管。在地位上，列宁提出："新的中央委员享有同其他中央委员完全相同的权力，他们的任务是：以长期的、顽强的工作来研究和改善

---

① 《列宁全集》第43卷，北京：人民出版社2017年版，第381页。
② 《列宁全集》第43卷，北京：人民出版社2017年版，第341页。
③ 《列宁全集》第43卷，北京：人民出版社2017年版，第386-387页。

我们的国家机关。"① 上述思想的提出，足以证明工农检查院在列宁思想上的重要地位。

（四）法制建设与提高文化水平合力惩治腐败

为了惩治腐败，克服新政权建设中不断出现的官僚主义气息、命令主义作风、行贿受贿行为，列宁采取了"硬规定"和"软教育"相结合的办法，一方面加快制定了一大批社会主义法律法令，一方面特别重视思想文化的教育作用，试图通过两者的合力来实现党和政府的廉洁清正。

第一，制定法律法令，严厉惩治腐败。党通过国家机关履行执政职能，国家机关是党同人民群众联系和沟通的桥梁和纽带。一旦国家机关内部腐败成风，必将严重危害党和国家政权。因此，"治国必先治吏，治吏务必从严"，惩治腐败必须先从国家机关抓起。为此，列宁强调要通过法令制度来建立长效的反腐制度。列宁在领导苏俄进行社会主义建设的过程中，形成了丰富的建设社会主义法治国家的理论。有学者系统地梳理和概括了列宁关于社会主义立法的一系列基本原则："人民的利益是最高的法律"的原则，人民的主权不受限制的原则，法制统一的原则；在社会主义法治国家的终极价值目标方面，他不仅系统地坚持和发展了马克思主义的人权理论，而且特别注意把这些理论转化为可操作的法律文本，用制度来保障这些法定权力转化为人民群众的实有权利；在社会主义国家的权力制约和公民权利实现的保障机制方面，他提出了以人民的权力制约权力，建构符合俄国国情的权力制约机制与司法监督体系。②

列宁重视法治在社会主义建设中的重要作用，特别是在惩治腐败方面

① 《列宁全集》第43卷，北京：人民出版社2017年版，第433页。
② 龚廷泰：《列宁法律思想研究》，南京：南京师范大学出版社2000年版，第286-315页。

的威慑作用。这可以从下列方面看出：一是设立国家专门法律监督机关，并使其发挥实质性的作用。苏维埃政权建立不久，紧接着就成立了司法人民委员部，并规定它的主要职能是负责编纂法律、宣传法律和监督法律的执行等，使得监察机关在履行监督职能时有法可依、有章可循。二是尽快制定了以俄罗斯联邦的第一部宪法为主要标识的社会主义法律体系。其中，列宁起草的相关法律文件在《列宁全集》全卷文章和讲话中占据着重要的地位，特别是 1921 年，经列宁签署正式公布的法令和决议就多达 467 个。三是党要守法，违法严惩。列宁在领导苏俄进行社会主义建设时，十分重视用法律来治党治国，强调要依法治国，要妥善处理好党的领导与党政、党法关系问题。一方面，列宁强调必须坚持党对立法和司法机关的领导。另一方面，他强调执政党要带头守法，违法要严惩。如 1918 年 5 月 4 日，列宁在《致德·伊·库尔斯基》的信中要求："必须雷厉风行地立即提出一项法令草案，规定对行贿受贿者（受贿、行贿，为行贿受贿拉线搭桥或者有诸如此类行为者）应判处不少于 10 年的徒刑，外加强迫劳动 10 年。"① 1922 年 2 月，他在《关于司法人民委员部在新经济政策条件下的任务》的信中指出："对共产党员的惩办应比对非党人员加倍严厉，这同样是起码常识。"② 上述法律的制定和思想的论述，都充分证明了列宁对用法律来治党治国的高度重视。

第二，提高文化水平，医治官僚毛病。这里的"毛病"即列宁所指的拖拉作风、贪污受贿、官僚习气等。众所周知，"十月革命后，俄共（布）在捍卫国家政权、发展国家经济方面取得了重要成绩，但与此同时，机关内部各种不良习气和作风也开始蔓延，主要表现在空谈、脱离实际、拖拉懒散、工作懈怠和官僚主义作风盛行。……列宁对这些不良作风非常痛

---

① 《列宁全集》第48卷，北京：人民出版社 2017 年版，第 138 页。
② 《列宁全集》第42卷，北京：人民出版社 2017 年版，第 426 页。

恨，认为如果不能消除摩擦、拖拉作风、本位主义和官僚习气，就一定会给经济建设、国家治理带来害处。"① 事实上，关于在新政权、新社会条件下如何利用文化来实现廉洁，列宁有许多论述。例如，1919 年 3 月，列宁在俄共（布）第八次代表大会的有关文献中就指出，在反官僚主义的这场斗争中，苏俄虽然通过制度上的改变做到了世界上其他国家完全做不到的事情。但是，我们实际的情况又如何呢？"沙皇时代的官僚渐渐转入苏维埃机关，实行官僚主义，装成共产主义者，并且为了更便于往上爬而设法取得俄国共产党的党证。……这些官僚可以遣散，但决不能一下子把他们改造过来。在这里，摆在我们面前的首先是组织任务、文化任务和教育任务。"② 1921 年，列宁在全俄政治教育委员会第二次代表大会上又讲："文盲固然应当扫除，但仅仅识字还不够，还要有能教人们同拖拉作风和贪污受贿行为作斗争的文化素养。拖拉作风和贪污受贿行为……只有用提高文化的办法才能治好。"③ 在列宁晚年病榻上的忧虑和思考中，强调最多的也是文化。如他说："我们面前摆着两个划时代的主要任务。第一个任务就是改造我们原封不动地从旧时代接收过来的简直毫无用处的国家机关。"④ 用什么办法来改造呢？列宁说，用文化，并提出了"文化主义""文化革命"的概念来加以强调。

三、中国共产党关于廉政建设必须依靠制度的思想

加强党的廉政建设，保持党的清正廉洁，是历代中国共产党人的历史使命。中国共产党自成立以来，对反腐倡廉建设高度重视、常抓不懈，在

① 李春艳、田旭明：《马克思主义经典作家关于廉洁型执政党建设的思想及启示》，《学校党建与思想教育》2019 年第 3 期，第 56 页。
② 《列宁全集》第 36 卷，北京：人民出版社 2017 年版，第 154 页。
③ 《列宁全集》第 42 卷，北京：人民出版社 2017 年版，第 197-198 页。
④ 《列宁全集》第 43 卷，北京：人民出版社 2017 年版，第 367 页。

探索中国道路的进程中，积累了许多具有中国特色的廉政建设宝贵经验。

（一）用"党内法规"和制度来统一各级领导机关的行动

第一，党的廉政建设必须依靠制度建设。早在井冈山革命斗争时期，毛泽东在军队中就十分重视党的制度建设，他通过建立一系列党的规章制度加强了党对军队的领导，极大地提升了军队的战斗力，值得一提的是，毛泽东通过三湾改编首创将"支部建在连上"的组织制度。1929年12月，毛泽东写了《关于纠正党内的错误思想》的决议。在文章的最后，关于如何纠正盲动主义和清除盲动主义的残余，毛泽东提出："纠正的办法：（一）从思想上肃清盲动主义。（二）从制度上和政策上纠正盲动的行为。"① 这里可得，在他思想上，制度和政策上的纠正是克服党内错误思想的可靠保证。1938年10月，毛泽东在《论新阶段》的报告中谈及党的纪律时，特别重申了党的纪律，与此同时，他还特别强调了党内法规的重要性。他说："为使党内关系走上正轨，除了上述四项最重要的纪律外，还须制定一种较详细的党内法规，以统一各级领导机关的行动。"② 这里，毛泽东鉴于张国焘严重破坏党的纪律的行为，再次强调要加强党内法规的建设。"党内法规"把党内各项制度的地位提高到了"法"的高度，同时也彰显了党的制度建设在党的建设中的重要地位。

1949年10月，中华人民共和国成立，中国共产党由革命党转变为执政党。为了领导全国人民破旧立新、荡涤旧社会的污泥浊水，树立党的良好形象和落实党全心全意为人民服务的宗旨，党的第一代领导集体非常重视制度建设在党廉政建设中的关键作用。1956年4月，毛泽东在有关批件中指出："我们需要建立一定的制度来保证群众路线和集体领导的贯彻实

---

① 《毛泽东选集》第1卷，北京：人民出版社1991年版，第95页。
② 《毛泽东选集》第2卷，北京：人民出版社1991年版，第528页。

施，而避免脱离群众的个人突出和个人英雄主义，减少我们工作中的脱离客观实际情况的主观主义和片面性。"① 这表明了要想保证集体领导和群众路线的顺利实施就必须发挥制度的作用，只有这样才能减少脱离群众的个人主义、英雄主义以及脱离实际的主观主义，进而实现党的廉洁为民。刘少奇是党的第一代领导集体的重要成员，他十分明确制度建设的重要性。1962 年 1 月，刘少奇在扩大的中央工作会议上不仅明确了根本制度的存在根据，还指出了违背制度的现实表现，更明示了忽视制度的严重后果。他指出，民主集中制作为党和国家的根本制度，这是写在党章和宪法里的，具有明确规定的，但是，实际生活许多时候却是形式上的民主集中制，是脱离群众的民主集中制，这样的认识必然会犯错误。

第二，切实建立各项廉洁制度，力图消除腐败现象。中国共产党自成立之日起就高度重视党的廉洁形象，唯有此，才能与旧社会的政权和其他政党形成鲜明的区别。但无规矩不成方圆，为此，党在局部执政伊始就开始尝试通过建立健全相关制度来进行廉政建设，塑造党的廉洁形象。1931年 11 月，中国共产党建立了中华苏维埃共和国临时中央政府，党的政权刚刚建立不久，中国共产党就在政权建设方面取得了实质性进展，不仅包括政治、组织、民主制度和法治建设方面的成果，在廉政建设方面也有所建树。当时中央苏区建立的关于廉政方面的主要制度包括："规定政府工作人员编制，杜绝冗员；建立政府各部的经常工作，在机关内实行集体讨论，明确分工，并建立个人负责制；上级对下级巡视、检查工作；各级政府对上级报告工作；各级委员会定期开会；废除秘书制等。"② 1932 年，苏区政府根据《中华苏维埃共和国宪法大纲》设立了工农检察委员会，并

---

① 《毛泽东文集》第 7 卷，北京：人民出版社 1999 年版，第 19 页。
② 陈挥、王关兴：《中国共产党反腐倡廉建设史》，上海：东方出版中心 2011 年版，第 28 页。

先后颁布了《工农检察部的组织条例》《工农检察部控告局的组织纲要》《突击队的组织和工作》等法规。与此同时，苏区还通过建立审计制度，严格监督各机关、企业的使用经费等方式防控和查处了不少贪污腐败行为。抗日战争期间，为了适应建立抗日民主政权的要求，在继承和改革原有法律制度基础上，不断适应新的局势变化建立新的制度。1937 年 8 月，中国共产党通过了《抗日救国十大纲领》，该纲领明确地提出了中国共产党在抗日战争时期的基本政治主张以及全面抗战的路线方针，为党和人民争取抗战最后的胜利指明了方向。其中第 4 条关于"改革政治机构"中提出要"铲除贪官污吏，建立廉洁政府"。这是"廉洁政府"历史上第一次以施政纲领的形式在中国共产党内出现，这对于党建设廉洁政治具有重大的意义。

新中国成立后，党在不同的阶段也都颁布了许多关于加强党廉政建设的制度规定。如从 1951 年底至 1952 年 10 月，党和国家机关开展了一次关于反贪污、反浪费、反官僚主义的运动，在此期间，党中央发布了《关于处理贪污浪费问题的若干规定》《关于处理贪污、浪费及克服官僚主义错误的若干规定》《关于在复审工作中和继续处理三反运动中的党纪问题的指示》等文件①，这些文件内容详细、操作性强，有效地指导了"三反"运动的开展。但是需要指出的是，这一时期的反腐倡廉建设多体现为"运动式反腐"，这种运动式反腐败手段有积极的一面，就是充分发挥了群众监督、社会监督的优势。但是弊端也显而易见，就是对腐败现象所掩藏的社会深层次问题关注不够，没有及时解决，运动过后，腐败现象又死灰复燃。

---

① 王传利：《新中国成立初期反腐制度建设论析》，载于《政治学研究》2014 年第 6 期，第 40 页。

（二）党和国家机关的廉洁要通过法制来保证

第一，制度建设在社会主义现代化建设中具有不可替代的重要性。1980 年，邓小平在中央政治局扩大会议上发表了《党和国家领导制度的改革》的讲话，这篇讲话是关于党的制度建设的一篇重要文献。邓小平说："为了适应社会主义现代化建设的需要，为了适应党和国家政治生活民主化的需要，为了兴利除弊，党和国家的领导制度以及其他制度，需要改革的很多。"① 这里，邓小平高屋建瓴地指出了制度建设在社会主义现代化建设中、在党和国家政治生活民主化建设中的重要性，其主要目的是通过加强制度建设，把社会主义制度的最大优势展现出来，进而把我国社会主义现代化事业推向前进。他还说："我们过去发生的各种错误，固然与某些领导人的思想、作风有关，但是组织制度、工作制度方面的问题更重要。"② 从历史汲取经验，从历史明智前行，是邓小平分析问题的一大特征。这里，邓小平又通过分析毛泽东、斯大林的实例来说明制度建设在党的建设中的重要性。他说："领导制度、组织制度问题更带有根本性、全局性、稳定性和长期性。这种制度问题，关系到党和国家是否改变颜色，必须引起全党的高度重视。"③ 在传统的政治体制中，廉洁执政主要是靠权力行使者通过道德自律，以及个人的道德修养，使其不至于滥用权力。在中国共产党的历史上，坚持不懈的思想政治教育也是为了能够让领导干部端正自身的价值取向，同时主动为自己筑起一道坚固的思想道德防线，进而不断提升自身廉洁自律的自觉性，使其在行使权力的过程中能够自重、自省、自警、自励。但是政党的廉洁和国家的治理必须要依靠制度，将其

---

① 《邓小平文选》第 2 卷，北京：人民出版社 1994 年版，第 322 页。
② 《邓小平文选》第 2 卷，北京：人民出版社 1994 年版，第 333 页。
③ 《邓小平文选》第 2 卷，北京：人民出版社 1994 年版，第 333 页。

寄托在个人威望之上的做法是极端错误的。1988 年 6 月 1 日，中共中央下发的《关于党和国家机关必须保持廉洁的通知》指出："要同建立和健全各项制度结合起来，通过法律和制度来保证党和国家机关的廉洁。制定制度要切实可行，执行制度必须严格。"①

第二，制度的不健全使得官僚主义病根始终存在。廉政建设是防止权力变异和腐败的重要内容。改革开放伊始，邓小平就提醒全党要防止新形势下出现的不正之风和腐败现象。1978 年 12 月 13 日，邓小平在中央工作会议闭幕式上指出了"民主集中制"与"官僚主义"之间的因果关系。他说："因为民主集中制受到破坏，党内确实存在权力过分集中的官僚主义。这种官僚主义常常以'党的领导'、'党的指示'、'党的利益'、党的纪律'的面貌出现，这是真正的管、卡、压。"② 在他来看来，"文化大革命"十年期间，由于民主集中制的严重破坏，林彪、"四人帮"大搞禁区、禁令，制造迷信，扣帽子，打棍子，使得官僚主义作风泛滥。改革开放后一些不正之风仍在党内存留甚至发酵，这在很大程度上与党员干部的法制观念淡薄是脱不了干系的。因为中国传统社会长期以来都重视人情伦理，淡化守法和执法的理念。他在有关讲话中指出，官僚主义的病根之一就是"我们的党政机构以及各种企业、事业领导机构中，长期缺少严格的从上而下的行政法规和个人负责制，缺少对于每个机关乃至每个人的职责权限的严格明确的规定，以至事无大小，往往无章可循……因此，必须从根本上改变这些制度"③。1986 年，邓小平在有关讲话中多次提及要进行政治体制改革，目的在于消除官僚主义。他说："进行政治体制改革的目的，总的来讲是要消除官僚主义。"④ 在邓小平看来，要通过政治体制改革来消

---

① 《十三大以来重要文献选编》上，北京：人民出版社 2011 年版，第 211 页。
② 《邓小平文选》第 2 卷，北京：人民出版社 1994 年版，第 141-142 页。
③ 《邓小平文选》第 2 卷，北京：人民出版社 1994 年版，第 328 页。
④ 《邓小平文选》第 3 卷，北京：人民出版社 1993 年版，第 177 页。

除官僚主义。

第三，各级干部的清正廉洁要通过建立法制和制度来保证。制度是保证人民权利的重要途径。邓小平说："为了保障人民民主，必须加强法制。必须使民主制度化、法律化，使这种制度和法律不因领导人的改变而改变，不因领导人的看法和注意力的改变而改变。"① 这是邓小平基于党成立以来和新中国成立以来社会主义建设正反两方面经验教训得出的科学结论，这是中国共产党在经历了大风大浪后，对自身建设的一种彻底反思和深刻领悟。他还说："国要有国法，党要有党规党法。……对于违反党纪的，不管是什么人，都要执行纪律，做到功过分明，赏罚分明，伸张正气，打击邪气。"② 1980 年 8 月 18 日，邓小平在《党和国家领导制度的改革》中再次强调了法律和制度的重要性，强调法律和制度面前人人平等，要通过建立制度和条例来监督各级领导干部。紧接着，邓小平分析了当前社会生活中存在的官僚主义、特权腐败、家长制、一言堂等弊端存在的根源与破除之法。他分析说，这些弊端的存在，或多或少都带有封建主义的色彩，如宗法观念、等级观念、专制主义作风、夜郎自大等等。为此，"现在应该明确提出继续肃清思想政治方面的封建主义残余影响的任务，并在制度上做一系列切实的改革，否则国家和人民还要遭受损失"③。这里，邓小平一方面强调了思想教育的重要性，另一方面更强调了制度改革在肃清封建主义残余影响任务方面的重要性。1992 年，邓小平在"南方谈话"中再次强调："对干部和共产党员来说，廉政建设要作为大事来抓。还是要靠法制，搞法制靠得住些。"④

---

① 《邓小平文选》第 2 卷，北京：人民出版社 1994 年版，第 146 页。
② 《邓小平文选》第 2 卷，北京：人民出版社 1994 年版，第 147 页。
③ 《邓小平文选》第 2 卷，北京：人民出版社 1994 年版，第 335 页。
④ 《邓小平文选》第 3 卷，北京：人民出版社 1994 年版，第 379 页。

（三）通过制度、机制、法律法规完善反腐倡廉工作

随着改革开放不断走向深入，新旧体制的转换，党内外的腐败现象呈现出新景象、新特点，为党和国家的廉政建设提出了新要求、新任务。

第一，廉政建设是坚持全心全意为人民服务宗旨的必然要求。改革开放和社会主义现代化建设新时期，腐败现象呈现犯罪金额巨大、以权谋私泛化、团体犯罪增多、犯罪手段多样、挥霍公款成风等新特点。人民群众对这些腐败行为极为反感，迫切要求党要建立和健全廉政制度，逐步形成完整的廉政法制，有效地清除腐败现象，保证改革开放和社会主义现代化事业的顺利发展。1992 年 10 月，江泽民在党的十四大上指出："在改革开放的整个过程中都要反腐败，把端正党风和加强廉政建设作为一件大事，下决心抓出成效，取信于民。"① 1994 年 9 月 28 日，江泽民发表了《推进党的建设新的伟大工程》的讲话。讲话指出，现阶段同过去革命时期相比，虽然历史条件变了、时代任务也发生了变化、社会大环境也不同于以往，但是最根本的还是永远不能变，即党的根本宗旨和优良作风。如江泽民所言："坚持全心全意为人民服务的宗旨，必须加强党风廉政建设，深入开展反腐败斗争。"② 为此，他还明确了七个方面的内容来促进廉政建设，其中第六条提出要"坚持标本兼治，综合治理……健全制度，加强管理"③。2000 年 12 月 26 日，在中共中央纪律检查委员会第五次全体会议上，江泽民进一步指出："党风廉政建设和反腐败斗争关系党和国家的生死存亡。我们党和政府的宗旨是全心全意为人民服务，这就决定了各级领导干部必须清正廉洁，始终同人民群众同甘共苦、息息相通。"④ 上述论述

---

① 《江泽民文选》第 1 卷，北京：人民出版社 2006 年版，第 248-249 页。
② 《江泽民文选》第 1 卷，北京：人民出版社 2006 年版，第 408 页。
③ 《江泽民文选》第 1 卷，北京：人民出版社 2006 年版，第 408 页。
④ 《江泽民文选》第 3 卷，北京：人民出版社 2006 年版，第 175 页。

表明，廉洁为民是无产阶级政党和政府最基本的原则要求和行为准则。

第二，廉政建设要通过制度、机制、法律法规来加强。1993 年 8 月 21 日，江泽民在中共中央纪律检查委员会第二次全体会议上的讲话中指出："建立和完善内部管理制度，建立和完善监督制约机制，建立和完善各项政策法规。"① 这里，江泽民着重地强调了制度、机制、法规在惩治腐败方面的重要作用，并且指出要用发展的眼光来对待法律法规，使得法律法规能够更好适应廉政建设的新要求。2000 年 12 月，江泽民在有关讲话中提出了反腐倡廉建设中"三位一体"的结构合力，即"教育是基础，法制是保证，监督是关键"。他说："坚持教育、法制、监督相结合，坚持预防与惩治相结合。……坚持把发展民主与健全法制结合起来，把党内监督、法律监督、群众监督结合起来，并发挥舆论监督的作用，建立健全依法行使权力的制约机制。"② 这里，江泽民之所以强调通过发挥制度、机制的作用来加强反腐倡廉建设，是因为通过体制机制创新来抑制腐败是廉政建设实践中的一条重要经验。

第三，反腐倡廉是一个社会系统工程，需要多方合力。随着改革开放的深入推进，一方面是经济建设、政治建设、文化建设、社会建设的顺利开展，另一方面是腐败现象呈现扩散化、蔓延化、隐性化的发展趋势。处于计划经济向市场经济新老体制转变的转折时期，利益格局的调整、社会结构的革新、思想观念的转变，某些领导干部利用这一转变过程中某些环节的缺陷变为腐败分子。这要求廉政建设必须打破以往单独依靠党的监督、单独依靠法律来开展的方式，需要多方合力来展开廉政建设。21 世纪之交，江泽民在有关讲话中指出："反腐倡廉是全党全社会的大事。要坚持党委统一领导、党政齐抓共管、纪委组织协调、部门各负其责、依靠群

---

① 《江泽民文选》第 1 卷，北京：人民出版社 2006 年版，第 327 页。
② 《江泽民文选》第 3 卷，北京：人民出版社 2006 年版，第 177 页。

众支持和参与的反腐败领导体制和工作机制。"① 他还要求各级党委和政府都要把反腐倡廉融入到自己的日常工作中去，努力做到事事考虑反腐倡廉，时时铭记反腐倡廉。

（四）加强国家廉政立法，推进反腐倡廉制度体系建设

第一，明确反腐倡廉建设是党的建设的基本任务之一。过去党的建设主要包括思想建设、组织建设和作风建设三个方面的内容。改革开放以来，邓小平在深刻总结党的历史经验基础上，在党的建设中增加了制度建设内容，并明确了制度建设在党的建设中的重要地位。胡锦涛非常重视反腐倡廉建设，他强调对待腐败，要坚持标本兼治、惩防并举、综合治理、注重预防的方针。党的十七大，胡锦涛把反腐倡廉建设从党风建设中分离出来，成为党的建设中独立的部分，于是党的建设就由原来的"四位一体"拓展为现在的"五位一体"，构建"五位一体"党建工作新格局，为党的反腐倡廉理论的丰富和发展提供了有利条件，同时也拓宽了我党反腐倡廉建设的新思路和党的建设的新领域。

第二，启动、制定、加强了国家廉政立法工作。改革开放以来，实现廉政工作的法制化一直是党和政府努力的方向。1993 年 11 月，中国共产党就已经提出要"加强廉政法制建设，完善党和国家机关及其工作人员特别是领导干部的廉洁自律和监督机制"②。廉政立法是我国反腐败工作制度化过程中一项标志性工程。中央纪委在党的十六次全国代表大会上提出了"制定国家廉政法"的设想后，就开始准备着手国家廉政立法的工作。党的十六届三中全会强调要"加强廉政法制建设"，党的十六届四中全会进一步提出，要"加强廉政法制建设，真正形成用制度规范从政行为、按制

---

① 《江泽民文选》第 3 卷，北京：人民出版社 2006 年版，第 176 页。
② 《改革开放三十年重要文献选编》上，北京：人民出版社 2008 年版，第 747 页。

度办事、靠制度管人的有效机制，保证领导干部廉洁从政"①。2007 年，中共中央强调："制度更带有根本性、全局性、稳定性和长期性。要坚持改革创新的精神，按照依法治国、依法执政的要求，切实加强以党章为核心的党内法规制度建设，加强国家廉政立法，努力形成反腐倡廉的制度体系。"② 这里，明确提出了"廉政立法"建设，即表明通过廉政自身内生的立法来实现"自身"。

第三，推进反腐倡廉制度体系建设。党的十六大以来，党不断加强以党章为核心的党内法规制度体系建设，国家不断加强以宪法为核心的法律体系建设，依托"党纪"和"国法"这两个制度层面共同发力，有效推进我国的廉政体系建设。胡锦涛在有关讲话中，深刻阐述了反腐倡廉法规制度建设的重要性，提出要推进反腐倡廉的制度体系建设，从制度上保障党的永不变质、永不变色。2006 年 1 月 6 日，胡锦涛在第十六届中央纪委第六次全会上强调："要适应新形势新任务的要求，加强以党章为核心的党内法规制度体系建设，……推进党风廉政建设和反腐败工作的制度化、规范化。"③ 胡锦涛在党的十七大报告中指出："严格执行党风廉政建设责任制。坚持深化改革和创新体制，加强廉政文化建设，形成拒腐防变教育长效机制、反腐倡廉制度体系、权力运行监控机制。"④ 可以看出，胡锦涛始终将形成反腐倡廉的制度体系作为新时期党和国家廉政建设的重要努力方向，试图通过建立制度体系来筑起和筑牢反腐败的堤坝。

党的十八大之后，法律、条例、准则、规定等制度形态成为反腐败制

---

① 《改革开放三十年重要文献选编》下，北京：人民出版社 2008 年版，第 1452 页。

② 《十七大以来重要文献选编》上，北京：中央文献出版社 2009 年版，第 61 页。

③ 《十六大以来重要文献选编》下，北京：中央文献出版社 2008 年版，第 181-182 页。

④ 《胡锦涛文选》第 2 卷，北京：人民出版社 2016 年版，第 657 页。

度的主体，稳定性和系统性渐趋显著。① 这些数据表明，在改革开放进程中，在中国共产党的领导下，制度在廉政建设中的基础性作用不断得到彰显，与此同时，制度体系的完备性、兼容性、实效性都得到了不同程度的提升。

(五) 加强党内法规制度建设，把权力关进制度的笼子里

党的十八大以来，以习近平同志为核心的党中央在防治腐败方面不是依赖过去的"运动式反腐"，也不是依靠权力式反腐，而是依靠"制度反腐"，注重发挥党内的制度规矩在预防和惩治腐败方面的根本作用，不断扎牢扎紧"制度笼子"，把权力关进制度的笼子。正如习近平总书记在十八届中央政治局第五次集体学习时指出："如何靠制度更有效地防治腐败，仍然是我们面临的一个重大课题。"②

党中央把制度建设贯穿新时代党的各项建设之中，不断推进党内法规制度建设，党的十八大以来管党治党宽软松的状况得到了根本性的扭转，反腐败取得了压倒性胜利并全面巩固，主要得益于制度治党思想。

第一，反腐败斗争以完善党内法规制度体系为前提，以党章为根本遵循。党中央先后制定和修订了一系列关于反对腐败的法律法规，不断补齐法规制度上的短板，提高党内法规制度质量，形成了以党章为根本、若干配套党内法规为支撑的科学严密、运行有效的党内法规制度体系，为党内权力监督和腐败治理指明了方向。可以说，新时代是我党历史上制度成果最丰硕、制度笼子最严密的时期。

第二，反腐败斗争以制度反腐为重点，以抓落实为保障。"徒善不足

---

① 周盛：《我国改革开放以来制度反腐的历史变迁——基于中纪委工作报告及相关制度的文本分析》，载于《观察与思考》2019 年第 3 期，第 62—63 页。
② 《习近平关于党风廉政建设和反腐败斗争论述摘编》，北京：中央文献出版社、中国方正出版社 2015 年版，第 124 页。

以为政，徒法不足以自行"。坚持"制度反腐"，必须一手抓制定完善，一手抓贯彻落实。制度的生命力在于贯彻执行。"制度笼子"固然重要，制度落实同样不可小觑，有了好的制度不抓落实，那么再好的制度也会成为稻草人、纸老虎，甚至制度不执行比没有制度危害更大。党的十八大以来，党中央"狠抓制度执行，坚持制度面前人人平等、执行制度没有例外，不留'暗门'、不开'天窗'，坚决维护制度的严肃性和权威性，坚决纠正有令不行、有禁不止的行为"。① 截至党的二十大，全国纪检监察机关共立案审查调查 464.8 万余件、处分 457.3 万人，党中央查处了一批腐败分子，真正做到了让铁规发力，让禁令生威，使得制度不再是躺在抽屉里、摆在桌上、贴在墙上的一纸空文，而是真正成为党员干部心中的硬约束。

四、对本章的综合分析与评价

廉政与腐败作为一体两面的存在，自以私有制为标识的阶级社会出现以来一直存在。只是在不同的社会形态中，表现出的样态、强度大小有别。人类社会发展过程中各种腐败现象可谓是层出不穷，马克思、恩格斯深刻总结了各种反腐败的历史经验教训，从而提出了一系列有效地反腐败、促廉政的重要思想。他们认为，之所以人类社会出现腐败现象，根源在于其所处的社会关系，具体表现就是腐败所依存的社会制度。

马克思、恩格斯关于制度反腐回答了三个问题。第一，为了摆脱资本主义私有制及其制度的压迫与剥削，就要消灭私有制和建立新制度。因此，要想从根本上防止权力腐败，最关键的就是要改造旧的国家机器，建立新型的社会制度。但是具体的新社会制度是怎么样的？实事求是地讲，

---

① 中共中央宣传部：《习近平总书记系列重要讲话读本》，北京：学习出版社、人民出版社 2016 年版，第 117 页。

马克思、恩格斯并没有具体的认知，但是有一点是具体的，即未来的理想社会公共权力将失去政治性质，没有阶级，也就没有压迫。第二，新的社会制度的建立，从根本上防止权力腐败，出路在于打碎旧的国家机器，建立自己的政权。这一认知是马克思、恩格斯在经历了巴黎公社的社会主义实验之后才认识到的。因为巴黎公社所建立的政权与以往任何凌驾于人民之上、与人民对立的资本主义政权不同。第三，建立真正的民主制和罢免制是防止权力异化的有效途径。资本主义制度下之所以存在腐败问题，原因在于国家机器所掌握的权力不在人民手中，而在新的社会制度里，人民不仅有了政治权力，而且国家公职人员由民主选举产生且随时可以罢免，这样就可以从根本上防止滥用职权谋取私利。事实上，马克思、恩格斯不仅从宏观层面强调要反对资本主义制度，实现制度的变革，而且从微观层面提出要通过民主选举制度、罢免制度、政务公开制度等来保障无产阶级政权的廉洁清正。

可以说，马克思、恩格斯认识到了制度在廉政建设中的举足轻重之用，但是在他们生活的年代，无产阶级还没有取得全国性的政权。这一任务由列宁领导俄共（布）在俄国实现了，因此列宁在廉政建设中面临的问题是：第一，马克思、恩格斯所提出的从制度上根治腐败问题由理论落到实践，对于宏观层面的制度变革通过革命的手段实现了，对于微观层面的制度建设还需要进一步探索。第二，俄国的历史文化传统遗留和新的实践发展中所产生的新问题。为此，列宁在领导苏联社会主义革命和社会主义建设过程中，对制度反腐的创建主要有以下方面：一是建立和完善民主集中制。在马克思、恩格斯的思想上，未来的新社会将是一种充分的民主制，因为封建主义、资本主义本质上都一种专制。列宁在革命的早期，坚持的也是马克思、恩格斯的民主制，但是在领导俄国革命的进程中发现，俄国文化传统中并没有很强的民主环境和民主素养，而且民主还大大降低革命和建设的效率。为此，列宁在"民主制"基础上提出了"集中制"，试图探究实现二者的有机结合。在列宁生前，民主制和集中制还能较好地统一起来。而列宁逝世后，这一制度走向了极端的"集中化"，背离了马克思列宁主义，最终葬送了共产党和无产阶级政权。这一教训值得后人汲取。二是社会主义法制建设的初探。列宁认为，俄国不仅经济文化相对落后，民主法制传统也相对缺乏，要想在这样的国情下反特权、反腐败，搞廉政建设，必须要从加强社会主义法制建设入手。从 1918 年至 1924 年，在列宁的直接关注和指导下，苏维埃政权制定了两部宪法和一部带有宪法性质的权利宣言，制定和修改了《苏俄刑法典》《苏俄民法典》《苏俄法院组织条例》等一系列法律法规。[①] 三是成立专门的平行机构进行权力监督。加强对权力的监督是廉政建设的重要环节，针对苏俄当时官僚主义严重的情况，在列宁的亲自领导下，专门成了监察委员会和工农检查院，详细规定了它们的目的、组织原则、组织机构、成员条件、工作职权范围等具体内容。但是在列宁逝世后，伴随着民主制的衰亡，法制变成人治，这些原本用以权力监督的机关也成为"空壳"。这其中的教训也值得后人汲取。

在长期反腐倡廉实践中，以毛泽东同志为核心的党的第一代领导集体不仅重视思想建设在廉政建设中的引领教育作用，而且重视法制规则在廉政建设中的基础性作用。在新民主主义革命和社会主义建设过程中，通过制定和修改相关的法律和制度、建立党的纪检和监察机关、严格执法等为实现革命的胜利和新政权的维护提供了保障。如 1938 年 8 月 15 日，制定并颁布了《陕甘宁边区惩治贪污条例（草案）》，这是抗日民主政权第一个较为完善的专门惩治贪污的法律文献。《关于处理贪污、浪费和克服官

---

① 董世明、吴九占、李俊彪：《马克思主义廉政学说》，北京：社会科学文献出版社 2016 年版，第 32 页。

僚主义错误的若干规定》《中华人民共和国惩治贪污条例》分别于 1952 年的 3 月和 4 月被颁布。此外，1954 年 9 月，全国人大一届会议通过了《中华人民共和国宪法》。上述法律的出台，都对有效遏制官僚主义和腐败行为发挥了重要作用。但是用历史的眼光来审视这段历史，这一时期虽然制定了法规制度，也建立了党的纪检和监察机关，但是廉政建设还主要是靠"运动式"治理展开，这种"运动式"没有持续性、稳定性。

第一代的领导集体党的领导集体在廉政建设中制度反腐方面留下的缺憾要求着后来的共产党人去进行弥补和完善。进而，能否弥补这一缺憾考验着新时代的中国共产党人。

综上可见，马克思、恩格斯强调了制度在反对旧社会、建立新社会中的重要作用，但是没有经历实践。列宁和毛泽东在不同的国家实现了制度革命并开展了制度建设，强调了制度在维护政权中的重要作用，但是没有实现制度建设的持续性、常态化，因为没有解决制度稳定性的难题。改革开放后，中国共产党人在汲取苏联和中国的社会主义廉政建设经验与教训基础上，特别强调制度的稳定性，进而使得廉政建设过程中法律制度不断完善，体制机制不断优化。

第三章

马克思主义关于纯洁党组织的思想

引言：纯洁执政党组织是廉政建设的基本诉求

马克思主义认为，代替那个充满剥削、充满压迫、充满异化的资产阶级的力量有且只能是处于社会最底层、受压迫最深的无产阶级。但是无产阶级人数又非常庞大，那么如何将这些革命的力量组织起来就成为马克思、恩格斯思考的首要问题。在他们看来，无产阶级需要通过政党组织起来，而且这个政党将是从本质上区别于资产阶级的政党，是人类历史上前所未有的、能够代表无产阶级根本利益的政党。共产党及共产党人应该具有什么样的品格？马克思、恩格斯在《共产党宣言》中描绘道："他们没有任何同整个无产阶级的利益不同的利益。他们不提出任何特殊的原则，用以塑造无产阶级的运动。共产党人同其他无产阶级政党不同的地方只是：一方面，在无产者不同的民族的斗争中，共产党人强调和坚持整个无产阶级共同的不分民族的利益；另一方面，在无产阶级和资产阶级的斗争所经历的各个发展阶段上，共产党人始终代表整个运动的利益。"① 这里可以看出，共产党及共产党人应具备的品格至少包含以下方面：一是广泛

---

① 《马克思恩格斯选集》第1卷，北京：人民出版社2012年版，第413页。

性，因为它始终强调和坚持整个无产阶级不分民族的利益，从而也可以看出马克思、恩格斯不是为了某个民族、某个国家的人民着想，而是为了整个人类的解放。二是先进性，因为它始终代表整个运动的利益，通过走在整个无产阶级运动的前列来不断引领无产阶级向前发展。三是纯洁性，因为它并不存在和整个无产阶级利益不同的利益，更没有自己特殊的利益。

列宁在领导俄国无产阶级政党前进的征程中，特别是俄共（布）成为执政党后，面临纷繁复杂的国际国内形势，他富有开创性地探索了无产阶级政党执政条件下的廉政建设，提出了维护"党的坚定性、彻底性和纯洁性"的思想。例如，他提出，严格党员发展以保证党员质量，加强思想政治教育以坚定理想信念，开展"清党"工作以维护党组织纯洁，工人阶级执政党要体现"无产阶级先锋队的意志的统一"，要有"多种多样的自上而下的监督形式和方法"防止权力运行不纯。可以说，列宁关于在无产阶级政党执政条件下的廉政建设的思想和实践，对于后来的无产阶级政党廉政建设具有重要镜鉴价值。

中国共产党自成立之日起，就旗帜鲜明地表明了自己的阶级身份——为无产阶级和劳苦大众谋解放、求幸福。在革命实践中，中国共产党始终强调党要时刻秉持艰苦奋斗、廉洁清正的作风，因此赢得了人民的拥护、赢得了执政的地位。成为执政党后的中国共产党，能否依旧保持昔日廉洁清正的作风，关系到党是否能赢取民心，是否能长期执政，是否能完成中国共产党的历史使命的根本性问题。对于加强党的廉政建设而言，纯洁党的组织又是"效在根本"的关键一招。因此，系统全面地梳理马克思主义经典作家及中国共产党人关于纯洁党组织的思想，可以对当下加强党的廉政建设产生宝贵的价值。

一、马克思、恩格斯关于确保无产阶级政党纯洁性的思想

区分无产阶级政党同其他政党的显著标志之一就是纯洁性，纯洁性不仅是党的先进性的重要支撑与外化体现，更是党作用发挥与使命实现的必然要求与坚强保证，其存在与否、鲜明与否直接关乎党的生命力、战斗力与凝聚力。马克思、恩格斯在剖析资产阶级政党阶级本质、组织结构、党员构成等思考中，在与不同党派错误思潮的斗争中，在确立无产阶级政党历史使命的摸索中，深刻阐释了无产阶级政党纯洁性的重要意义与方法路向，为无产阶级政党建立纯洁型党组织、发展纯洁型党组织、维护纯洁型党组织奠定了理论基石与实践指向。

（一）廉政之根在党，党之廉政在本

马克思、恩格斯指出，党的无产阶级性质是最能体现无产阶级政党廉政特点的首要因素，因此，无产阶级政党要想确保自身是"货真名实"的廉洁型执政党就必须始终坚守无产阶级性质。在革命运动的早期，各种打着"无产阶级"旗帜的政党汗牛充栋，但多数并没有能够坚守和保持无产阶级的性质，沦为小资产阶级、封建主义、空想社会主义的"变种"。早在 1847 年，基于对无产阶级革命国际性要求的深切考量，马克思、恩格斯主张将正义者同盟改为世界性无产阶级联盟以扩大影响和团结力量，并将"共产主义者"镌刻在党的名称上。之所以将正义者同盟更改为共产主义者同盟，是因为"这个名称恰恰表明，我们是什么人，我们要求什么，而老的名称却反映不出这个情况。正义者同盟这个名称是模糊不清的，然而我们必须是明确的"①。从正义者同盟到共产主义者同盟仅几字之差却意义重大。因为它第一次向世人明示无产阶级政党的目标纲领是实现共产主义，党员构成的阶级属性是致力于实现共产主义的无产阶级，利益代表与团结对象也是无产阶级，以此鲜明体现了党的无产阶级性质，进而也就从政治纲领、组织形态、利益主体等方面确立了党一切为了无产阶级的思想

---

① 《马克思恩格斯全集》第 42 卷，北京：人民出版社 1979 年版，第 445 页。

纯洁性、政治纯洁性和组织纯洁性。在 1848 年发表的《共产党宣言》中，非常明确地阐述了无产阶级政党的无产阶级性质，这一重要内容也再次体现了马克思、恩格斯关于确保无产阶级政党纯洁性的思想。其一，马克思、恩格斯在文中强调共产党须是一支由无产阶级队伍中的彻底革命者所凝结的坚强政治领导力量，其组织成员必须具备思想觉悟的先进性与革命意志的坚定性，要成为"最坚决的、始终起推动作用的部分"①，这就为党的组织纯洁打下了坚实基础。其二，他们强调共产党需明确它自身"没有任何同整个无产阶级的利益不同的利益……不提出任何特殊的原则，用以塑造无产阶级的运动"②，这更体现了党坚定的无产阶级立场和纯洁的革命目的。在他们看来，共产党是带领无产阶级夺取政权并执掌政权坚强领导力量，与此同时，坚持党的无产阶级性质将贯穿在政权建立的全过程。这里，也从利益的角度明示了共产党及共产党人将彻底摒弃资产阶级政党的劣根性，进而实现党组织的纯洁性，保证党廉洁为民的本质。

同革命之路不能一帆风顺一样，处于各种社会思潮"你方唱罢我登场"的社会转型期，在无产阶级政党的建设问题上也出现过各种"杂音"，其中就有对无产阶级政党要坚持无产阶级性质这一论断的非议和责难。1879 年，一篇以伯恩施坦、赫希伯格及施拉姆署名的文章《德国社会主义运动的回顾》指出，德国社会民主党不该继续体现阶级属性，不应仅吸纳无产阶级入党，而应将其改造为"一切富有真正仁爱精神的人"均可加入，不止代表无产阶级、不仅为无产阶级利益而奋斗的"全面的党"。显然上述话语的实质是主张德国社会民主党放弃无产阶级的阶级立场，取消无产阶级的阶级性质与奋斗目标，拒绝再用阶级观点看待社会问题。对此，马克思、恩格斯极具针对性地撰写了《给奥·倍倍尔、威·李卜克内

① 《马克思恩格斯选集》第 1 卷，北京：人民出版社 2012 年版，第 413 页。
② 《马克思恩格斯选集》第 1 卷，北京：人民出版社 2012 年版，第 413 页。

西、威·白拉克等人的通告信》一文进行批驳。他们认为，伯恩施坦等人的言论充斥着机会主义，是对无产阶级革命事业的背叛；并在《工人政党》一文中指出："除非具有鲜明的工人阶级性质，否则就不可能取得真正的成就。抛弃这种性质，就只有宗派和欺骗了。"① 这一论断有两重含义：其一，从无产阶级政党的孕育和产生来看，正是无产阶级的社会境遇与历史诉求催生了无产阶级政党。因此确保无产阶级政党的阶级性质就是保住了无产阶级政党的根脉；而党发展壮大的过程不仅要依靠无产阶级的支持帮助，更有赖于无产阶级身体力行的奋斗，丢弃党的"根脉"而另立炉灶的行径，定难有所成就。其二，在阶级社会中，政党因阶级斗争而产生、为阶级斗争而服务，是阶级斗争的重要工具，是特定阶级利益的代表，唯有坚守党的阶级属性、确保党的阶级性质、维护党的组织纯洁才是现实且必要的。抛弃政党的阶级立场、方法与观点，认为政党所吸收的成员可以抛开阶级属性、实现阶级融合是荒谬的。

廉政之本在于根，无产阶级的性质就是无产阶级政党的根。因此，无产阶级政党要想建设廉政型执政党，首要责任是保持党的无产阶级性质不变质。马克思、恩格斯还在不同时期的论著中多次强调："为了要达到自己的最终胜利，他们首先必须自己努力：他们应该认清自己的阶级利益，尽快采取自己独立政党的立场，一时一刻也不能因为听信民主派小资产者的花言巧语而动摇对无产阶级政党的独立组织的信念"②；"工人的政党不应当成为某一个资产阶级政党的尾巴，而应当成为一个独立的政党，它有自己的目的和自己的政治"③；等等。上述思想都旨在明示，无产阶级政党任何时候都不能抛弃自身无产阶级的阶级立场，这是原则性的根本问题。

---

① 《马克思恩格斯全集》第25卷，北京：人民出版社2001年版，第522页。
② 《马克思恩格斯选集》第1卷，北京：人民出版社2012年版，第564页。
③ 《马克思恩格斯选集》第3卷，北京：人民出版社2012年版，第170页。

马克思、恩格斯对无产阶级政党葆有无产阶级性质的强调与维护无产阶级政党纯洁性的思考紧密相连，其不仅出现在党的纲领文献中，也体现在对错误论调的批判中。可以说，无产阶级政党确保无产阶级性质的持续在场不仅是一项原则要求，更是一项为确保党组织纯洁而考量的方法理路。

（二）强化理论武装，以保思想纯洁

"理论一经掌握群众，也会变成物质力量。"① 诚然，对于无产阶级政党而言，如果不具备革命的、彻底的理论，就不会有革命的成功实践。因此，将何种理论设定为指导自己认识世界和改造世界的世界观和方法论，关系到党的前进道路与未来走向。恩格斯曾言："如果不给工人以严格的科学思想和正确的学说，那就同传教士们所玩弄的一套空洞的无耻的把戏没有什么区别，人们没有正确的理论就什么也做不成。"② 马克思、恩格斯在对先前各种理论借鉴吸收与批判继承的基础上提出并论证了科学社会主义理论，在与反动的、保守的或资产阶级的、批判的空想的等形形色色的社会主义思潮划清界限，并以此武装无产阶级政党，纯洁了共产党人的思想，使他们从多种社会思潮和不彻底的社会理论中挣脱出来，实现了思想统一。对此，恩格斯总结道，"我们党有个很大的优点，就是有一个新的科学的世界观作为理论的基础"③，而这个理论基础的重要意义不仅在于使党员了解了无产阶级运动的条件、进程和一般结果，更使得全体党员能够团结一致向着共同的目标迈进，自觉抵制错误思想的侵蚀。马克思、恩格斯主张通过强化无产阶级政党科学的世界观和理论武装来保持思想纯洁的思想贯穿其革命生涯，主要体现在以下两个时期：

---

① 《马克思恩格斯选集》第 1 卷，北京：人民出版社 2012 年版，第 9 页。
② 苏共中央马克思列宁主义研究院：《回忆马克思恩格斯》，北京：人民出版社 1957 年版，第 367 页。
③ 《马克思恩格斯选集》第 2 卷，北京：人民出版社 2012 年版，第 10 页。

一是在帮助正义者同盟改组为共产主义者同盟时期。正义者同盟始创于 1836 年，在 1847 年被改组之前实质上是居法国的德国政治流亡者、工人和手工业者所组成的一个国际性的秘密革命组织，布朗基主义、魏特林空想共产主义、蒲鲁东主义和"真正社会主义"思潮曾先后充斥其中，这使得其成员所接受和追寻的思想存在杂论不整，并未实现思想统一。这就在客观上要求对正义者同盟的改组首先从整顿思想开始。马克思、恩格斯通过撰写《哲学的贫困》《共产主义原理》等著作对同盟成员先前接受的非科学、不彻底的社会思潮进行了恳切的批判，明确了通向新社会的途径绝非是通过密谋暗杀资产阶级政府的首脑、宣传爱与平等或单纯改变社会经济结构等手段，而是要"用暴力推翻资产阶级而建立自己的统治"，要靠"全世界无产者，联合起来"①。他们在这一时期通过对错误思潮的批驳以及科学理论的灌输实现了对正义者同盟的思想改造，纯洁了无产阶级政党的思想，确立了无产阶级政党的历史使命与政治理想。

二是在指导创建第一国际时期。第一国际时期是世界历史发展进入无产阶级革命时代的关键阶段。随着无产阶级运动的蓬勃发展，以拉萨尔的机会共产主义、巴枯宁的无政府主义、蒲鲁东的新救世主义等为代表的非科学的社会主义理论无一不想掌握无产阶级，形成现实的物质力量。马克思、恩格斯深刻意识到这些社会思潮的愈演愈烈必将对无产阶级阶级政党思想的纯洁性与统一性造成冲击，进而在党内造成思想混乱、纷杂扰攘的局面。马克思、恩格斯通过《行动中的巴枯宁主义者》《国际工人协会成立宣言》《政治冷淡主义》等论著针锋相对地指出了上述理论非科学之所在；在《工资、价格和利润》《法兰西内战》中阐明了思想混乱将会引发的组织涣散危险；在《论权威》《给倍倍尔的信》中重申马克思主义政党理论的立论基础。在这一时期，马克思、恩格斯通过同多元社会主义的直

---

① 《马克思恩格斯选集》第 1 卷，北京：人民出版社 2012 年版，第 412 页。

面斗争，廓清了笼罩在党员头上的思想疑雾，以纯洁党内思想严肃了党员队伍，促进了马克思主义理论的传播，团结了更为广大的无产阶级力量，再次体现了马克思、恩格斯致力通过强化科学世界观和理论武装以保持无产阶级政党思想纯洁的要求。

（三）严格党员入口，以保组织纯洁

确保党的纯洁性是一项极端重要且复杂的党建工作，它不仅要通过理论武装、信仰树立等方式从思想上进行建设，更需要通过严格的党员发展程序在组织工作中予以落实。在指导无产阶级政党的创建过程中，马克思、恩格斯十分注重通过严格党员发展入口的途径来确保党的纯洁性。这是因为他们深谙阶级分析的方法，深知在资本主义社会开展无产阶级革命斗争的艰难性与复杂性，而这两种特性均会对党的纯洁性产生负面影响。所谓"艰难性"是指在资产阶级统治下，无产阶级政党的创建与发展活动只能以"隐秘"的方式开展，难以通过"合法"的方式进行，如若发展的党员因政治性不强在入党后被敌人收买，则会使更多党员面临着宪兵逮捕与血腥镇压的危险。所谓"复杂性"是指资产阶级政府的特务活动以及无产阶级政党的敌对势力无孔不入，很容易通过伪装混入工人队伍以各种方式接近并渗入无产阶级政党的组织中，对党的工作造成破坏。要有效应对上述"艰难"与"复杂"的局面，就必须严格党员的准入标准，确保党员队伍的纯洁性，进而从组织上为维护政党安全提供前提性保障。对此，马克思、恩格斯在起草《共产主义者同盟章程》时就极具针对性地提出了发展入盟者"只能有共产主义者"并制定了入盟的各项条件，如：必须对同盟的组织生活和活动开展方式认可并自觉遵守，对同盟的政治纲领与政治信念的坚定追随并积极宣传，对个人的团体参与事项要及时报告、不得加入反同盟的其他政治或民族组织，对同盟的章程、组织规定要能够执行，并在入盟时要就上述条件进行宣誓等，并要求"每一个支部对它的会员的品质纯洁负责"①。针对原正义者同盟中的魏特林分子、格律恩分子以及其他身具小资产阶级习性的同盟成员不能遵守上述原则性要求的情况，同盟中央委员会亦坚决进行清退，进而用严格准入与畅通出口的方式真正确保了同盟成员是"不知疲倦的、无所畏惧的和忠实可靠的先进战士""最坚定的共产主义者也是最勇敢的士兵"②，有力地维护了同盟的组织纯洁与组织安全。

随着无产阶级运动在多个国家的进一步开展，党的面前出现了多个难题。一是非无产阶级出现向无产阶级政党靠拢的情况，二是无产阶级政党领导范围扩大的情况，三是无产阶级政党是否要吸纳非无产阶级入党，四是非无产阶级若可以加入，那么对这一群体的入党要求又是什么。马克思、恩格斯在深入思考之后认为，在新的革命形势下，吸纳非无产阶级中的革命性分子加入党的组织以扩大党的影响是可以被允许的，但必须对这些非无产阶级的党员发展对象进行严格的考察，他们"要对无产阶级运动有益处""不要把资产阶级、小资产阶级等等的偏见的任何残余带进来，而要无条件地掌握无产阶级世界观"。③ 在此基础上，恩格斯对小资产者与农民的入党动机亦有着深刻的洞察，认为他们加入无产阶级政党仅是作为"权宜之计"以实现自身利益。因此，马克思、恩格斯要求在吸纳这些人的同时，不能向非无产阶级思想作出让步。这一思想更加显著地体现在1873 年 6 月 20 日《恩格斯致奥古斯特·倍倍尔》的信中。信中恩格斯提出了拉萨尔派分子在德国社会民主工党中宣扬错误思潮引起党内思想混乱的情况，指出了这是因党的组织不纯而导致思想不纯的实质，并从理论上

---

① 《马克思恩格斯全集》第 44 卷，北京：人民出版社 1982 年版，第 577 页。
② 《马克思恩格斯全集》第 10 卷，北京：人民出版社 1998 年版，第 94 页。
③ 《马克思恩格斯选集》第 3 卷，北京：人民出版社 2012 年版，第 739 页。

说明"我们自己从荒地上争取到的每一个新生力量，要比十个总是把自己的错误倾向的病菌带到党内来的拉萨尔派倒戈分子更为宝贵"①。尽管如此，在实践中恩格斯也对这种情况举棋不定："要是没有他们参加，党在今天是否起码就不会同样强大。"② 针对这一两难境地，恩格斯向倍倍尔提出建议，必须认清这一现实采用必要的策略，要将这种"团结"看作暂时的，并力图控制这些人的力量使其拥趸不再增多，在恰当的时机勇敢面对同宗派主义者的分裂，而这种分裂会进一步维护党的纯洁性。可见，他们认为，在无产阶级革命时代吸纳有觉悟的农民和小资产阶级分子入党能够扩大无产阶级政党的影响，团结更为广大的群众力量，但不能因此忽略他们阶级属性和利益诉求的不同对党的纯洁性与独立性产生的影响。

马克思主义创始人不仅考察了非无产阶级加入无产阶级政党对党的纯洁性产生的影响，还针对党内领导者的腐化蜕变弱化了党的纯洁性问题表达了深切的忧虑。1869 年恩格斯在致马克思的一封信中，曾针对英国唯一一家工人报纸被资产阶级收买的情况，忧心地提出："无产阶级运动的规律显然是，到处都有一部分工人领袖必然要蜕化。"③ 马克思在全面总结巴黎公社运动失败的历史教训时指出："在任何一次革命中，除了真正代表革命的人物，总还要挤进来另外一种人。……他们极力阻碍工人阶级的真正运动，同以前这种人阻碍各次革命充分发展的情况完全一样。他们是一种无法避免的祸害；摆脱他们需要时间，但是公社却没有这样的时间。"④ 马克思、恩格斯在总结英国工人报以及巴黎公社时指出的情况在第一国际中亦有所体现。恩格斯强调，不要害怕同无产阶级政党的领袖中的腐化分子作斗争，不要采取调和的政策。他指出："当各种腐朽分子和好虚荣的

---

① 《马克思恩格斯选集》第 4 卷，北京：人民出版社 2012 年版，第 511 页。
② 《马克思恩格斯选集》第 4 卷，北京：人民出版社 2012 年版，第 511 页。
③ 《马克思恩格斯全集》第 32 卷，北京：人民出版社 1974 年版，第 334 页。
④ 《马克思恩格斯选集》第 3 卷，北京：人民出版社 2012 年版，第 109 页。

分子可以毫无阻碍地大出风头的时候，就该抛弃掩饰和调和的政策，只要有必要，即使发生争论和吵闹也不怕。一个政党宁愿容忍任何一个蠢货在党内肆意地作威作福，而不敢公开拒绝承认他，这样的党是没有前途的。"① 在他看来，"腐朽分子"和"好虚荣分子"往往在党内身居要职，他们在党内具有较高的声望和影响力。因此，党内一个领导人腐化蜕变所带来的影响比一个党员腐化蜕变给党带来的危险要大得多，弱化党的纯洁性的能量也大得多，全党必须对此开展坚决的斗争，而为此斗争产生的负面效应——党的分裂也是可以接受的，毕竟一个党如果为此而分裂，"并且经得起这种分裂，这就证明自己是胜利的党"②。临渊羡鱼，不如提前结网。为了最大程度地降低因党的领导者蜕变对党的纯洁性产生的隐患，必须对此进行前提性防范。在此意义上，恩格斯对党的领导者提出了严格要求，"在我们党内，每个人都应该从普通一兵做起；要在党内担任负责的职务，仅仅有写作才能或理论知识，甚至二者全都具备，都是不够的，要担任领导职务还需要熟悉党的斗争条件，掌握这种斗争的方式，具备久经考验的耿耿忠心和坚强性格，最后还必须自愿地把自己列入战士的行列中"③。这即是从使命担当、素质能力、理想信念、精神品格等方面对党的领导者提出要求，希望领导者通过加强这些方面的自身锻造以克服堕入腐败蜕化深渊的危险，以自身的模范带头作用确保并增强党员干部队伍的纯洁性。

二、列宁关于维护"党的坚定性、彻底性和纯洁性"的思想

列宁作为马克思主义党建理论的重要继承者与发展者，在领导俄国无

① 《马克思恩格斯全集》第34卷，北京：人民出版社1972年版，第90页。
② 《马克思恩格斯文集》第10卷，北京：人民出版社2009年版，第393页。
③ 《马克思恩格斯选集》第4卷，北京：人民出版社2012年版，第281页。

产阶级革命运动和对社会主义建设进行探索的过程中，首次在俄国这一东方落后国家里，将马克思、恩格斯关于确保无产阶级政党纯洁性的思想进行了继承与发展，并形成了一系列符合俄国实际的党建主张。

（一）严格党员发展以保证党员质量

成长于十九世纪中后期的列宁深知沙皇实行封建军事专制统治的残暴与黑暗，工农日夜辛勤劳作依然食不果腹、衣不蔽体，基本的衣食都不能保证，更不能奢望通过"和平且合法"的方式公开组建工农自己的政党来参与社会政治生活。正因如此，俄国早期政党如土地和自由社、民意党等均为秘密组建并活动的政党，这些早期政党秘密的组建与活动方式在列宁的心里留下了深刻印象，它们的现实经验启发着他，在沙俄的社会背景下，任何政党的创建与发展都必须将"严密"二字放在首位。在投身无产阶级革命事业后，列宁有感于 1898 年俄国社会民主工党第一次代表大会未形成明确纲领与合法章程，致使组织涣散，不久之后即被破坏。因此，他在俄国社会民主工党第二次代表大会上明确要求建立一个统一集中、具备高度纪律性的政党。为建立这样的党，列宁要求其所吸纳的党员必须兼具革命性、先进性与纯洁性，必须加入党的一个组织，并在这一组织中学习、成长，以养成高度的组织纪律性保证党的秘密状态，进而能够实质性地推进党工作且不致使党的组织被沙皇政府所破坏。在这次党的代表大会上，列宁实际上已提出党员的发展标准，回答了为什么要严格党员发展以保证党员质量的问题。这就是列宁所说的："宁可十个办实事的人不自称为党员（真正办实事的人是不追求头衔的！），也不让一个说空话的人有权利和机会当党员。这样一条原则在我看来是毋庸置辩的……我们的任务是要维护我们党的坚定性、彻底性和纯洁性。"① 在此意义上，列宁在俄国革

---

① 《列宁全集》第 7 卷，北京：人民出版社 2013 年版，第 272 页。

命期间还曾指出，为确保党的坚定性、彻底性与纯洁性必须"使作为阶级的先进部队的党成为尽量有组织的，使党只吸收至少能接受最低限度组织性的分子"①，等等。翻开十月革命前俄国社会民主工党的历史传记可以发现，党内围绕党的组织建设问题的争论显性地贯穿其中，在微观层面围绕要不要严格党员入党标准，在中观层面围绕要不要维护党组织的牢固凝聚与集中统一，在宏观层面围绕建立一个"自治制"的党还是一个"集中制"的党的争论不曾停止。回溯历史可以发现，在很大程度上正是由于列宁从确保并维护党的坚定性、彻底性与纯洁性的角度出发，排除万难主张严格党员的准入标准，坚持党组织的牢固凝聚与集中统一，强调党的集中制原则才建立起了能够担当开辟俄国新纪元重任的无产阶级政党。

十月革命胜利后，俄共（布）成为执掌政权的执政党。从党所处的崭新地位出发，列宁对无产阶级政党如何在执政条件下通过确保党员发展质量，保持党的纯洁性这一原创性课题进行了深入探索。他认为，相较于革命时期，在执政状况下党的组织纯洁性将面临更大考验。原因有三：

其一，党由革命党转为执政党的地位变换将不可避免地使"自私自利分子和盗贼"渗入党内。在十月革命前，俄共（布）作为一个不具有"存在合法性"，时刻面临反动政府绞杀危险的政党，其长期处于"在夹缝中求生存"的艰难状态，这样的生存环境必然不能吸引不具备先进性、革命性的人入党，"这时候冒险家、野心家和骗子手以及一切不坚定的人，决不可能指望靠加入共产党飞黄腾达"②，这时，党的组织纯洁性是能够依靠具备高度革命素养与理想自觉的党员队伍来实现的。但革命胜利后，俄共（布）的地位发生根本性的变化，其成了掌握国家政权并将领导国家建设，具备执政合法性且拥有实权的党，这就使得"连一点无产阶级气息都没有

---

① 《列宁全集》第 8 卷，北京：人民出版社 2017 年版，第 252 页。
② 《列宁全集》第 39 卷，北京：人民出版社 2017 年版，第 27 页。

的人现在都对布尔什维克的政治成就心向神往了"①，"自私自利分子和盗贼"必然妄图渗入执政党内谋求利益、追求权力。此时，如若不能处理好党员发展的数量与质量关系，定会出现"组织不纯"问题，进而对党的纯洁性造成重大影响。事实也正如此，十月革命前夕，俄共（布）的党员人数仅约 2.4 万，而到 1920 年末国内战争结束时已激增至 73.2 万人。这其中有大量不了解甚至不支持俄共（布）的人的加入。正如党的第十一次全国代表大会报告《关于党的巩固和新任务》所指出的："自从党成为执政党以来，党内不可避免地混进了一些追求个人名利地位的异己分子。"②

其二，党革命性使命的完成及对政治权力的掌握在一定程度上"催生"了党员干部的官僚主义弊病。十月革命胜利后，特别是国内战争结束后，俄共（布）的历史使命面临从能够"说服俄国、保卫俄国"向"组织俄国、发展俄国"转变。然而，俄共（布）的多数党员领导干部是在革命战争时期入党、在烽火岁月中成长，其"政治生涯"更多面对的是来自敌对战线的考验，经验集中在如何打碎旧的国家机器以及如何通过军事行动来保卫新建立的国家政权，并没有建设国家、发展国家的"从业经验"。这就使得他们在完成革命性任务，需面对民生恢复、经济发展等工作时，暴露出国家治理能力不足、群众工作素养不高的情况，党的很多干部躺在历史的功劳簿上，身居要职却碌碌无为、贪图享乐，并由此带来了本不该在社会主义国家出现的官僚主义现象。列宁在总结新经济政策一年的实施情况时毫不避讳地指出："我们确实处于大家没完没了地开会、成立委员会、制定计划的状态之中，应当说，这是很愚蠢的。"③ 可见，部分共产党员的官僚主义表现引起了列宁的极大不满，在他看来，这不仅破坏了党的

---

① 《列宁全集》第 43 卷，北京：人民出版社 2017 年版，第 19 页。
② 中共中央马克思恩格斯列宁斯大林著作编译局译：《苏联共产党代表大会、代表会议和中央全会决议汇编》（第 2 分册），北京：人民出版社 1964 年版，第 172-173 页。
③ 《列宁全集》第 43 卷，北京：人民出版社 2017 年版，第 12 页。

政治形象，还极为严重地影响了党和国家事业。这亦是俄共（布）中央委员会所总结的在国家建设时期党员队伍出现的新变化："（一）共产党员的狂妄自大，（二）文盲，（三）贪污受贿。"① 毋庸赘言，党内领导干部出现的狂妄自大、文盲、贪污受贿即是党性蜕化的表现，必然会对党的纯洁性产生消极影响。

其三，党要实现建设使命必将对党员干部队伍"管理俄国"的能力提出更高要求。"十月革命胜利后，政权转移到了代表着无产阶级和广大人民群众根本利益的苏维埃手中。但是，苏维埃的国家机关建立后一时仍难以与旧文化彻底割裂，在苏俄国家机关之中仍存在着官僚主义、贪污受贿等不良作风。"② 站在苏俄国家建设发展的历史起点，必须实现工农群众对"和平、土地和面包"的迫切要求，而俄共（布）自身执政能力的不足、国家管理经验的匮乏迫使党的领导人直面这一"供需"矛盾，提出切实办法对此作出回应。为此，列宁在十月革命胜利后不久就提出必须摒弃前嫌使用旧社会的专家人才加入国家机关，以贡献他们的能力为社会主义国家建设服务。可是，"这些专家，这些有本领在广大的全国范围内进行管理工作的人，十分之九浸透着资产阶级的旧观点和旧偏见，他们即使不直接叛变（叛变并不是偶然的，而是常见的现象），即使在这种情况下他们也不能了解新的条件、新的任务和新的要求。因此在各人民委员部、在各地都出现了争吵、失利和紊乱的现象"③。在此情况下，着力发展苏俄的文化教育事业，吸纳新政权所培养的社会主义新人入党，并将他们充实进党和国家机关就显得尤为重要。换言之，面对苏俄国家发展的客观现实，把提高党员队伍质量作为实现"管理俄国"的关键抓手是必要且现实的。基于

---

① 《列宁全集》第 42 卷，北京：人民出版社 2017 年版，第 199 页。
② 刘旺旺、梁超：《对列宁"最后的文章"中关于苏俄文化建设若干论断的阐释》，《当代世界与社会主义》2015 年第 1 期，第 67 页。
③ 《列宁全集》第 37 卷，北京：人民出版社 2017 年版，第 407 页。

上述情况，列宁强调"把入党条件规定得更严些"①。为此，在他的领导下，苏俄采取了如下措施来提高党员的质量。

第一，延长党员预备期。列宁认为，俄共（布）在执政环境下面临的组织问题是严峻的，在此背景下通过延长党员预备期，从而更长时间地增强对党员的政治考察是极富意义的。对此，俄共（布）八大专门探讨了党员发展问题，并将入党预备期问题写入党章，强调"凡志愿入党的人，都须经过预备期"。对于预备期的具体时限党内一时也多有争论。在俄共（布）十一大上，季诺维也夫以提交提纲草案的形式要求区分工人阶级与非工人阶级的入党考察时限，主张工人阶级最短考察时限为半年，非工人阶级最短考察时限为一年。列宁对此进行了驳斥，他指出，"季诺维也夫所提出的短预备期是极端危险的"②，因为区分工人阶级与非工人阶级的入党时限会加剧敌对分子、投机分子混入工人队伍的情况，毕竟缩短半年的考察期对他们而言具有极大的诱惑力。如果"规定这样短的预备期，事实上就等于对预备党员不作任何认真的考查，无从知道他们是否真是经过一些考验的共产党员。……所以我极力主张必须延长预备期，同时责成组织局拟定一些条例并严格执行，这些条例应能真正使预备期成为极其严肃认真的考验，而不致流于形式"③。

第二，规定入党介绍人的身份、条件。为了保证党员发展质量，列宁不仅对党员发展对象进行严格要求，更是明确了担当党员入党介绍人的条件。这些条件在俄共（布）十二大所通过的党章中得以体现：若要担当工人、农民、工农出身的红军战士以及手工业者的入党介绍人，自身必须有三年的党龄且需与另外同等条件党员共同担当；非工人、农民、工农出身

① 《列宁全集》第42卷，北京：人民出版社2017年版，第314页。
② 《列宁全集》第43卷，北京：人民出版社2017年版，第17页。
③ 《列宁全集》第43卷，北京：人民出版社2017年版，第17-18页。

的红军战士以及手工业者的入党介绍人必须有五年党龄并与同等条件的另外四人共同介绍，介绍人要本着对被介绍人负责的态度介绍，不得随意介绍，否则出了问题就要受到党纪处分，性质严重者直接开除党籍。

第三，在党和国家的非常时期举行党员征收周。如前所述，处在和平稳定环境下的执政党必定吸引坏分子与资本主义的渣滓入党谋求权力与利益，因为此时入党对其自身只有好处而无害处。进而也就不能通过一般的方式明确党员其入党动机。列宁指出："只有在党和运动处境特别困难的时候，在邓尼金占领了奥廖尔以北地区、尤登尼奇离彼得格勒只有50俄里的时候，只有在这种情况下，参加党的才可能都是真正忠于劳动者解放事业的人。"① 也就是说，在党和国家面临危险的关键时刻举行党员征收活动能够更大可能地吸收真正忠诚于革命事业、符合党员要求的积极分子入党。除此之外，列宁还对如何在实践中严格入党考验进行了阐发，如在国内战争时期通过观察党员发展对象是否自愿响应前线动员、上前线作战，以及是否愿意参加最能体现社会主义性质的星期六义务劳动等。列宁的上述主张深刻体现了"徒有其名的党员，就是白给，我们也不要"② 的重要思想。

（二）加强思想政治教育以坚定理想信念

思想政治教育是党的思想建设工作的重要内容，是确保党的先进性、纯洁性、彻底性持续在场的重要支撑。马克思主义认为，只有被先进、科学、彻底的思想理论所武装的无产阶级政党才能更好发挥先锋队的作用，只有被先进、科学、彻底的思想理论所武装的党员才能切实担负先进战士的使命。这就是马克思主义政党提出党员身份的认定不仅要体现在组织

---

① 《列宁全集》第38卷，北京：人民出版社2017年版，第311页。
② 《列宁全集》第37卷，北京：人民出版社2017年版，第217页。

上，更要体现在思想上的道理所在。

注重从思想上建党，善于通过加强思想政治工作教育全党，是列宁一以贯之的重要思想。十月革命前，俄国意识形态领域纷繁复杂，多种非科学的社会思潮甚嚣尘上，其不仅包含流传已久的民粹主义、无政府主义、工团主义等，还包括"经济主义""修正主义"等非科学的变种马克思主义。这些错误思潮无一不想"侵入并掌握"无产阶级及其政党。在此情况下，坚决同错误思潮作斗争，坚守马克思主义的思想阵地，将马克思主义"原汁原味"地灌输给广大党员必然成为维护马克思主义政党思想纯洁的重要条件。正如列宁所述："只有革命马克思主义的理论，才能成为工人阶级运动的旗帜"①，"要使无产阶级作好夺取胜利的准备，必要条件之一就是进行长期的、顽强的和无情的斗争，去反对机会主义、改良主义、社会沙文主义以及诸如此类的资产阶级影响和思潮"②。为此，列宁极具针对性地在国家、无产阶级斗争方式、资本主义社会发展状况等问题上同错误思潮以及形形色色的非科学社会主义思想进行坚决斗争，将正确的马克思主义观点、立场与方法灌输给党员同志，使其建立思想边界意识，维护党的思想纯洁性。例如，在同自由主义民粹派的论战中，列宁批驳了其领袖米海洛夫斯基关于科学社会主义并非建立在历史唯物主义之上而仅仅是为人们虚构的"美好未来"的论断，重申了社会经济基础与上层建筑的关系，系统阐释了唯物史观，论证了无产阶级产生的经济根源与历史使命，从而捍卫了科学社会主义的立论之基。在批判第二国际中的修正主义的过程中，列宁指出了资本主义发展至垄断阶段阶级压迫日渐严重的事实，阐明了修正主义者否认阶级斗争理论的严重后果，恢复了马克思主义在国家问题上的原貌，从而廓清了笼罩在俄国社会民主工党人头上是坚守革命还

---

① 《列宁全集》第4卷，北京：人民出版社2013年版，第155页
② 《列宁全集》第38卷，北京：人民出版社2017年版，第25页。

是转向改良的疑云。在批判合法马克思主义者、经济主义者及孟什维克主义者时，列宁揭示其思想上的不彻底性，阐明了他们的主张背后所隐藏的无视社会发展的客观规律、为资产阶级"唱赞歌"的实质，从思想上进一步维护了俄国社会民主工党的纯洁性，及时有效地防治了可能出现的党内思想不纯的问题。可以说，通过著书立言同错误思潮作斗争，从而驱拨笼罩在俄国社会民主工党头上的思想疑云是列宁在十月革命前的重要工作，他的努力为党担负历史重任领导十月革命奠定了重要思想基础。

十月革命胜利后，列宁也并未放松对俄共（布）党员干部队伍的思想政治教育要求。究其原因在于，伴随党的执政地位而来的不仅有"慕名逐利"的"自私自利分子和盗贼"入党拉低党的思想水平，还有党员领导干部因理论素养、管理能力缺失而产生的消极懈怠状况，更有在革命战争期间注重"政治军事"教育，忽视"理想信念"教育所留下的党员共产主义思想淡漠、党的理论基础薄弱的"后遗症"等。这些现象无不是致使党的思想纯洁性出现弱化情况的讯号。要实现党领导苏俄社会主义建设的历史使命，就必须克服上述危险，不仅在组织上、更要在思想上发挥党的先锋队作用，让全体党员明确并坚守马克思主义的政治理想与政治纲领，促使党员干部的先进性、纯洁性体现在实际工作中。对此，列宁要求必须正视"我们党在迅速发展，而我们教育这些党员去完成党的当前任务这项工作却不能随时跟上"① 的事实，加强对党员干部队伍的思想政治教育工作，改善"一些党员的修养水平很差"的局面，"提高全体党员的觉悟，加强他们的共产主义教育，发挥他们的积极性、主动性和创造性，并在这一基础上达到全党队伍的绝对统一"②。列宁主张：其一，通过增设各级各类党校使其成为培育共产主义者的重要教育机构；其二，充分发挥党的报纸刊

---

① 《列宁全集》第 38 卷，北京：人民出版社 2017 年版，第 311 页。
② 郑东艳：《列宁文化观研究》，北京：人民出版社 2017 年版，第 208 页。

物、广播等传播载体的思想理论推介作用；其三，成立马克思主义的教育研究型学术团体深化对马克思主义的理论挖掘，不断为党员的理想信念教育提供源头活水；其四，通过开展党日活动，把党日真正变成巩固党的日子；等等。

（三）开展"清党"工作以维护党组织纯洁

为维护党的组织纯洁，列宁主张不仅要通过严格党组织"细胞"的吸纳与培育来实现，还要通过及时将"病变细胞"从党的组织肌体中清除来达成。早在十月革命前夕，列宁领导的俄国社会民主工党已有过"清党"的实践。众所周知，自俄国社会民主工党第二次代表大会产生组织问题的争论后，党内出现了一定程度的派别活动，即已存在分裂的危险。特别是在沙皇通过调整"杜马"职能将其由一个咨询机构转向有一定政治功能的"议会式机构"后，党内针对这一变化又产生了"取消派"和"召回派"两大主要政治派别。"取消派"在看到沙皇政府的政治改革活动后，认为俄国资产阶级民主革命已经完成，政权已转向资产阶级手中，党应该放弃革命领导权、原有的党纲、革命策略、组织性以及秘密活动状态，代之以一种无定形的团体，并且主张这种团体要在合法范围内活动。"召回派"则针对这一现实认为俄国社会民主工党应拒绝派驻党团参加"杜马"，放弃党所能采取的唯一"合法途径"进行斗争，仍采取完全秘密的方式进行革命活动。"取消派"与"召回派"的主张彰显的是机会主义的观点，其不仅会使党员迷失政治方向，更会从思想上弱化党的坚定性、彻底性和纯洁性而导致党的组织分裂。为此，根据列宁的提议，在俄国社会民主工党六大后，"取消派"与"召回派"分子被开除出党的组织，列宁也完成了第一次"清党"的实践。此次"清党"结束了党内存在四年已久的思想混乱局面，统一了全党的思想，团结了党的队伍，明确了党的组织制度和党的革命策略，加强了党的凝聚力与向心力。十月革命胜利后，列宁在新的历史条件下强调："冒险家和其他危害分子乘机混进执政党里来，这是完全不可避免的。"① "必须把欺骗分子、官僚化分子、不忠诚分子和不坚定的共产党员以及虽然'改头换面'但内心里依然故我的孟什维克从党内清除出去。"② 以列宁的这一思想为指导，作为执政党的俄共（布）在列宁时期共两次开展"清党"工作。

　　第一次是在国内战争关键时期的 1919 年，俄共（布）和苏维埃政权在彼时面临严重的安全危机，需要全体党员以极大的热忱和毅力为实现国家安全与执政安全而努力。基于此，俄共（布）一是对党员进行了重新登记，并借此进行了"清党"工作以清除渗透入党的敌对分子以及意图通过执政党党员身份获取利益而不愿担当和作为的党员，进而通过净化党的组织肌体维护党和国家安全。二是贯彻落实俄共（布）第八次代表大会的决议要求，在城市、农村与军队中举行党员征收周活动，吸纳工人、红军战士、水兵以及积极农民补充进党员队伍，以通过吸纳新生力量增强党的领导作用。也正是在这一历史背景下，列宁于 1919 年 10 月 11 日撰写了《工人国家和征收党员周》一文，在文中提出了"徒有其名的党员，就是白给，我们也不要"的著名论断。三是通过能够从中"看到的那种不是书本上的而是活生生的现实当中的共产主义来"③ 的星期六义务劳动来考察党员的党性，即通过党员是否自愿积极参加支援国家发展建设的无报酬的劳动来检验其先进性与纯洁性，"它对清除混到党内来的分子和抵制腐朽资本主义环境对党的影响是有意义的"④。在列宁看来，星期六义务劳动对国家发展能够产生实质性的物质支持，对党的建设而言能够扮演"洗涤剂"

① 《列宁全集》第 37 卷，北京：人民出版社 2017 年版，第 24 页。
② 《列宁全集》第 42 卷，北京：人民出版社 2017 年版，第 147 页。
③ 《列宁选集》第 4 卷，北京：人民出版社 2012 年版，第 93 页。
④ 《列宁全集》第 38 卷，北京：人民出版社 2017 年版，第 40 页。

的角色，纯洁党的党员干部队伍。

第二次是在 1921 年国内战争结束后，党和国家工作重心再次转移至社会主义建设的历史时期开展的。列宁认为，苏俄通过艰苦卓绝的国内战争赢得了"独立生存的权利"，把握这一机遇切实改善国民经济、实行新经济政策必须依靠全党共同的努力才能实现，为此必须针对性地审查、甄别党员，将"混进党的""摆委员架子的""官僚化的"人从党内清除出去，通过"内部改善"党以提高党的质量。他说："所谓改善，就是要抵制既腐蚀无产阶级又腐蚀党的小资产阶级自发势力和小资产阶级无政府主义自发势力的影响。要达到这样的改善，就必须把脱离群众的分子清除出党。"① 为使"清党"正确、顺利开展，列宁对此提出了方针与要求。其一，开展"清党"工作时要尊重且注重非党工农群众对此的看法和意见。这不仅是因为工农群众"很会识别谁是忠诚老实的共产党员，谁是那些靠辛勤劳动过活、没有任何特权、根本不会'讨好领导'的人所厌恶的共产党员"②，更是因为"这样能使我们收到很大的效果，能使党成为比以前坚强得多的阶级先锋队，成为同本阶级有更紧密的联系、更能在重重困难和危险中引导本阶级走向胜利的先锋队"③。其二，开展"清党"要设置自上而下的、专门的工作领导机构。"清党"工作是在全党进行的，从中央到地方牵涉党的各级组织，为此必须以专事专办的方式在中央设置中央审查委员会、在地方成立地方审查委员会，确保"清党"工作程序化、制度化地开展。

在列宁思想上，确保党的组织纯洁落实在微观层面就是要确保党员个体的纯洁，并要随着历史进程的发展将党员队伍的纯洁性议题置于动态变

---

① 《列宁全集》第 42 卷，北京：人民出版社 2017 年版，第 145 页。
② 《列宁全集》第 42 卷，北京：人民出版社 2017 年版，第 146 页。
③ 《列宁全集》第 42 卷，北京：人民出版社 2017 年版，第 146 页。

化的环境中加以探讨。这一思想昭示着无产阶级政党确保党员队伍纯洁性不仅需要根据革命形势或执政环境的变化吸纳具备纯洁性特征、符合纯洁性要求的党员来达成，也需要通过将党内不再具备纯洁性特征、不再符合纯洁性要求的党员清除出党的队伍来完成，即有赖于通过严格党员发展的"入口"，疏通党员清退的"出口"两端的共同作用。

（四）工人阶级执政党要体现"无产阶级先锋队的意志的统一"

工人阶级执政党要体现"无产阶级先锋队的意志的统一"① 是在《俄共第十次代表大会关于党的统一的决议草案初稿》中提出的，其意在昭告全党必须坚决反对一切派别活动，保持党的团结一致与集中统一。无产阶级政党需在思想上、行动上保持并体现出集中统一，这是列宁一以贯之的重要思想。早在革命时期，列宁就深知思想多元、组织涣散的党必定不能担负起领导无产阶级革命的历史重任。他说："无论为了尽快地实现无产阶级的最终目的，还是为了在现存的社会基础上坚定不移地进行政治斗争和经济斗争，战斗的无产阶级最亲密无间的团结都是绝对必要的。"② 看到俄国社会民主工党因各地方组织纲领不一、活动无序而时常遭到破坏的情况，列宁在俄国社会民主工党第二次代表大会上就明确要求党必须形成统一的政治纲领、统一的组织形式，进而通过实现思想统一、组织凝聚使俄国社会民主工党成为俄国革命事业的坚强领导力量。为此，他在革命时期不惜花费大量精力和笔墨同在组织问题上秉承错误观点的马尔托夫等人论战，同在革命策略问题上秉承机会主义观点的"取消派""召回派"激烈交锋，目的就在于实现党的思想统一、组织凝聚，进而维护党的集中统一。

---

① 《列宁全集》第 41 卷，北京：人民出版社 2017 年版，第 81 页。
② 《列宁全集》第 7 卷，北京：人民出版社 2013 年版，第 227 页。

国内战争胜利后，维护党的集中统一的任务又再一次被提上重要议程。其原因不仅在于这是无产阶级政党在任何时候都绕不开的重大理论问题，更在于当时的党内现实情况不得不使全党放下经济建设重任转而对这一问题进行专门的探讨。1920 年底，随着苏俄对波兰作战的结束以及弗兰格尔反革命势力被剿灭，俄共（布）需"因时而动"再一次将工作重心转移至国家发展上来。就在全党为此而努力的关键时刻，以托洛茨基为首的党内反对派却不合时宜地就工会的工作方式问题、在国家职能机构中扮演的角色问题、组织建构等问题同党中央唱反调，坚持表达自己的反对意见。他们强调：工会在国内战争时期所采用的"军事化"工作方式无须因国家所处现实环境的改变而改变，无须在工会中扩大民主；工会应该"整刷"，应该"国家化"，应该成为引领国家经济社会发展的关键组织而不是党与群众之间的纽带；等等。自此后，以萨普龙诺夫、斯米尔诺夫、马克西莫夫斯基为首的"民主集中派"就党对苏维埃和工会是否要实行领导、在工业生产过程中是否要执行一长制和个人负责制的标准，以及组织局是否要纳入政治领导等问题向党中央发难；布哈林则巧妙地徘徊于托洛茨基与列宁的主张之间，并按其策略形成了"缓冲派"。除此之外，以施略普尼柯夫为首的工人反对派等派别活动也越来越变本加厉，党的集中统一领导日趋虚无，党的分裂日益倾向严重。而以这一情况为契机，"孟什维克和社会革命党人都已经聚集到（显然现在还在继续聚集到）反对派的周围，他们到处造谣生事，……加深党内冲突，破坏党的工作"[1]，对党的执政造成了巨大威胁。针对因严峻的党内形势导致的危急状况，列宁提出："我们在争吵、互骂和斗气上已经浪费了许多时间，因此应当对自己说'够了！'并且无论在什么情况下都要努力把工作做好。"[2] 这里的意思是，

---

[1] 《列宁全集》第 40 卷，北京：人民出版社 2017 年版，第 304 页。
[2] 《列宁全集》第 40 卷，北京：人民出版社 2017 年版，第 35 页。

不应再使党置经济建设的中心任务于不顾、在分歧上耽搁时间，而是应该团结全党回归发展国民经济。为从根源上解决这一问题，列宁主张必须改变此前对反对派的宽容态度，旗帜鲜明地反对任何形式和内容的派别活动。

作为一名出色的政治家和马克思主义理论家，列宁并没有毫无根据、无缘无故粗暴地命令停止派别活动，而是向全党阐明了执政党内存在派别活动的多重危害，并划清了党内问题探讨与派别活动的界限。列宁提出："必须使一切觉悟的工人都清楚地认识到，任何派别活动都是有害的，都是不能容许的，因为即令个别集团的代表人物满心想要保持党的统一，派别活动事实上也必然会削弱齐心协力的工作，使混进执政党内来的敌人不断加紧活动来加深党的分裂，并利用这种分裂来达到反革命的目的。"① 在这里，列宁阐明了党内派别活动所会引起的三种危害。其一，派别活动会引发党的内部分裂，与党集中统一的思想与组织要求背道而驰。其二，派别活动会影响党的中心任务的贯彻与执行。其三，派别活动引起的分裂、游离于中心工作之外等负面效应会给敌对分子以可乘之机，进而威胁党的执政安全。在反对派别活动的具体做法方面，列宁主张：第一，要对这一问题形成具体的纲领性文献并通过相应的宣传途径告知全党，使全党体认派别活动的危害性，并自觉与派别分子划清界限、拥护党中央的集中统一领导。第二，要通过组织途径同派别活动进行斗争，使"每一个党组织必须密切注意，决不容许发表任何派别言论"②。第三，对于拒不执行取缔派别活动决议的顽抗分子，可以通过执行党的纪律进行处理。例如，"对中央委员则可把他降为候补中央委员，甚至采取极端措施，把他开除

---

① 《列宁全集》第 41 卷，北京：人民出版社 2017 年版，第 78 页。
② 《列宁全集》第 41 卷，北京：人民出版社 2017 年版，第 82 页。

出党"①。与此同时，列宁为防止身居中央高层的钻营分子利用这一机会打压其他领导同志，于是他特别提出如果要对中央委员、候补中央委员和中央监察委员采取极端措施时，比如开除出党，首先必须要召开中央委员会全体会议，并且中央监察委员和全体候补中央委员都必须参会进行民主表决，同意票数通过三分之二方可执行。

在划清党内问题探讨与派别活动的界限方面，列宁指出，我们既要坚持同"反对派中的不健康分子进行斗争"，也要敢于吸收和接纳健康分子提出的健康因素。针对如何处理党内问题探讨与派别活动的界限方面，列宁提出了以下解决方案：第一，党的议事程序需要得到明确的规范，即凡是属于党的重大问题都要走正规的程序，而且一定要是以民主集中的方式去解决；如果针对某个问题党内无法形成共识，就把它移交到全党进行大讨论。同理，当党的地方代表大会就某一问题无法达成共识时，也可以向中央委员会求助。第二，加强完善党的组织制度，严格遵守党的纪律，维护党的法律权威地位，党内杜绝出现任何派别活动。第三，要学会区分哪些是原则性错误，哪些是非原则性错误。对于反对派所犯的错误要学会区别对待，如果他们是在原则问题上犯错误，就要毫不保留地批判；如果是在非原则性问题上犯错误，则可以做出适当的让步，但这种让步必须是在寻求全体党员"最大公约数"的基础上做出的。除此之外，列宁还对民主与集中二者之间的辩证关系进行了深刻的阐述。他指出，党内尽管不允许存在任何派别活动，但是不代表党内不可以有不同的声音存在，任何企图分裂党的行为都是必须被严行禁止的，但是党内民主仍然需要注入活力才能永葆生机。因此，处理任何问题都不能绝对化，尤其是在对待反对派这个群体上，不能一棍子打死，因为有时候他们所提出的观点不全都是错误

---

① 《列宁全集》第41卷，北京：人民出版社2017年版，第83页。

的，也有值得被借鉴和采纳的地方。比如，列宁在谈及工人反对派在加强基层组织建设的意见时指出："反对派把尽快实现转变、尽量吸收年轻的新生力量、吸收地方工人担任比较重要的职务作为自己口号，他们的这种意图、倾向和纲领自然是非常健康的。"① 再如，列宁高度认同了托洛茨基的"党内进行思想斗争，并不是要互相排挤，而是要互相促进"② 的观点。由此可以看出，列宁一方面十分重视维护党中央权威和党的团结统一，另一方面也非常注重活跃党内民主生活的氛围，主要表现在党内可以有不同的声音发出，可以有不同的意见存在。

（五）要有"多种多样的自上而下的监督形式和方法"防止权力运行不纯

政党完成从革命党到执政党身份转变的显著标识是政治权力的掌握与保有。马克思主义创始人认为，历史是由人民所创造的，人民的政治权力源自致力实现人民解放的革命性的社会权力。因此，无产阶级政党执政的权力来源于人民，也就应该服务于人民，确保其人民性受到监督。反之，权力不能体现人民性、缺乏有效监督，其天然所具备的强制约束性、延展扩张性就会肆意妄为产生权力异化现象，给党和国家带来严重的负面影响。为防止党员干部难以在权力面前自持而蜕化成人民的主人，为防止党员干部权力运行不纯，列宁在俄共（布）执政后专门对这一问题进行了宝贵的理论研究与实践探索。他认为，必须采取多种多样的自上而下的监督形式和方法对党员干部进行监督，以工农群众监督、舆论监督、法律监督等多种形式规范其权力运行，才能保证权力的作用指向、运用场域适宜且正确。

---

① 《列宁全集》第 40 卷，北京：人民出版社 2017 年版，第 34 页。
② 《列宁全集》第 40 卷，北京：人民出版社 2017 年版，第 307 页。

其一，健全党内机制并创设相应的监督机构。1920 年初，苏俄在改组国家监察人民委员部的基础上成立了具有国家监察机关职能的工农检查院，其目的是对国家职能机构的工作人员进行监督，同在苏维埃机关里复活的官僚主义进行斗争。但彼时的苏俄仍处于国内战争时期，"优秀的工人都派到前线去了，而农民群众限于文化水平又不能大量提供工作人员"①，所以工农检查院并未起到实质性的监督检查作用。尽管工农检察院在创立初期因客观原因并未切实履职，但其仍是苏俄对权力进行监督的一次有益尝试。1920 年 9 月，党的第九次全国代表会议要求成立同中央委员会同级并立的监察委员会，规定中央监察委员会"有权接受一切申诉和审理（经与中央委员会协商）一切申诉"②，专门负责党内的监督工作。在监察委员会的人员构成方面，《关于党的建立的当前任务的草案》提出"由受党的培养最多、最有经验、最大公无私并最能严格执行党的监督的同志组成"③；在监察委员会的组织结构方面，其与同级的党委平行，不受同级党委制辖。国内战争胜利后，俄共（布）十大提出进一步完善党的监督检察制度，自上而下地建立中央到地方的监察委员会体系，规定各级监察委员由党的同级的代表大会与代表会议选举产生、监察委员不得兼任其他职务，监察委员会的决议由同级党的委员会执行。俄共（布）十一大针对新经济政策实施以来的实际情况，重申了监察委员会对权力进行监督、对党员党性蜕化进行防范的作用，并对其独立的检察权进行了细化与拓展。时至俄共（布）十二大，党的监察体制日趋成熟与完善，党中央决定将监察党的中央监察委员会与检察国家机关的工农检察院进行合并重组，统一对国家机关人员与党员干部队伍实施监督。

---

① 《列宁全集》第 40 卷，北京：人民出版社 2017 年版，第 34 页。
② 《列宁全集》第 39 卷，北京：人民出版社 2017 年版，第 288 页。
③ 《列宁全集》第 39 卷，北京：人民出版社 2017 年版，第 288 页。

其二，充分发挥群众监督在党和国家政治生活的作用。列宁指出，新生的苏维埃俄国是工农当家作主的新型国家，是不同于资本主义官僚制的国家，苏俄国家的经济发展、政治建设等均与工农群众息息相关，工农群众既是国家的建设者，也是国家的管理者，群众对国家机关、职能人员、党员干部都有监督的权利与责任。即"群众应当有权为自己选举负责的领导者。群众应当有权撤换他们。群众应当有权了解和检查他们活动的每一个细节"①。列宁关于工农监督的思想最早是针对经济问题而产生的。十月革命胜利前后，列宁并不主张在落后的俄国直接实施社会主义的经济办法对俄国经济进行改造，而是主张进行"计算与监督"，即在生产资料仍施行资本主义私有制的情况下，由工人代表的组织对社会生产与分配过程进行计算和监督。十月革命胜利后，这一务实且温和办法的实行起到了积极的效果，它不仅没有使苏俄的经济因政治上的急剧变革而趋于停滞，还在不剥夺剥夺者的基础上对资本家的生产经营活动进行了限制。社会经济层面的办法对政治亦有重要借鉴。此后，列宁在政治领域提出："应当使工人进入一切国家机关，让他们监督整个国家机构，而这应当由非党工人去做，应当让他们在非党工农代表会议上选出自己的代表去做。"② 这一论断有两重含义：其一，列宁鼓励工人参与社会政治生活、参与到管理俄国的日常工作中，以工人的政治地位与作用体现苏俄的国家性质。其二，列宁主张非党工农群众对党的执政活动进行监督，发挥其监督政治权力运作的主观能动作用，切实履行非党工农群众所具有的"监督权"。对此，列宁指出："非党人员也要监督党员。为此必须吸收一批批经过考验而证明其忠诚的非党工人和农民参加工农检查院，或者不担任任何职务，非正式地

---

① 《列宁全集》第 34 卷，北京：人民出版社 2017 年版，第 143-144 页。
② 《列宁全集》第 38 卷，北京：人民出版社 2017 年版，第 147 页。

参加检查工作和对工作提出意见。"① 在《关于"出版自由"》中，他亦强调要"很好地贯彻提拔党外群众，让他们来检查党员的工作的口号"②。在《致各中央苏维埃机关领导人》中提出"人民委员会接待室有权向失职人员追究责任，不管他是什么'级别'"③，即工农群众有权向信访接待机关反映党员领导干部的失职情况。除此之外，列宁还要求党员领导干部要不定期向工农群众进行述职，工农群众有权对党员领导干部工作进行了解，并对其错误行为进行批评；要在各级苏维埃机关中明确接受工农群众信访的时间、地点，并对此形成制度化的长效机制；等等。

其三，切实发挥报刊等媒介的舆论监督职能。十月革命胜利前，列宁的主要政治活动都是以报刊为载体和阵地开展的。自参与创办《火星报》起，列宁先后担任过十余种报刊杂志的编辑及负责人，他在报刊上发表文章传播革命思想、同错误思潮论战，不断将俄国的工农群众团结至俄国社会民主工党的周围。通过自己的革命经历，列宁十分重视报刊所能发挥的政治功能与作用，他曾将报纸比喻为"脚手架"与"基线"。十月革命胜利后不久，列宁即强调："我们希望政府时刻受到本国舆论的监督。"④ 俄共（布）八大通过的决议明确规定："党和苏维埃的报刊的最重要任务之一，是揭发各种负责人员和机关的犯法行为，指出苏维埃组织和党组织的错误和缺点。"⑤ 1920年，俄共（布）第九次全国代表大会通过的《关于党的建设的当前任务》指出："委托中央委员会用通报指出在全体大会上扩大党内批评的方式。……为此，在中央，应在'中央通报'设立争论专

① 《列宁全集》第34卷，北京：人民出版社2017年版，第272-273页。
② 《列宁全集》第42卷，北京：人民出版社2017年版，第89页。
③ 《列宁全集》第52卷，北京：人民出版社2017年版，第170页。
④ 《列宁全集》第33卷，北京：人民出版社2017年版，第14页。
⑤ 中共中央马克思恩格斯列宁斯大林著作编译局译：《苏联共产党代表大会、代表会议和中央全会决议汇编》（第1分册），北京：人民出版社1964年版，第280页。

页。省委出版的'通报'最好也设立这样的争论专页。"① 1923 年，俄共（布）十二大通过的决议强调："工农检查院和中央监察委员会应当有系统有计划地利用苏维埃和党的报刊来揭发各种犯罪行为（懈怠、受贿等等）、揭发在改组国家机构方面一贯逃避党的基本方针的行为。"② 可见，列宁对报刊的舆论监督是十分重视的，对其要求是一以贯之且逐步细化的。

三、中国共产党人关于加强党的纯洁性建设的思想

中国共产党作为执政党，作为最广大人民根本利益的代表者，廉洁执政，建设廉洁型政党是我党义不容辞的责任。如何保证党的纯洁性和先进性，如何使党始终保持战斗力？这是中国共产党在建设廉洁型政党时所必须面对的难题。对于这样的难题，中国共产党人坚持以马克思主义为指导，结合中国国情，形成了具有中国特色的关于加强党的纯洁性建设的思想理论体系。

（一）抓好思想道德建设做"端端正正的官"

思想政治教育可以对党员干部产生很强的教化作用。对党员干部进行反腐倡廉思想教育是廉政建设的基础性工程，而反腐倡廉思想教育的首要任务就是坚定理想信念，因为只有坚定理想信念，中国共产党人才能安身立命、永葆年轻活力、保持党的团结统一。革命理想高于天，中国共产党必须坚定不移地把马克思主义作为指导思想，并把实现共产主义作为党的最高理想。纵观党一百多年的发展史，无数共产党人发挥着艰苦奋斗的精

---

① 中共中央马克思恩格斯列宁斯大林著作编译局译：《苏联共产党代表大会、代表会议和中央全会决议汇编》（第 2 分册），北京：人民出版社 1964 年版，第 40-41 页。

② 中共中央马克思恩格斯列宁斯大林著作编译局译：《苏联共产党代表大会、代表会议和中央全会决议汇编》（第 2 分册），北京：人民出版社 1964 年版，第 296 页。

神，甚至不惜用流血牺牲来换取革命事业的成功，靠的就是心中的信仰信念。理想信念决定了一个党的性质和方向，理想信念一旦偏移，党的凝聚力、战斗力就将大大削弱，而加强党的思想道德建设工作就是为了帮助广大党员同志牢固树立共产主义信仰。

毛泽东历来高度重视党的思想建设工作，主张从思想上建党。1929年，毛泽东在古田会议期间提出要进行"有计划的党内教育"，这可以说是中国共产党人有意识地进行党的思想建设的开端，从此中国共产党逐步确立了思想建设的优良传统。1942年5月，毛泽东在延安文艺座谈会上明确指出："有许多党员，在组织上入了党，思想上并没有完全入党，甚至完全没有入党。"① 因此，中国共产党需要"从组织上整顿，首先需要在思想上整顿，需要展开一个无产阶级对非无产阶级的思想斗争"②。这里，毛泽东所强调的要从思想上和组织上整顿党的队伍，其实就是强调要用马克思主义思想去武装和教育全体党员干部，让他们脑中的非无产阶级思想转变为无产阶级思想，这么做的目的就是要帮助他们树立牢固且正确的马克思主义世界观、共产主义人生观和无产阶级价值观。没有思想道德教育作为重要抓手，就不能使党组织和党员同志做到同党中央保持思想和政治上的高度一致。对党员同志的个人发展来说，缺乏思想道德的教育，会使他们对于马克思主义的信仰产生动摇，甚至彻底失去信心，并最终离开党员队伍。对党组织来说，没有思想上的统一，更不会有政治上的统一，就会产生不团结、各行其是的现象，导致政党的瘫痪瓦解。新中国成立之后，中国共产党成为领导全国政权的执政党，由于党的长期执政地位，许多党的领导干部又长期居于领导岗位，这就导致许多党员干部容易产生精神懈怠、骄傲自满和脱离群众的问题，沾染贪图享乐的官僚主义不良风

① 《毛泽东选集》第3卷，北京：人民出版社1991年版，第875页。
② 《毛泽东选集》第3卷，北京：人民出版社1991年版，第875页。

气，少数意志力薄弱者逐渐腐化堕落。毛泽东针对这样的现象指出：有一些党员同志，"他们是不曾被拿枪的敌人征服过的，他们在这些敌人面前不愧英雄的称号；但是经不起人们用糖衣裹着的炮弹的攻击，他们在糖弹面前要打败仗"①。毛泽东在党的七届二中全会上提出了著名的"两个务必"思想，即"务必使同志们继续地保持谦逊、谨慎、不骄、不躁的作风，务必使同志们继续地保持艰苦奋斗的作风"，要求在全党开展"两个务必"思想教育活动，从而使全党继续保持昂扬向上的精神风貌。

邓小平关于党的思想道德建设的主要贡献在于：解放了全党思想，破除了思想僵化，进而实现以科学的思想理论武装全党。邓小平第二次"复出"的时候，"文化大革命"还在进行中，此前党内以阶级斗争为纲，人们热衷于政治运动，主要的心思和精力都没有放在生产上，思想领域的情况尤其混乱。1975年，邓小平克服重重阻力，开始了大刀阔斧的整顿，首先便是在思想领域进行整顿。在坚持实事求是，还是坚持"两个凡是"的尖锐对立问题上，邓小平明确指出"'两个凡是'不行"。他说："马克思、恩格斯没有说过'凡是'，列宁、斯大林没有说过'凡是'，毛泽东同志自己也没有说过'凡是'。"② 邓小平对于"两个凡是"的坚决否定，是中国共产党解放思想的先导。在真理标准大讨论的热潮中，邓小平做了《解放思想，实事求是，团结一致向前看》的重要讲话。他指出："不打破思想僵化，不大大解放干部和群众的思想，四个现代化就没有希望。""目前进行的关于实践是检验真理的唯一标准问题的讨论，实际上也是要不要解放思想的争论。……一个党，一个国家，一个民族，如果一切从本本出发，思想僵化，迷信盛行，那它就不能前进，它的生机就停止了，就要亡

---

① 《毛泽东选集》第4卷，北京：人民出版社1991年版，第1438页。
② 《邓小平文选》第2卷，北京：人民出版社1994年版，第39页。

党亡国。"① 遭受十年"文化大革命"破坏和实行改革开放政策以后，我党思想道德领域出现了纷繁复杂的现象，以邓小平同志为主要代表的中国共产党人提出要肃清封建主义和资本主义的不良影响，号召广大人民群众树立起共产主义理想和纪律，为"以经济建设为中心"的改革开放提供思想后盾。

江泽民所提出的"三个代表"重要思想，是中国共产党的立党之本、执政之基、力量之源。2003 年，胡锦涛号召在全党开展学习"三个代表"重要思想，要加强党的先进性建设就必须坚持用马克思主义中国化最先进的理论成果武装全党。党的十七届四中全会正式提出要建设马克思主义学习型政党，在全党开展马克思主义理论的学习，将学习型政党建设作为战略目标，标志着党的思想道德建设上升到了一个新的高度。

党的十八大以来，从思想上加强党的先进性和纯洁性建设成为党的建设的重要特色，习近平总书记特别强调要补足党员队伍精神上的"钙"。习近平总书记指出："不忘初心，方得始终。对马克思主义的信仰，对社会主义和共产主义的信念，是共产党人的政治灵魂，是共产党人经受住各种考验的精神支柱。只有理想信念坚定的人，才能始终不渝、百折不挠，不论风吹雨打，不怕千难万险，坚定不移为实现既定目标而奋斗。"② 然而，个别党员同志产生了精神懈怠、消极腐败和脱离群众的问题，说到底是他们的理想信念出了问题，他们之所以丢掉理想信念，有的是因为对社会主义的未来发展失去信心，有的是为自己的前途命运担忧，有的是因为禁不起利益的诱惑。面对这样的情况，中国共产党人更应该引以为戒，时刻警惕理想信念缺失的危险。回首苏共当初在拥有二十万党员队伍的情况

---

① 《邓小平文选》第 2 卷，北京：人民出版社 1994 年版，第 143 页。
② 习近平：《在纪念朱德同志诞辰 130 周年座谈会上的讲话》，北京：人民出版社 2016 年版，第 6-7 页。

下勇夺政权，却在拥有近二千万党员时丧失了政权，最重要的原因就是理想信念已经荡然无存。因此，理想信念教育对于广大党员干部来说是至关重要的，也是必不可少的，中国共产党要教导广大党员干部自觉践行中国特色社会主义共同理想和共产主义远大理想，努力做到"虔诚而执着""至信而深厚"。理想信念的坚定来源于思想理论的坚定，因此，全体党员同志特别是领导干部，不仅要坚持深入学习习近平新时代中国特色社会主义思想，还要坚持多学习一些马克思主义理论知识和马克思主义中国化的经典篇章，从而掌握马克思主义立场、观点和方法，进而坚定党员同志的共产主义信仰，做端端正正的共产党人。

思想道德建设自中国共产党成立以来就为历届领导人所重视，通过引导广大党员树立共产主义远大理想和用科学的理论知识武装全党，是中国共产党在革命和建设实践中得出的一条重要政治经验，只有抓好思想道德建设，才能确保党的先进性与纯洁性，才能使广大党员队伍自觉为人民服务，实现施政为民、执政为公。

（二）完善选人用人标准以确保组织纯洁

中国共产党作为一个长期执政党，其党员干部大多也是国家机关的领导干部，因此党员干部的素质和数量，决定了党的革命和建设事业的成功与否，决定了党的远大目标能否实现。中国共产党的历史发展证明：党的事业要取得胜利，不但要有正确的理论方针作为指导，还要有一支能够自觉用马克思主义理论武装自身、坚决贯彻执行党的路线方针政策、能够为党和人民无私奉献终身的干部队伍。选人用人的问题，自中国共产党诞生之日起，就是党的领导人高度重视的问题之一。

毛泽东不仅提出党的事业要依靠成千上万的党员干部作为载体才能完成，而且对党的干部任用提出了标准，这个标准就是党的干部要德才兼备。"才"指要有一定的工作能力和文化素养，能够坚决按照党的方针纲领做好工作，正确地将党的政策执行到各级地方，从而实现党的革命和建设事业的胜利。"德"指要具备高尚的品格和马克思列宁主义觉悟，以及时刻心系人民的情怀，毛泽东认为"德"的最高标准应该是"完全是为着解放人民的，是彻底地为人民的利益工作的"①。但是"德"和"才"并不是等量齐观的，排在首位的永远都应当是"德"，早在抗日战争时期，"坚定正确的政治方向"就被毛泽东作为抗战教育方针的重要一条。毛泽东反复告诫全党："不注意思想和政治，成天忙于事务，那会成为迷失方向的经济家和技术家，很危险。……思想和政治又是统帅，是灵魂。只要我们的思想工作和政治工作稍为一放松，经济工作和技术工作就一定会走到邪路上去。"② 这说明"德才兼备，以德为先"是中国共产党始终坚持的用人原则，尤其是对党员干部德行的严格要求，自党创立之初就已成为党的优良传统。

邓小平在选人用人的问题上，坚持"人民公认"的原则。邓小平认为，选人用人最根本的是要看"人民高不高兴""人民答不答应""人民满不满意"，并以实现和维护人民利益作为最高准则。他说："新的中央领导机构要使人民感到面貌一新，感到是一个实行改革的有希望的领导班子。"③ 在改革开放初期，邓小平要求在选拔干部时要把那些人民群众认为具有改革创新精神的人才选拔出来加以任用。而在进行社会主义建设中，邓小平要求在选人用人的过程中，不能感情用事，更不能用人唯亲，要将真正能为国家做贡献的人选拔出来。邓小平指出："我们现在就是要选人民公认是坚持改革开放路线并有政绩的人，大胆地将他们放进新的领导机

① 《毛泽东选集》第3卷，北京：人民出版社1991年版，第1004页。
② 《毛泽东文集》第7卷，北京：人民出版社1999年版，第351页。
③ 《邓小平文选》第3卷，北京：人民出版社1993年版，第296页。

构里，要使人民感到我们真心诚意要搞改革开放。"① 由此可见，邓小平的选人用人思想始终坚持以"人民公认"为原则，不仅要求领导干部德才兼备，还要求他们必须是真心诚意为人民办事，并得到人民认可。

面对世纪转变的大背景，江泽民提出，人才的选拔和任用，要做到解放思想、与时俱进。尤其是对于年轻干部，必须克服陈旧落后的观念，打破论资排辈、平衡照顾和凭个人喜好的落后思想，要消除对年轻干部不放心、不热心的思想阻碍，这就需要学习老一辈革命家在选人用人上的经验，不仅要达到知人善用，还要给年轻干部足够的成长空间，树立放手用人的观念。以胡锦涛同志为主要代表的中国共产党人提出以人为本的科学发展观，在选人用人问题上，坚持"以人为本"，就是要以广大人民群众为本，在选拔干部的过程中坚持录用为人民服务的干部，并不断创新选人用人机制，让真正有能力有抱负有情怀的干部能够得到重用，为社会主义事业的建设贡献力量，通过这样一批高素质的干部队伍，真正使广大人民群众受益。

党的十八大以来，习近平总书记曾多次在不同的场合和重要讲话中谈及关于选人用人的问题。习近平总书记在党的十九大上指出："要坚持党管干部原则，坚持德才兼备、以德为先，坚持五湖四海、任人唯贤，坚持事业为上、公道正派，把好干部标准落到实处。"② 实践证明，坚持党的领导就一定要坚持党管干部原则，只有在党的领导下，各级行政机关才能时刻心系人民，不忘维护人民群众的利益，各级干部才能始终忠心耿耿的为党和人民服务，这就要求中国共产党要坚持从严治党的根本原则。习近平总书记始终强调，"治国必先治党，治党务必从严"，尤其是对于党员干部

---

① 《邓小平文选》第3卷，北京：人民出版社1993年版，第300页。
② 习近平：《决胜全面建成小康社会　夺取新时代中国特色社会主义伟大胜利——在中国共产党第十九次全国代表大会上的报告》，北京：人民出版社2017年版，第64页。

的教育和管理必须严格,从而保证党员干部队伍的纯洁性与先进性。"德才兼备,以德为先"的原则,一直都是中国共产党在选人用人方面所坚持的原则,被党和国家需要的干部一定是有十足的工作才能和高尚的道德情操的。关于如何对待"德"和"才"的关系,习近平总书记借用《资治通鉴》中的"才者,德之资也;德者,才之帅也"进行了阐述,也就是"先做人,后做官",如果说党的干部丢失了"德",那么无论能力有多高,政绩有多好,都是偏离正确方向的,甚至会沦为党和国家的祸害。习近平总书记还对"德"进行了具体化的阐述,延伸出了"四德":政治品德、职业道德、家庭美德、社会公德。由此可见,以习近平同志为核心的党中央对于干部德行问题的高度重视。"信念坚定、为民服务、勤政务实、敢于担当、清正廉洁"① 是习近平总书记 2013 年在全国组织工作会议上提出的"好干部"标准,这是对新时代党的干部所提出的新的要求,是以习近平同志为核心的党中央所坚持的新时代选用人才标准,更是为加强新时代党的干部队伍建设指明了方向。

综上所述,中国共产党要实现革命和建设事业的胜利,就必须培养一支信仰坚定、纪律严明、勇于担当的干部队伍,而且这支队伍要具有和钢铁一般坚如磐石、坚不可摧的精神意志。这是自党诞生之日起就被党的领导人高度重视的问题。各项事业的发展都需要发挥党员干部的作用,不断完善选人用人标准,保证党的组织纯洁性,建立一批高素质的干部队伍,为新时代党和国家的发展提供人才资源保障,为实现中华民族伟大复兴的中国梦贡献力量。

(三)整治不正之风以涵养廉洁之风

党的作风是党的形象的直接体现,党的作风建设直接关系到党能否得

---

① 《习近平谈治国理政》,北京:外文出版社 2014 年版,第 412 页。

到人民群众的认可，关系到党的执政地位是否长久，关系到党的执政根基是否牢固，关系到中国特色社会主义事业是否成功。自中国共产党成立之日起，党的作风建设就历来被党的领导人所重视，在中国共产党百余年的发展历程中，积累了大量关于党的作风建设经验，形成了紧密联系群众、批评与自我批判、勇于自我革命、严厉杜绝官僚主义享乐主义等优良作风，通过对不正之风的整治和对廉洁之风的树立，中国共产党才能永葆纯洁性和先进性，从而凝聚起强大的战斗力。

以毛泽东同志为主要代表的中国共产党人，首先提出"党的作风"这一概念，并对其作了全面而系统的论述。毛泽东指出，要想纠正社会的不良风气，首先应该保持党内的优良作风，只有党的作风优良了，才能进一步提高党的凝聚力与战斗力，才能确保新民主主义革命取得胜利，才能为今后中国社会主义革命与建设事业提供保障，并最终带动整个社会的风气走向优良。1937 年 5 月，毛泽东在中国共产党全国代表会议上，第一次正式提出"党的作风"这一概念，他指出中国共产党不仅要有工作能力与政治素养，还要能够独立地思考问题，遇到困难要勇往直前，不畏惧牺牲，要为人民群众的整体利益而战。1941 年开始在全党上下开展的延安整风运动，使党的作风建设进入新的历史阶段，毛泽东在《整顿党的作风》的演讲中指出当时党内文风、学风方面存在问题，要"反对主观主义以整顿学风，反对宗派主义以整顿党风，反对党八股以整顿文风"①。1945 年 4 月，毛泽东在中共七大发表的《论联合政府》报告中，将党的作风概况为"三大优良作风"②。1949 年，在党的七届二中全会上，毛泽东警示全党要坚

---

① 《毛泽东选集》第 3 卷，北京：人民出版社 1991 年版，第 812 页。
② "三大优良作风"：理论与实践相结合的作风、与人民紧密联系的作风以及批评与自我批评的作风。

持"两个务必"① 的工作作风。"三大作风""两个务必"论断的提出,标志着毛泽东关于党的作风建设思想的成熟,为全党作风建设提供了科学论据,同时也对党员同志的作风问题提出了新的要求。

党的十一届三中全会的召开,标志着以邓小平同志为主要代表的中国共产党人开始纠正"文化大革命"中的"左"的错误思想,为党和国家的发展指明了正确的方向。中国共产党清醒地认识到整顿党的作风问题迫在眉睫,尤其是针对党内少数存在的腐败问题,必须严厉打击以肃清党风,邓小平指出:"应该保持艰苦奋斗的传统。坚持这个传统,才能抗住腐败现象。"② 他明确提出,要将党的作风建设和制度建设结合起来,单单依靠思想上的教育和纠正是远远不够的,而是要依靠明确的制度来进行约束,制度建设才是根本所在。为了严肃党内纪律和作风,强化党内政治生活的基本规范,中央先后制定了一系列的党内规章制度。1983 年,党内开展了长达三年的整风运动,使党的作风建设得到了有效的改善,同时也为改革开放的进一步深化发展提供了组织保证。

以江泽民同志为主要代表的中国共产党人,针对苏联解体和东欧剧变给中国带来的国际环境的变化,提出要将"如何提高党的领导水平、执政水平"和"如何提高防腐拒变、抵御风险能力"作为党的作风建设的两大重难点,强调要坚决同官僚主义、形式主义和消极腐败等现象作斗争。"三个代表"重要思想要求全体党员要坚持解放思想、实事求是的思想作风。在党的作风建设方面,除了要继承传统的三大优良作风,而且要体现时代要求。面对新的要求,胡锦涛提出"科学发展观"这一重大战略构思,要求以开展保持共产党员先进性教育活动载体来提升党的执政能力,

---

① "两个务必":务必使同志们继续地保持谦逊、谨慎、不骄、不躁的作风,务必使同志们继续地保持艰苦奋斗的作风。

② 《邓小平文选》第 3 卷,北京:人民出版社 1993 年版,第 290 页。

并对广大党员干部提出"立党为公，执政为民"的新要求，要以求真务实的作风开展工作，弘扬党内正气。

党的十八大以来，以习近平同志为主要代表的中国共产党人高度重视党的作风建设。习近平总书记指出："党的作风就是党的形象，关系人心向背，关系党的生死存亡。中国共产党作为马克思主义执政党，不但要有强大的真理力量，而且要有强大的人格力量。"① 新时代的中国共产党仍将党的作风建设视为关乎党和国家发展大事的重点建设任务、中国共产党发展兴旺路上必须高度重视的问题。党的二十大报告指出坚持以严的主基调强化正风肃纪："锲而不舍落实中央八项规定精神，抓住'关键少数'以上率下，持续深化纠治'四风'，重点纠治形式主义、官僚主义，坚决破除特权思想和特权行为。"② 作风问题的核心是党同人民群众之间的关系问题。加强作风建设，全党就必须始终坚持走群众路线，坚决反对不良作风，尤其是反对形式主义和官僚主义作风，因为这两种作风具有反复性和顽固性，"同我们党的性质宗旨和优良作风格格不入，是我们党的大敌、人民的大敌"③，是阻碍党中央重大决策和党的路线方针政策实施的严重问题。对此，习近平总书记还对形式主义和官僚主义的危害进行了阐述：形式主义对于党的危害主要表现为知行不一、不求实效，弄虚作假；官僚主义对于党的危害主要表现为脱离实际、脱离群众、唯我独尊、自我膨胀。这些危害对一个长期执政的政党的破坏不言而喻，如果不严厉整治杜绝，不仅会使党的路线方针政策难以贯彻，还会侵蚀党的执政根基，那么必然导致亡党亡国的悲惨结局。因此，力戒形式主义、官僚主义迫在眉睫，是

---

① 中共中央宣传部编：《习近平总书记系列重要讲话读本》，北京，人民出版社 2016 年版，第 113 页。

② 习近平：《高举中国特色社会主义伟大旗帜 为全面建设社会主义现代化国家而团结奋斗：在中国共产党第二十次全国代表大会上的报告》，人民出版社 2022 年版，第 68 页。

③ 《习近平谈治国理政》第 3 卷，北京：外文出版社 2020 年版，第 500 页。

当前党的重要任务，各级党委应针对形式主义、官僚主义问题清单精准施策；各地区各部门要不折不扣地执行八项规定，"善禁者，先禁其身而后人"，各级领导机关和党员干部要以身作则、率先垂范，带头查摆自己身上存在的形式主义、官僚主义问题。

四、对本章的综合分析与评价

政党政治是近现代政治发展的主要形态，它不同于传统的君主政治、宗教政治、民族政治等。因此，马克思、恩格斯在革命实践和理论创造的进程中，非常重视政党在社会发展中的重要作用。标志着科学社会主义诞生的《共产党宣言》开篇就写道："现在是共产党人向全世界公开说明自己的观点、自己的目的、自己的意图并且拿党自己的宣言来反驳关于共产主义幽灵的神话的时候了。"[①] 可以看出，他们非常重视党在实现共产主义征程中的重要作用，这个党就是"共产党"。

马克思、恩格斯认为，这个共产党至少有以下特征：第一是纯洁性，即"他们没有任何同整个无产阶级的利益不同的利益"[②]，因此共产党及共产党人不提出任何特殊的原则和利益，从理论上说应该是和无产阶级融为一体的，两者之间具有高度的契合性和一致性。第二是广泛性，即"共产党人强调和坚持整个无产阶级共同的不分民族的利益"[③]，这也是后来先后成立第一国际、第二国际、第三国际的重要因素。第三是先进性，即"在无产阶级和资产阶级的斗争所经历的各个发展阶段上，共产党人始终代表整个运动的利益"[④]，这提出了共产党是先锋队的指向和要求。从这个角度看，"科学社会主义理论的诞生，为社会主义政党政治实践奠定了理论前

---

① 《马克思恩格斯选集》第 1 卷，北京：人民出版社 2012 年版，第 399 页。
② 《马克思恩格斯选集》第 1 卷，北京：人民出版社 2012 年版，第 413 页。
③ 《马克思恩格斯选集》第 1 卷，北京：人民出版社 2012 年版，第 413 页。
④ 《马克思恩格斯选集》第 1 卷，北京：人民出版社 2012 年版，第 413 页。

提；马克思主义政党的建立，为社会主义政党政治提供了主体力量；而以科学社会主义理论为指导、由无产阶级政党领导的工人运动，则为指向实现共产主义的社会主义政党政治活动提供了实践机制"①。对于这样高要求、高质量的政党，如何保持社会主义政党的广泛性、先进性，特别是纯洁性就显得尤为重要。为此，马克思、恩格斯始终强调无产阶级政党要保持无产阶级的立场和纯洁，这虽然是对无产阶级政党的考验，但更是其优秀品格的体现。在未经历巴黎公社实践之前，他们从理论上提出腐败现象产生的根源是生产资料的私有制、国家及其官僚制度，未来的共产主义社会要将这些内容都进行扬弃。在经历了巴黎公社实践之后，他们提出要建立"廉价政府"的目标，强调政府官员实行民主选举和罢免制度，加强权力监督，实行政务公开等等，极大丰富了马克思、恩格斯关于无产阶级政党纯洁性与廉政关系的认识。

1917 年，十月革命的胜利标志着社会主义国家政党政治在苏俄正式确立。那么，作为执政后的无产阶级政党如何建设，考验着以列宁为主要代表的苏俄共产党人。无产阶级政党执政后的任务是异常艰巨的，而关于如何执政的理论准备又是不足的，但就无产阶级政党的纯洁性建设而言，马克思、恩格斯关于无产阶级政党须始终保持纯洁性的品格在苏俄的政治实践中就已开始大打折扣。当前摆在列宁面前的首要任务就是如何搞好布尔什维克党的纯洁性建设，如何杜绝党内腐败现象，建设出廉洁为民的人民政权。

与马克思、恩格斯要求无产阶级政党要确保纯洁的理论要求不同，列宁面临的最大问题是实践问题，或者说，实现理论与实践相统一的问题。为此，列宁从苏俄实践出发提出了多方面的内容，涵盖经济、政治、文

---

① 王韶兴：《社会主义国家政党政治百年探索》，载于《中国社会科学》2017 年第 7 期，第 9 页。

化、教育、法律等，目的只有一个：维护苏维埃无产阶级政权的存在，巩固共产党的执政，确保社会主义建设的顺利推进。现在需要回答的问题：为何执政后的共产党要如此重视廉政建设，以试图保持党的纯洁性？原因如下：第一，它符合马克思主义的要求；第二，苏俄现实的境况要求它必须要这样做，否则就有亡党亡国的危险。基于这两点，列宁通过从严治党、加强法治、重视教育、加强监督等多维度来纯洁党的队伍，保持党的纯洁性，以达到廉政的目标。从历史发展的后果看，列宁通过总结社会主义国家在政党政治初创时期的正反两方面经验，不仅推动了社会主义政治文明的发展，同时也极大地丰富了马克思主义政党政治理论。

俄国和中国从地域上讲，都属于东方国家，从经济上讲，都属于落后国家。但是从时间上，中国共产党是在接受了十月革命的影响后才选择了马克思主义，才开始探寻中国的社会主义道路。因此，理论和道路选择的相同使得中俄政党建设具有某些相似性，但是时空的差异又使得两者之间具有差异性。相同之处体现在：都强调要加强廉政建设，都要求保持无产阶级政党的纯洁性，都强调要坚持马克思主义的指导。差异之处体现在：话语表达有别，分别体现为俄国话语和中国话语；所处环境不同，俄国当时已经有一个社会主义国家，处在资本主义包围中，新中国成立时已经有一个社会主义阵营；文化影响不同，俄国封建王朝统治时间较短，中国封建王朝统治时间较长，因此旧文化对人们的影响不同。以毛泽东同志为核心的党的第一代领导集体在长期的革命斗争和社会主义建设实践中，特别重视抓党风廉政建设。从建党初期到革命根据地建设（1921—1935 年）到抗日战争时期（1937—1945 年），从解放战争时期（1945—1949 年）到新中国成立后的国民经济恢复时期（1949—1953 年），再到社会主义改造和全面建设社会主义时期（1953—1965 年），围绕如何实现和保持中国共产党的先锋队作用，党的第一代领导集体在马克思主义廉政观的指导下，不断摸索、不断前进。他们的理论探索和实践创造不仅丰富了马克思主义廉政观的理论宝库，更在实践中对于锻造具有先进性的中国共产党组织，并领导中国人民取得中国革命和建设的胜利具有重大的意义。但是，其中所遭遇的巨大挫折也是不容回避的，对此，在现今的廉政建设中，必须要保持警钟长鸣。

邓小平的廉政思想与江泽民、胡锦涛的廉政思想一起，共同构成了改革开放和中国特色社会主义现代化建设时期的廉政思想。时代主题的变化给执政党继续加强廉政建设，保持党的纯洁性提出了更高的要求。这种变化主要体现在，在和平与发展的时代主题下，作为执政的共产党存在"四种危险"① 和面临"四大考验"②。这两个方面的挑战是长期的、复杂的、严峻的，这就决定了党风廉政建设和反腐败斗争永远在路上。为此，全党必须居安思危、勇于进取，全面提高党的执政水平，不断强化党的先进性和纯洁性建设，确保党能够始终成为中国特色社会主义事业的坚强领导核心。

新时代，我们党不断深化对自我革命规律的认识，不断推进党的建设理论创新、实践创新、制度创新，在构建全面从严治党体系上积累了丰富成果。我们把党的政治建设作为党的根本性建设，把思想建设作为党的基础性建设，提出和坚持新时代党的组织路线，以作风建设新气象赢得人民群众信任拥护，把纪律建设纳入党的建设总体布局，把制度建设贯穿党的各项建设，开展史无前例的反腐败斗争，成功走出一条中国特色反腐败之路。

---

① 注："四种危险"：精神懈怠危险、能力不足危险、脱离群众危险和消极腐败危险。
② 注："四大考验"：长期执政考验、改革开放考验、市场经济考验和外部环境考验。

第四章

马克思主义关于反对特权的思想

引言：特权是破坏廉政建设的政治毒瘤

　　特权，顾名思义，是一种特殊的权利（力），它是一种政治现象，更是一种历史的产物。自私有制出现以后，人类社会中的特权现象如魔鬼附身般与之相随，挥之不去，延续至今。在奴隶制社会中，奴隶主就是特权阶层，他们享有任意驱打奴隶、杀戮奴隶的特权。封建社会的政权是等级森严的政治特权，君主或帝王享有至高无上的权力，并通过封爵制和世袭制建立起自己的专制统治，使得特权出现等级化的特征，还可以按等级的高低享有豁免捐税、减免刑罚等不同程度的特权。在资本主义社会中，以资本家为首的资产阶级享有特殊的权力，依靠经济剥削、政治控制、意识形态宣教统治着广大无产阶级。根据马克思主义唯物史观的观点，资产阶级革命虽然表面上强调"平等"，向广大无产阶级提出要废除封建社会不合理的封建特权，但是它却背地里建立起了为资产阶级服务的阶级特权，这从本质上来说就是用现在的新的不平等代替以前旧的不平等。古今中外的政治家、思想家对如何反对和消灭特权进行了不懈的探索和实践，但特权作为廉政建设的"政治毒瘤"却依旧存在。归根到底，特权的存在与两个因素密切相关：一是权力，因为特权依附的主体是掌握一定权力的人；二是利益，因为特权发生的动机是人对利益的追逐。因此，特权并非特定时期的特殊现象，也并非特定社会制度下的独有现象。凡存在权力和利益之处，都存在着滋生特权的可能。这也决定了特权作为一种历史现象，具有利己损他、隐蔽顽固的特征。

马克思、恩格斯认为，特权是阶级存在产物，要彻底废除特权，清除特权现象，就必须消灭阶级。因此，无产阶级的历史使命就是要消灭一切阶级，实现人的自由全面发展。在他们看来，未来的理想社会将没有阶级、没有国家、没有官僚，自然而然也就没有所谓的特权存在。列宁反对一切形式的特权，提出要"同一切特权作不调和的斗争"。中国共产党始终以马克思主义为指导，中国共产党不仅继承了马克思主义经典作家关于反特权的传统，而且在中国革命、建设、改革等各个时期都十分强调反特权思想，只不过在不同的时期强调的侧重点不同。与此同时，中国封建专制传统思想浓厚，加之没有经历过较为成熟的思想启蒙，因此，特权作为政权建设的一个"政治毒瘤"，在新政权下，在不断发展的社会中，依旧顽强地存在，并在不同阶段表现出不同的样态。特权现象的存在给党的廉政建设、国家的安定团结、人民的根本利益都带来了严重的危害。历史事实证明，反特权有利于实现民主法治、公平正义、安定有序的社会氛围，有利于对腐败和专断进行有效的遏制，有利于增强党的领导作用和优化党的作风形象。党员领导干部只有彻底摒弃特权思想，时时处处慎权、慎欲、慎微，坚守精神家园，永葆政治本色，才能经得起风雨，经受住考验。

一、马克思、恩格斯对特权现象所进行的系统性彻底性批判

（一）特权的形成源自生产力发展基础之上的阶级分化

在人类历史发展的进程中，特权并非从来就有的，而是历史发展到一定阶段的产物。在《家庭、私有制和国家的起源》中，恩格斯沿用了摩尔根的历史划分法，将人类历史划分为蒙昧、野蛮和文明三个时代，每个时代又划分为低级、中级和高级三个不同的阶段。其中，蒙昧时代是人类社会迎来的第一个时代，从使用火和把鱼类作为食物开始进入中级阶段，以弓箭的发明为标志进入高级阶段。野蛮时代的低级阶段从学会制陶术开始，中级阶级则是从驯养家畜（东大陆）和灌溉栽培以及建筑上使用土坯和石头开始，以铁矿石的冶炼为标志进入高级阶段。恩格斯对上述两个时代概括道："蒙昧时代是以获取现成的天然产物为主的时期；人工产品主要是用做获取天然产物的辅助工具。野蛮时代是学会畜牧和农耕的时期，是学会靠人的活动来增加天然产物生产的方法的时期。"① 可以看出，人们在上述两个时代的主要活动是生存，因为在原始社会中，生产力水平非常低下，必须人人参加社会劳动，而且要相互团结与帮助，才能维持最起码的生存，即"以群的联合力量和集体行动来弥补个体自卫能力的不足"②。这一时期，人人都是劳动者，并不存在什么特权。

第一，家庭特权的出现。马克思主义研究问题的出发点是现实的人，而人所面对的第一个社会关系便是家庭，因此特权首先产生于家庭。恩格斯梳理了人类历史发展进程中的四类家庭类型：血缘家庭——普那路亚家庭——对偶制家庭——专偶制家庭。在前三种家庭关系中，社会整体还没有存在明显的阶级差别，但是等发展到专偶制家庭，情况就发生了根本性转变。恩格斯分析道："专偶制是不以自然条件为基础，而以经济条件为基础，即以私有制对原始的自然产生的公有制的胜利为基础的第一个家庭形式。"③ 这种家庭关系是伴随男女地位的变化而出现的。简言之，由最初

① 《马克思恩格斯选集》第4卷，北京：人民出版社2012年版，第35页。
② 《马克思恩格斯选集》第4卷，北京：人民出版社2012年版，第42页。
③ 《马克思恩格斯选集》第4卷，北京：人民出版社2012年版，第75页。

的男女平等发展到母权制，而后随着财富的增加，丈夫在家庭中占据了比妻子更重要的地位。"丈夫在家中也掌握了权柄，而妻子则被贬低，被奴役，变成丈夫淫欲的奴隶，变成单纯的生孩子的工具了。"① 而正是伴随着个体婚制的变化（恩格斯将其称之为文明社会的细胞形态），整个社会出现了最初的阶级对立，"在历史上出现的最初的阶级对立，是同个体婚制下夫妻间的对抗的发展同时发生的，而最初的阶级压迫是同男性对女性的压迫同时发生的"②。正是在这个意义上，恩格斯认为研究文明社会（指资本主义社会）的特权必须从个体婚制这个细胞形态为切入点，研究文明社会内部充分发展着的对立和矛盾的本质。

恩格斯认为，现代的个体家庭仍建立在对妇女的奴役之上。西方近代启蒙以来，在"人人生而平等"的旗帜下，男女婚后在法律上实现了平等权利，但实际情况却并未好转。在恩格斯看来，妇女料理家务是属于私人的事情，如果他们参加公共的事业有自己独立的收入，那么就不能履行家庭中的义务，因此妇女并不能实现自身的独立，而只能依附于自己的丈夫。"在家庭中，丈夫是资产者，妻子则相当于无产阶级。不过，在工业领域内，只有在资本家阶级的一切法定的特权被废除，而两个阶级在法律上的完全平等的权利确立以后，无产阶级所受的经济压迫的独特性质，才会最明白地显露出来。"③ 这里，恩格斯将家庭中的丈夫比喻为资产者，将妻子比喻为无产阶级，资产者享有对无产阶级的"特权"，即"丈夫占据一种无须任何特别的法律特权加以保证的统治地位"④。恩格斯认为，在现代个体家庭中，妇女是处于被奴役地位的，她们不能实现自我独立，因为她们受到家务奴隶制的捆绑与束缚，不论这种奴役是以公开还是隐蔽的方

① 《马克思恩格斯选集》第 4 卷，北京：人民出版社 2012 年版，第 66 页。
② 《马克思恩格斯选集》第 4 卷，北京：人民出版社 2012 年版，第 76 页。
③ 《马克思恩格斯选集》第 4 卷，北京：人民出版社 2012 年版，第 85 页。
④ 《马克思恩格斯选集》第 4 卷，北京：人民出版社 2012 年版，第 85 页。

式出现，妇女始终都无法推翻这种不平等的社会地位。如果说这种个体家庭是分子的话，那么现代社会就是这些分子的总和。因此，妇女要打破丈夫的"特权"，实现自身解放的先决条件就是重新回到公共事业中去，但是这种公共事业绝非原始社会的共同劳作，而要实现这一目标的前提是消除个体家庭作为社会经济单位的属性。

第二，氏族特权的出现。氏族是原始社会基本的、最初的社会组织形式，分母系氏族和父系氏族。恩格斯认为，氏族社会作为一种社会单位具有天然性，因为氏族社会的三种集团——氏族、胞族、部落代表着不同层次的血缘亲属关系，这些社会集团是从不可抗拒的必然性中发展出来的，都具有闭关自守的特征，即自己的事情由自己来管理，但又互相补充。恩格斯高度肯定了这种氏族制度，他写道："这种十分单纯质朴的氏族制度是一种多么美妙的制度呵！没有士兵、宪兵和警察，没有贵族、国王、总督、地方官和法官，没有监狱，没有诉讼，而一切都是有条有理的。"① 在这种制度下，一切争端和纠纷都由氏族或部落内部自己解决，很少使用血族复仇。恩格斯指出，虽然这种制度下的公共事务比现今多得多，"可是，丝毫没有今日这样臃肿复杂的管理机关。一切问题，都由当事人自己解决，在大多数情况下，历来的习俗就把一切调整好了。……大家都是平等、自由的，包括妇女在内"②。人类和人类社会在没有分化为阶级之前就是这样的一种存在状态。但是恩格斯紧接着指出，"但我们不要忘记，这种组织是注定要灭亡的。它没有超出部落的范围；部落联盟的建立就已经标志着这种组织开始崩溃"③。因为随着生产力的发展和社会交往的增加，氏族把全体人民分为贵族、农民、手工业者，并开始赋予贵族担任公职的

① 《马克思恩格斯选集》第 4 卷，北京：人民出版社 2012 年版，第 108 页。
② 《马克思恩格斯选集》第 4 卷，北京：人民出版社 2012 年版，第 109 页。
③ 《马克思恩格斯选集》第 4 卷，北京：人民出版社 2012 年版，第 110 页。

工作。在这里，贵族虽然担任了公职，但其实并没有在其所在的职位上发挥应有的作用，因为那个时期各个阶级的权力没有进行等级划分，任何权力都是无差别的，都具有平等的性质，只不过是分工不同，因此贵族成员并不存在什么优于其他等级的特殊权利。即表明这个时候还没有权利的差别，更谈不上特权的存在。但是恩格斯指出，这一划分"它表明，由一定家庭的成员担任氏族公职的习惯，已经变为这些家庭担任公职的无可争辩的权利；这些因拥有财富而本来就有势力的家庭，开始在自己的氏族之外联合成一种独特的特权阶级；而刚刚萌芽的国家，也就使这种霸占行为神圣化"①。在恩格斯看来，特权阶级就是这样产生的，从此人类社会就进入了阶级社会。特权打破了原始时代人人自由、人人平等的社会状况。因此，在阶级社会里人类就被划分为不同的阶级、阶层，形成了不同的社会集团，特权阶级和特权者在社会中居于优势地位，开始去争取和享有特权，而大多数人仍是社会中的普通平民，不享有特权。

（二）资产阶级废除了封建特权，但它未能完成彻底废除特权的重任

第一，奴隶社会和封建社会的特权。奴隶社会是人类历史上第一个有阶级和阶级对立的社会。原始社会解体后，氏族部落内部贫富两极分化严重，而贫困的氏族成员往往因为无力偿还贵族成员的债务而被迫被债主卖到外族部落充当奴隶。因此，最早的奴隶都是来源于战争中被俘虏的外族人，最早的奴隶主则还是原来的氏族贵族。因此，在奴隶社会中，奴隶主和奴隶最初都是从原始社会内部分化出来的，他们是两大对立的阶级，奴隶长期受到奴隶主阶级的镇压和剥削，随着这两大对立阶级之间的矛盾和斗争日趋激烈，奴隶制国家应运而生。封建社会是一种自给自足的自然经济，它以土地为生产资料，以家庭为主要生产单位，以农业与手工业作为

---

① 《马克思恩格斯选集》第 4 卷，北京：人民出版社 2012 年版，第 125 页。

主要生产方式，因此，这种经济形态具有很强的封闭性和独立性。在封建社会里，地主阶级作为统治阶级，农民阶级作为被剥削阶级，二者之间的矛盾是社会的主要矛盾。但是社会上除了这两大阶级，还分为不同的等级。上述两个社会形态都存在着明显的阶级和阶级分化，特权也就随之产生。有学者对这种存在特权的社会进行概括指出："其一，特权产生于生产力的发展及由此出现的劳动分工，同时特权也因为生产力的不够发达而广泛存在；其二，特权和阶级划分密切相连，一般地，特权者往往就是统治阶级和压迫阶级；其三，奴隶社会和封建社会都是典型的特权社会，享有特权者在社会中居于绝对的优势地位。"①

根据马克思主义的历史观，社会在一天天成长，氏族制度的范围必定会被超越。恩格斯指出："只要社会一越出这一制度所适用的界限，氏族制度的末日就来到了；它就被炸毁，由国家来代替了。"② 国家的产生是由于社会陷入了不可解决的自我矛盾，就政权组织形式来看，不同于氏族组织的重要标识在于公共权力的设立。这种公共权力已不再是原来居民自己的武装力量了，而是一个独立的特权阶级。恩格斯指出，一方面这种公共权力的维持需要设置国民军、宪兵队、监狱和各种强制设施，这些在氏族社会都是没有的。另一方面，这种公共权力也是变化发展的，在阶级对立还没有发展起来的社会和偏远地区，表现出来的可能极其微小，但是在阶级对立尖锐化的地区，就会大大不同。恩格斯以欧洲为例指出："在这里，阶级斗争和争相霸占已经把公共权力提升到大有吞食整个社会甚至吞食国家之势的高度。"③ 与此同时，恩格斯还对这种凌驾于社会之上的公共权力的特权行为表现进行描述。他指出："他们作为同社会相异化的力量的代

---

① 郭春生：《论马克思恩格斯的反特权思想及其当代启示》，《毛泽东邓小平理论研究》2010年第6期，第71-72页。
② 《马克思恩格斯选集》第4卷，北京：人民出版社2012年版，第162页。
③ 《马克思恩格斯选集》第4卷，北京：人民出版社2012年版，第188页。

表，必须用特别的法律来取得尊敬，凭借这种法律，他们享有了特殊神圣和不可侵犯的地位。"① 因此，"古希腊罗马时代的国家首先是奴隶主用来镇压奴隶的国家，封建国家是贵族用来镇压农奴和依附农的机关"②。可以看出，奴隶社会和封建社会中的公共权力机关是一种明显处于社会之外和凌驾于社会之上的东西，并且利用特别的法律将自身设置于令人尊敬且享有特殊神圣和不可侵犯的地位。凌驾于社会之上的公共权力为了维护自身的特权，对任何社会问题往往采取消极对待的态度，"在贵族和贵族大地主看来，什么叫做'社会问题'呢？这就是保存封建地主原来享有的特权，让贵族在军队和民事官厅中占据收入最多的肥差美缺，以及直接从国库中拿钱来供养他们"③。可以看出，贵族和大地主始终是将维护自身的阶级利益和社会特权放在第一位的。

第二，资产阶级对封建特权的废除。马克思对资本主义社会的分析是以市民社会为切入点的。市民社会是一种介于"国家"和"个人"之间的领域，它是一种具有相对独立性的自治社会，即是说，它是由不同的社会组织和团体自发形成的，是独立于国家权力体制之外的社会。直到中世纪末期，社会中才出现建立在商品经济基础上的市民社会。但是在封建社会里，市民是遭受特权压迫和损害的等级，最初的资产阶级分子也是从市民中产生出来的，"从中世纪的农奴中产生了初期城市的城关市民；从这个市民等级中发展出最初的资产阶级分子"④。随着资产阶级力量的不断壮大，资产阶级的生产方式越来越不能容忍封建制度特权的存在，资产阶级也越来越想尽快摆脱封建特权的束缚和阻碍，"资产阶级所固有的生产方式（从马克思以来称为资本主义生产方式），是同封建制度的地方特权、

---

① 《马克思恩格斯选集》第 4 卷，北京：人民出版社 2012 年版，第 188 页。
② 《马克思恩格斯选集》第 4 卷，北京：人民出版社 2012 年版，第 188 页。
③ 《马克思恩格斯全集》第 6 卷，北京：人民出版社 1961 年版，第 226 页。
④ 《马克思恩格斯选集》第 1 卷，北京：人民出版社 2012 年版，第 401 页。

等级特权以及相互的人身束缚不相容的"①。于是发生了《共产党宣言》中所出现的场景："一句话，封建的所有制关系，就不再适应已经发展的生产力了。……起而代之的是自由竞争以及与自由竞争相适应的社会制度和政治制度、资产阶级的经济统治和政治统治。"② 资本主义社会对封建社会的代替是马克思、恩格斯基于唯物史观和历史发展规律得出的应然的结论。

资产阶级对封建特权的废除主要体现在废除了封建贵族和行会师傅的特权。贵族政治，是指封建制国家由世袭贵族的代表人物掌握政权的一种统治形式。行会是中世纪意、法、英、德等国手工业者按照行业结成的组织。手工业者参加劳动，但也剥削帮工和学徒，是手工业行会中享有全权的会员。恩格斯在《共产主义原理》中指出，封建社会的统治阶级表现为贵族、行会师傅和代表他们利益的专制王朝。随着大工业对手工业的替代，资产阶级也取得了政治权力：一是取消了贵族和手工业者的一切特权，消灭了贵族和行会师傅的社会势力和政治权力；二是取消了一切等级差别和专横特权。封建社会是一个鲜明的等级社会，在这一社会中有封建主、臣仆、行会师傅、帮工、农奴等阶层。少数人是拥有等级特权的，而多数平民大众是没有任何权利的，更谈不上特权。资产阶级是以"自由、平等、民主"为旗帜登上历史舞台的，因此对各种等级和特权行为极为反感和不满。为此，资产阶级以"金钱"为唯一标准，"他们一定得把历代的一切封建特权和政治垄断权合成一个金钱的大特权和大垄断权。……资产阶级消灭了国内各个现存等级之间一切旧的差别，取消了一切依靠专横而取得的特权和豁免权"③。这里，一方面可以得出资产阶级在废除封建特

① 《马克思恩格斯选集》第3卷，北京：人民出版社2012年版，第798页。
② 《马克思恩格斯选集》第1卷，北京：人民出版社2012年版，第405页。
③ 《马克思恩格斯全集》第2卷，北京：人民出版社1957年版，第647页。

权方面所作的努力，但另一方面也暴露了自身在反对特权方面的局限性和不彻底性。

第三，资产阶级并没有消灭特权的存在基础。马克思、恩格斯对资产阶级在废除封建特权方面所作的种种努力是肯定的，但是由于资产阶级自身具有局限性，使得它没有完成消灭特权的历史重任，特权现象依然存在于资产阶级建立的新的政权之中，只不过这种特权不同于旧的封建社会的特权。资产阶级不能消灭特权有以下几个原因：一是资产阶级局限于自己的阶级利益，以金钱特权代替了个人特权和世袭特权。资产阶级一贯喜欢把金钱至上原则奉行为生活中最高的道德准则，可以说金钱在资本主义社会里已经被提高到了至高无上的位置。恩格斯说："资产阶级的力量全部取决于金钱，所以他们要取得政权就只有使金钱成为人在立法上的行为能力的唯一标准。……资产阶级实行这一切改良，只是为了用金钱的特权代替已往的一切个人特权和世袭特权。"① 比如在选举权方面，资产阶级虽然提出了公民享有选举权和被选举权的平等，但是他们通过法令规定了选举资格的限制，使得选举成为本阶级独有的财产。正如《共产党宣言》中所言："资产阶级撕下了罩在家庭关系上的温情脉脉的面纱，把这种关系变成了纯粹的金钱关系。"② 二是资产阶级用新的剥削代替了旧的剥削，依旧享受着剥削特权。马克思恩格斯认为，资本主义社会代替封建社会从阶级视角来分析并未发生本质的变化，因此"从封建社会的灭亡中产生出来的现代资产阶级社会并没有消灭阶级对立。它只是用新的阶级、新的压迫条件、新的斗争形式代替了旧的"③。1886 年恩格斯在有关著作中明确指出资产阶级并没有彻底废除特权，只是以本阶级的特权代替了封建特权，只

---

① 《马克思恩格斯全集》第 2 卷，北京：人民出版社 1957 年版，第 647-648 页。
② 《马克思恩格斯选集》第 1 卷，北京：人民出版社 2012 年版，第 403 页。
③ 《马克思恩格斯选集》第 1 卷，北京：人民出版社 2012 年版，第 401 页。

是形式的变化，并未发生本质的变化。恩格斯还强调："单个人的封建特权被废除了，但是与这种特权密不可分的绝对权力却转到了整个阶级手里。"① 恩格斯指出这是资产阶级的一种"戏法"，在英国，大地主变成了治安法官，变成了农村行政机关、警察机关、下级司法机关的主人，这样就使得其在现代化新的名义下继续享有着特权。

实质上，在资产阶级的金钱和剥削之间形成了一种互相勾连的关系，构成了资产阶级特权的两个方面。"资产阶级以剥削工人创造的剩余价值获取金钱，这时，剥削是获取金钱特权的手段；同时，资产阶级又以金钱来维持对工人阶级的剥削，形成剥削特权。这时，金钱是剥削的前提。"② 资产阶级只要不走出这个怪圈，不能消灭阶级，就永远不能从根本上彻底废除特权。因此，马克思、恩格斯认为，封建社会的特权虽然是资产阶级消灭的，但是资产阶级并没有彻底地消除特权，而是以更加残酷的特权压迫着人民、剥削者人民，虽然他们在立法、宣传等法令上不承认特权的存在。

（三）无产阶级的历史使命是消灭一切特权，实现人类解放

马克思、恩格斯从始至终都是反对一切特权的，他们认为，人类社会最高的理想状态是共产主义社会，在这样美好的社会形态里是不应该也决不允许存在任何特权的，是一个人人平等互助的社会，是"废除和取消了特权的社会，是使在政治上仍被特权束缚的生活要素获得自由的发达的市民社会"③。而这一任务的完成和目标的实现，在他们看来，只有无产阶级能够肩负起。

---

① 《马克思恩格斯全集》第 28 卷，北京：人民出版社 2018 年版，第 511 页。
② 郭春生：《论马克思恩格斯的反特权思想及其当代启示》，《毛泽东邓小平理论研究》2010 年第 6 期，第 73 页。
③ 《马克思恩格斯文集》第 1 卷，北京：人民出版社 2009 年版，第 316 页。

第一，无产阶级由于其阶级属性使得自身具有反特权的彻底性。一是无产阶级提出反对特权并不晚于资产阶级。恩格斯在《反杜林论》中"道德和法·平等"一节，梳理了人类关于平等追求的历史发展。他指出，从人的本质上看，即把所有人作为人来看，他们都有某些共同点，而在这些共同点所能涉及的范围内，他们是平等的。从原始社会的平等到基督教的平等，再到封建社会的平等，再到资产阶级社会的平等，最后达到现代的平等要求必然要经过而且确实已经经过了几千年。恩格斯写道："从消灭阶级特权的资产阶级要求提出的时候起，同时就出现了消灭阶级本身的无产阶级要求——起初采取宗教的形式，借助于原始基督教，以后就以资产阶级的平等理论本身为依据了。"① 这里可得，无产阶级自登上历史舞台，提出消灭资产阶级特权的要求之时，也同步提出了消灭阶级本身的要求。二是无产阶级在人类历史上第一次提出了要消灭阶级和一切阶级特权。恩格斯写道："现代的大工业，一方面造成了无产阶级，这个阶级能够在历史上第一次不是要求消灭某个特殊的阶级组织或某种特殊的阶级特权，而是要求根本消灭阶级。"② 倘若无产阶级不能彻底地消灭特权，自身就不能获得彻底的解放。这就充分说明了无产阶级在反特权斗争中的彻底性。

第二，资产阶级的特权势力不会自动退出历史舞台，工人阶级需要通过政治革命来实现。根据马克思主义唯物史观的释义，社会政治结构的变化绝不是紧跟社会经济生活条件的剧烈变革而立即发生相应改变的。如同封建贵族特权、行会师傅特权不会自动退出历史舞台让给资产阶级政权一样，资产阶级的各种特权存在也不会自动消亡。但是，资产阶级在废除封建特权的过程中反过来也孕育了废除自身特权的阶级力量，即无产阶级。那么，当"从资产阶级取得了全部政权、金钱的势力消灭了一切封建的和

---

① 《马克思恩格斯选集》第 3 卷，北京：人民出版社 2012 年版，第 484 页。
② 《马克思恩格斯选集》第 3 卷，北京：人民出版社 2012 年版，第 537 页。

贵族的特权、资产阶级不再进步和不再革命并且本身已经裹足不前的那一天起，工人阶级的运动就开始领先，并且成了全民的运动"①。1864 年 9 月 28 日，国际工人协会成立大会把马克思选进了临时委员会。同年 10 月 5 日，马克思又被选入负责起草协会纲领性文件的小委员会。在马克思起草的纲领性文件中写道："要解放劳动群众，合作劳动必须在全国范围内发展，因而也必须依靠全国的财力。但是土地巨头和资本巨头总是要利用他们的政治特权来维护和永久保持他们的经济垄断的。"② 这些"巨头"不仅不会促进工人的解放，反而会设置种种障碍来阻止。为此，"夺取政权已成为工人阶级的伟大使命"③。在马克思看来，解放劳动群众最有效的办法就是开展合作劳动，而且必须是在全国范围内开展，但资本家和地主总是设置种种障碍来限制合作劳动，因为他们要利用自己的政治特权来维持自身的经济垄断地位，因此，被局限于狭隘范围内的合作劳动不可能使工人群众得到解放，为此必须要通过夺取政权来实现。

第三，无产阶级的解放斗争就是要消灭一切阶级统治。马克思、恩格斯认为，只要阶级存在，必定会有特权存在。1850 年 4 月中，马克思、恩格斯代表共产主义者同盟与旅居伦敦的法国布朗基派流亡者、宪章派的革命派代表达成一项有关建立"世界革命共产主义者协会"的协定。协定共制定六条，其中第一条就指出："联合会的宗旨是推翻一切特权阶级，使这些阶级受无产阶级专政的统治，为此应采取保持不断革命的方法，直到人类社会制度的最后形式——共产主义得到实现为止。"④ 这里，马克思、恩格斯表明了无产阶级政党的奋斗宗旨就是要推翻一切特权阶级，直到人类社会的最后形式——共产主义社会的实现。这也表明，反对特权和实现

---

① 《马克思恩格斯全集》第 2 卷，北京：人民出版社 1957 年版，第 649 页。
② 《马克思恩格斯选集》第 3 卷，北京：人民出版社 2012 年版，第 9 页。
③ 《马克思恩格斯选集》第 3 卷，北京：人民出版社 2012 年版，第 10 页。
④ 《马克思恩格斯全集》第 10 卷，北京：人民出版社 1998 年版，第 718 页。

共产主义是一个长期而艰辛的历程。无产阶级必须采用不断革命的方法，使无产阶级保持统治地位，直到最后彻底推翻特权，实现共产主义社会。1871 年 3 月 18 日，世界历史上第一个工人阶级政权——巴黎公社成立。巴黎公社在实践方面对反对资产阶级特权的探索，大大验证且丰富了马克思、恩格斯反特权的理论。为了保证国家政权机构的无产阶级性质，使人民选出的社会公仆保持人民勤务员的本色，巴黎公社采取了一系列的措施，如普选制、监督制、罢免权等，废除了高薪制和国家等级制，取消了旧政府官员的高薪特权，规定了公职人员的最高年薪。马克思肯定地说："从公社委员起，自上至下一切公职人员，都只能领取相当于工人工资的报酬。从前国家的高官显宦所享有的一切特权以及公务津贴，都随着这些人物本身的消失而消失了。社会公职已不再是中央政府走卒们的私有物。"① 在他看来，废除资产阶级的各种特权决不是要实现无产阶级的特权和垄断权，无产阶级的使命是消灭阶级，消灭特权存在的阶级基础。1871 年 9 月底至 10 月，在《国际工人协会共同章程》中，马克思、恩格斯阐明了创立国际工人协会的原因、目的以及该协会的组织原则，不仅为第一国际奠定了的政治基础和组织基础，也为以后无产阶级政党制定党纲和党章提供了基本的范例。在这个章程的开篇，他们写道："工人阶级的解放应该由工人阶级自己去争取；工人阶级的解放斗争不是要争取阶级特权和垄断权，而是要争取平等的权利和义务，并消灭一切阶级统治。"② 可以看出，工人阶级的终极目标就是消灭和取缔一切阶级统治，不仅是要求消灭资产阶级，同时还隐藏着消灭工人阶级自身的使命，随着阶级的消亡，特权也将不复存在。由此可见，工人阶级斗争的出发点不仅仅是为了争取自身的解放，更是为了工人阶级自身、甚至是为了整个人类去争取平等的权

---

① 《马克思恩格斯选集》第 3 卷，北京：人民出版社 2012 年版，第 98-99 页。
② 《马克思恩格斯选集》第 3 卷，北京：人民出版社 2012 年版，第 171 页。

利和义务。马克思、恩格斯指出，这种平等的基本要求应该是："一切人，或至少是一个国家的一切公民，或一个社会的一切成员，都应当有平等的政治地位和社会地位。"①

二、列宁关于"同一切特权作不调和的斗争"的思想

（一）对旧社会中特权现象存在的揭露和批判

第一，对俄国封建农奴制特权的揭露和批判。19世纪末的俄国仍是一个传统的、封建的、落后的以农业生产为主的大国，农民人口占总人口的大多数。广大农民在残酷的农奴制度下，过着非常凄惨的生活。列宁指出："俄国中世纪的半农奴制度的残余还异常强而有力（比西欧），它像一副沉重的枷锁套在无产阶级和全体人民身上，阻碍着一切等级和一切阶级的政治思想的发展，所以我们不能不主张反对一切农奴制度即反对专制制度、等级制度、官僚制度的斗争对于工人有巨大的重要性。"② 在列宁看来，高贵地主在俄国专制制度下享有巨大的政治特权。为此，俄国社会民主党人必须要向工人十分详细地揭露和指明这种制度、这种特权对劳动的压迫，对人民的剥削，指明这种制度是多么的可怕、多么的反动，将它是怎样通过资本压迫劳动，剥削劳动者的事实阐明清楚。与此同时，俄国社会民主党人还必须给工人们指明，只有推翻这些反动的制度，才能使俄国农民彻底摆脱这种闭塞无知、心惊胆战的生活，才能激起他们无畏牺牲、英勇杀敌的决心和战斗力。1897年底，列宁在《我们拒绝什么遗产？》一文中对俄国的封建农奴等级制度进行了揭露并指出了农村发展的出路。当时以斯卡尔金为代表的资产者认为不能再让农民继续捆绑在土地上，一定

---

① 《马克思恩格斯选集》第3卷，北京：人民出版社2012年版，第480页。
② 《列宁选集》第1卷，北京：人民出版社2012年版，第72页。

要想办法让他们打破现在的这种闭塞状态，如果再让农村公社保持现在这样闭塞无知的状态继续下去，只会加速恶化农村无产阶级的状况，甚至阻碍全国的经济发展。为此，他们"把农民状况恶化的一切原因都归结为农奴制度的残余，即农奴制度遗留下来的工役、代役租、割地、农民无人身权利和不能更换住所"①。这些思想都得到了列宁的肯定。与此同时，列宁也指出了他们的局限性，"'启蒙者'根本没有提出改革后发展的性质问题，仅仅限于向改革前制度的残余作斗争，仅仅限于给俄国的西欧式发展扫清道路这一消极任务"②。这里也可以看出，列宁坚持实事求是的态度和一分为二的方法对资产者的观点进行了评析，也证明了列宁对俄国农奴制度的仇恨。

土地问题是俄国资产阶级革命的根本问题，其实质在于通过革命消灭地主土地所有制，消灭俄国农业制度中乃至俄国整个社会政治制度中的农奴制度残余。1907 年 11 月至 12 月间，列宁写了《社会民主党在 1905－1907 年俄国第一次革命中的土地纲领》一书对俄国的土地问题进行阐述。他指出，欧俄 1050 万农户共拥有 7500 万俄亩土地，3 万个大地主总共拥有 7000 万俄亩土地，由此可见，这些农奴主不仅在经济上占有大量地产，而且在政治方面拥有数百年形成的各种特权。为此，列宁指出，在资产阶级的俄国消除农奴制可能有两条道路，一种是普鲁士式的道路，一种是美国式的资本主义发展道路。但在列宁看来，"必须摧毁一切中世纪的土地占有制，必须为自由的业主经营自由的土地铲除一切土地方面的特权"③。因为这种特权的存在严重影响了俄国资本主义的发展，资本主义发展缓慢必然会影响俄国无产阶级反对资产阶级斗争的总体进程。

---

① 《列宁选集》第 1 卷，北京：人民出版社 2012 年版，第 107 页。
② 《列宁选集》第 1 卷，北京：人民出版社 2012 年版，第 129 页。
③ 《列宁选集》第 1 卷，北京：人民出版社 2012 年版，第 782 页。

第二，社会民主党人支持进步的社会阶级去反对反动的社会阶级。依据马克思主义揭示的人类历史发展的基本规律来看，资产阶级比封建地主、封建贵族阶级先进，无产阶级比资产阶级先进。在资产阶级反对以封建地主为统治阶级的专制制度时，无产阶级是支持的，因为封建地主阶级和封建专制制度是资产阶级和无产阶级的共同敌人。关于这一点，马克思、恩格斯在《共产党宣言》中已经明确规定出来①。列宁坚定地继承了马克思、恩格斯的这一思想，在 1897 年底撰写的《俄国社会民主党人的任务》一文中，提出了俄国社会民主党人在新一个阶段的实践活动问题。列宁提出："社会民主党人支持进步的社会阶级去反对反动的社会阶级，支持资产阶级去反对那些特权等级土地占有制的代表人物，反对官吏，支持大资产阶级去反对小资产阶级的反动妄想。"② 但是，列宁指出，社会民主党人的这种支持是为了更快推翻共同的敌人——特权等级土地占有制，他们并不打算从暂时的同盟者（即资产阶级）那里获取什么好处，当然他们也并不打算让出什么好处。他还写道："社会民主党人支持一切反对现存任何社会制度的革命运动，支持一切被压迫的民族、被迫害的宗教、被贱视的等级等等去争取平等权利。"③ 可以看出，列宁认为，社会民主党人的终极目标在于反对和扫除一切特权现象及特权阶级的存在，去争取民族平等、宗教平等、等级平等。为此，一切反对特权和等级差别的社会革命斗争，社会民主党人都是支持的。

资产阶级通过革命的手段进行了反对封建制度特权的斗争，但它的革命斗争是不彻底的，因为资本主义社会本质上仍是一种特权的统治。换言之，它是用资本家的特权及对人民的统治代替了封建贵族的特权及对农民

---

① 《马克思恩格斯选集》第 1 卷，北京：人民出版社 2012 年版，第 434-435 页。
② 《列宁选集》第 1 卷，北京：人民出版社 2012 年版，第 145 页。
③ 《列宁选集》第 1 卷，北京：人民出版社 2012 年版，第 145 页。

的统治。正如列宁所言："历史经验表明，当人民战胜了君主制的时候，资本家的政党总是愿意成为共和派政党的，只要能够保住资本家的特权和它对人民的绝对统治。"① 列宁认为，只有彻底地对旧社会的各种特权行为进行无情的揭露和批判，才能够引起工人阶级的革命意识和革命热情，才能够实现工人阶级的革命高涨。

（二）无产阶级只有消灭旧社会的特权才能真正实现人民当家作主

第一，只有无产阶级才能从根本上敌视特权并坚决反对它们。自社会分化为不同的阶级，特权就伴随着阶级的存在而存在。有特权存在的不平等社会必然不可能是人类所追求的理想社会状态，为此必须要与特权的存在进行彻底的斗争。那么，谁能在人类历史上真正担负起这一历史重任？马克思主义认为只能是无产阶级。列宁继承了马克思、恩格斯的这一思想。列宁说："只有无产阶级，才能成为——而且按其阶级地位来说不能不成为——彻底的民主主义者，坚决反对专制制度的战士，而不会作任何让步和妥协。"② 1861 年，俄国沙皇政府因为在军事惨败，在财政上资金短缺，在社会上遭到农民起义军的不断反抗，被迫实施了废除农奴制的改革。这次改革表面上解放了地主农民，但是地主土地占有制仍然没有被废除，农民阶级的地位实际上并没有得到根本性的改善，农民的土地不是自己的私有财产而是地主的财产，农民只能通过向地主支付赎金的方式得到可怜的一份地，因此这次改革是不彻底的。当时有些人将农民的无权说成是农民被剥夺和被剥削的原因，他们公然歧视农民阶级，并把农民同"贱民"画等号，指出他们完全是出于自己所处地位的低贱所以活该被"高贵的"地主剥削，让他们享受一般公民的权利只是一种特别的恩惠。列宁认

---

① 《列宁选集》第 3 卷，北京：人民出版社 2012 年版，第 97 页。
② 《列宁选集》第 1 卷，北京：人民出版社 2012 年版，第 147 页。

为这是一种地主贵族对农民的特权存在，"所以社会民主党人无条件地赞同这种要求：完全恢复农民的公民权利，完全废除一切贵族特权，取消官僚对农民的监护，给予农民自治权"①。在列宁看来，那些打着"人民之友"旗帜的派别提出的理论"丝毫没有社会主义气味"，要求铲除的祸害"根本不是什么社会主义"，因为这些理论和措施都不具有彻底性，只有"将最坚决地要求把夺自农民手中的土地立即归还农民，把地主的地产（这个农奴制度和农奴制传统的支柱）剥夺干净"②，才是彻底打垮高贵地主唯一有效的办法。可以看出，自革命伊始，列宁就强调社会民主党人要"完全废除一切贵族特权"，并以此为革命努力的方向和目标。

列宁在有关文献中还以官僚这个专干行政事务并在人民面前处于特权地位的阶层为例，强调只有无产阶级才是反对官僚特权最坚决的力量。他指出，在资产阶级社会中，无论是从落后的俄国还是文明的英国，国家中的官僚机关和官僚特权无处不在。"与俄国的落后性及其专制制度相适应的，是人民在官吏面前完全无权，特权官僚完全不受监督。在英国，人民对行政机关实行强有力的监督，然而即使在那里，这种监督也远不是完全的，官僚仍然保持着不少特权，他们往往是人民的主人，而不是人民的公仆。"③ 在落后的俄国，官僚机关可以完全不接受人民群众的监督，官僚特权阶层的存在使得人民群众没有任何权利可言。在文明的英国，也只是赋予了人民可以对行政机关进行监督的权利，但是这种监督就像"纸老虎"，对于反对官僚特权起不到什么实质性的作用，官僚在人民群众面前仍保留着特权，他们仍然是欺压凌辱人民的官老爷，从来没想过要做人民的公仆。此外，这些官僚机关还十分反对实现机关的民主化，因为实行民主化

---

① 《列宁选集》第 1 卷，北京：人民出版社 2012 年版，第 71 页。
② 《列宁选集》第 1 卷，北京：人民出版社 2012 年版，第 71 页。
③ 《列宁选集》第 1 卷，北京：人民出版社 2012 年版，第 147–148 页。

就意味着会削弱资产阶级官吏的某些特权，而这是他们万万不想看见的。对此，列宁说："只有无产阶级，才绝对敌视专制制度和俄国官吏；只有无产阶级，才与贵族资产阶级社会中的这些机关没有任何联系；只有无产阶级，才能根本敌视并坚决反对它们。"① 这表明列宁认为，只有无产阶级才能做到和实现反对旧社会官吏特权的彻底性和坚决性。

1917 年 12 月 24—27 日，列宁在《怎样组织竞赛?》一文中表达了同样的思想。列宁指出，旧社会的奴隶主和他们的知识分子往往都是组织者和长官的"高贵"身份，他们就喜欢欺压剥削老百姓，根本就不会把老百姓、工人和农民的诉求当回事，他们"要把知识变成保护富人特权和保护资本对人民的统治的工具。资产者和资产阶级知识分子就是这样想，这样说，这样做的"②。列宁分析说，这种"食客、寄生虫"自私自利的行为从丑恶的人性角度来说是勉强可以理解的，但是他们没有想到这样的事业却是注定要失败的事业，"工人和农民正在粉碎他们的反抗（可惜还不够坚决、果断和无情），而且一定会粉碎他们的反抗"③。这表明，工人和农民一定要坚决、果断、无情地粉碎保护富人特权和资本特权对人民统治的工具。

第二，新的政权将废除高薪的特权阶层。1917 年 4 月，俄国的革命运动此起彼伏，列宁敏锐地察觉到无产阶级革命的时机已经到来。他提出："一切革命的根本问题是国家政权问题。不弄清这个问题，便谈不上自觉地参加革命，更不用说领导革命。"④ 即表明，现在的革命形势发展要求无产阶级政党必须更加自觉地领导革命，夺取政权。而新的无产阶级政权是什么样呢？即必须向人民群众讲清楚未来政权应有的样子。列宁说："这

① 《列宁选集》第 1 卷，北京：人民出版社 2012 年版，第 148 页。
② 《列宁全集》第 33 卷，北京：人民出版社 2017 年版，第 204 页。
③ 《列宁全集》第 33 卷，北京：人民出版社 2017 年版，第 204 页。
④ 《列宁选集》第 3 卷，北京：人民出版社 2012 年版，第 19 页。

个政权和 1871 年的巴黎公社是同一类型的政权，其基本标志是：（1）权力的来源不是议会预先讨论和通过的法律，而是来自下面地方上人民群众的直接的创举，用流行的话来说，就是直接的'夺取'；（2）用全民的直接武装代替脱离人民的、同人民对立的机构即警察和军队；在这种政权下，国家的秩序由武装的工农自己，即武装的人民自己来维持；（3）官吏，官僚，或者也由人民自己的直接政权取代，或者至少要接受特别的监督，变成不仅由人民选举产生、而且一经人民要求即可撤换的官吏，处于普通的受委托者的地位。"① 这里，列宁高度肯定了巴黎公社在政权建设方面所提出和实施的廉政措施。这个政权至少应具有下列基本特质：一是强调权力是自下而上来自人民，而不是自上而下来自上层；二是用人民武装代替官僚的警察和军队；三是官僚、官吏将由人民直接取代，或至少由人民来监督，此外领取高薪的特权阶层将不再存在，变为人民的公仆。为此，列宁肯定地说："巴黎公社这一特殊的国家类型的实质就在于此，而且仅仅在于此。"② 意思是说，无产阶级的政权必须是消除了一切特权存在的社会，将是一个由人民来负责的政权。1917 年 11 月 18 日，人民委员会讨论新政权的高级职员和官员的薪金问题。列宁给出了自己的意见草案。他写道："人民委员会认为必须采取最坚决的措施，毫无例外地降低一切国家机关、社会团体、私人机构和企业中的高级职员和官员的薪金。"③ 可以看出，在列宁思想上，新生的无产阶级必须打破旧政权官僚的高薪制，从压迫人民的主人变成服务人民的公仆。

苏维埃是一种全新的国家类型，但是有些人还不能够完全理解工农代表苏维埃政权的性质和阶级意义。针对此，列宁通过对比无产阶级国家类

---

① 《列宁选集》第 3 卷，北京：人民出版社 2012 年版，第 19-20 页。
② 《列宁选集》第 3 卷，北京：人民出版社 2012 年版，第 20 页。
③ 《列宁全集》第 33 卷，北京：人民出版社 2017 年版，第 101 页。

型和资产阶级国家类型来阐明新型政权的实质存在。他说："最完善最先进的资产阶级国家类型是议会制民主共和国：权力属于议会；国家机器，管理的机构和机关，和往常一样，有常备军、警察以及实际上从不撤换、拥有特权、居于人民之上的官吏。"① 即表明，即便是最完善、最先进的资产阶级国家类型——议会制民主共和国，其拥有的国家机器也是拥有特权、凌驾在人民之上的。但是列宁接着分析道，从 19 世纪末开始的革命时代，产生了一种更高类型的民主国家，这种国家用恩格斯的话来说"已经不是原来意义上的国家"，它就是巴黎公社类型的国家。因此，这种类型的国家用人民自己的武装代替了脱离人民的军队和警察，没有了凌驾于人民之上、脱离于人民群众的特权阶层的存在。他说："只要我们组织起来并做好宣传，那么，不仅无产者而且十分之九的农民也会起来反对恢复警察，反对从不撤换的、拥有特权的官吏，反对脱离人民的军队。新的国家类型的实质就在这里。"② 这里强调的是，无产阶级政党要把工人阶级和人民群众组织起来，积极宣传这种没有特权存在的新国家类型。

（三）俄国共产党并不给予党员任何特权，而只是使党员担负更重的责任

列宁继承和坚持了马克思主义关于暴力打碎旧国家机器的思想，主张对待旧资产阶级国家政权要毫不留情地进行粉碎，在粉碎的同时还要建立一个民主的苏维埃制度，这个制度必须受到人民群众的广泛监督，并且是由人民群众当家作主的制度。这个新兴的制度将不再是由少数人享有特权，而是多数人享有平等权利的。但是官僚特权作为旧社会的"毒瘤"，它的清除不是一蹴而就的，而是需要一个长时间的过程。历史发展经验表明，旧社会、旧政权下的官僚特权常常不愿主动退出历史的舞台，反而试

① 《列宁选集》第 3 卷，北京：人民出版社 2012 年版，第 47 页。
② 《列宁选集》第 3 卷，北京：人民出版社 2012 年版，第 49 页。

图干涉和阻挠新政权的建设。为此，列宁强调对于新生苏维埃政权建设中滋生的官僚主义和集权现象要及时有效地遏制，并且要积极探索出滋生特权现象的原因及其影响因素。

第一，特权现象暂时还不能消除，但是要自觉接受工人的监督。列宁深知俄国无产阶级是在国家较为落后的情况下取得了政权，这种政权的取得是同马克思、恩格斯所说的无产阶级革命学说具有一定差别的。他也深知："在一个阶级剥削另一个阶级的一切可能性没有完全消灭以前，决不可能有真正的事实上的平等。"① 所以，列宁对于新政权的建设可谓是"小心翼翼"，不断将马克思主义基本原理与俄国具体国情相结合，努力创造实现平等的政治前提、经济基础、文化素养等。革命政权建立伊始，为了巩固新生政权，不得不剥夺一些剥削阶级分子的政治权利与此同时，广大劳动者的民主权利也被提升了，苏维埃政府不仅扩大了选举资格的范围和条件，还为人民提供了免费的教育和医疗资源，特别是提升了妇女的社会地位，强调妇女在社会生活的一切领域都与男人享有平等的权利，等等②。

列宁反对一切形式的特权，提出要"同一切特权作不调和的斗争"③。虽然列宁知道特权行为在新制度下不能一下子清除，但是他强调要通过工人监督、制定法规、提高文化水平等手段来慢慢克服官僚特权。如 1917 年 11 月 4 日，列宁在彼得格勒工兵代表苏维埃和前线代表联席会议上的讲话中提出："社会主义就是计算。如果你们愿意对每一块铁和每一块布都实行计算，那就是社会主义。"④ 可以看出，当时的列宁强调我们的人民都要努力学会管理，学会监督，学会计算，学会劳动。与此同时，他还说：

---

① 《列宁选集》第 3 卷，北京：人民出版社 2012 年版，第 611 页。
② 王进芬：《列宁关于社会主义平等的理论阐释和实践探索及其启示》，《马克思主义研究》2014 年第 2 期，第 68 页。
③ 《列宁全集》第 22 卷，北京：人民出版社 2017 年版，第 146 页。
④ 《列宁全集》第 33 卷，北京：人民出版社 2017 年版，第 59 页。

"在生产中我们需要工程师，我们很重视他们的劳动。我们将很乐意付给他们报酬。我们暂时还不打算取消他们的特权地位。我们重视每一个愿意工作的人，但是，希望他们在工作中不要摆官架子，而应当同大家一样受工人监督。"① 可以看出，列宁在新政权成立之初，并非要一下子废除旧社会中的一切特权和特权阶级，而是提出要充分利用这些享有特权地位的工程师来为新政权的建设服务，但是也希望他们能够接受新政权的领导，不要摆官架子，不要把在旧社会中存在的官僚习气带到新社会中来，自觉同人民一起接受普遍的监督。

第二，参加俄共（布）不仅不会享受特权，相反只会承担更多的责任。俄共（布）成为执政党后，一些以前没有入党的人，或者之前参加其他党派的人，都想加入党的组织，试图获得旧社会、旧制度统治阶级存在的某种"特权"。但是列宁对这种"想混进党内"的人给予了严厉的警告和制止。1919 年 3 月，俄共（布）第八次代表大会在莫斯科召开。代表大会讨论了党和苏维埃的建设问题，指出一方面党的领导力和组织力都得到了增强，能够把自己的全部力量和全部时间都贡献给苏维埃的国家工作，但是另一方面也出现了许多不健康的现象，如官僚主义、拖拉作风、疏忽大意、混杂不清、狭隘的"爱国主义"等等。为此，大会在通过的决议中指出："全体党员，不论他们居于什么重要的国家岗位，都无条件地受党监督。同时，党组织决不应当对苏维埃进行琐碎的监督，应当教导自己的党员：参加俄国共产党并不给予任何特权，而只是使党员担负更严重的责任。"② 这里已明确规定，在俄共（布）党内的全体党员一律平等，必须无条件的一律接受党的监督，参加俄共（布）并不会得到任何特权，相反

① 《列宁全集》第 33 卷，北京：人民出版社 2017 年版，第 59 页。
② 中共中央马克思恩格斯列宁斯大林著作编译局：《苏联共产党代表大会、代表会议和中央全会决议汇编》第 1 分册，北京：人民出版社 1964 年版，第 571 页。

只会承担更多、更重的责任。

列宁领导俄共（布）在反对特权行为上进行的实践探索主要有：一是建立能够代表人民利益的苏维埃政权，确立了实现社会主义平等的制度前提。二是通过制定各项法律法规，限制党员和干部的权力，保障人民群众的权利。如在十月革命之后就制定了《罢免权法令草案》《关于废除城市不动产私有权的法令草案》《关于消费公社的法令草案》等。三是对沙皇俄国的国民教育政策进行彻底的改革，"保证每个人都有升学的机会，决不容许有产阶级享受任何法律上和事实上的特权"①，并采取了一系列措施来保障所有人都能平等接受教育。四是打破旧俄国的大国沙文主义和民族特权，努力为实现民族平等创造条件。如他说："我们作为民主主义者，决不容许对任何民族实行任何哪怕是极轻微的压迫，决不容许任何一个民族享有任何特权。"② 五是提出全面促进工农平等、男女平等的政策主张。如关于工农平等，列宁说："工农之间还有阶级差别的社会，既不是共产主义社会，也不是社会主义社会。……只要工农之间的阶级差别还存在，我们就不能无所顾忌地谈论平等。"③ 关于男女平等，列宁说："苏维埃政权是世界上第一个也是唯一的一个完全废除了一切使妇女处于与男子不平等的地位、使男子享有特权（例如在婚姻法方面和对子女的关系方面）的卑鄙的资产阶级旧法律的政权。"④ 上述实践的探索都是列宁领导俄共（布）追求平等的具体体现。

第三，反对特权行为要从严从重。俄共（布）成为执政党后，究竟如何来治理国家，马克思、恩格斯并没有进行详细且详尽的阐述，因为在他们思想上，未来的社会物质将是极大的丰裕、人们的自我管理能力极大提

---

① 《列宁全集》第 35 卷，北京：人民出版社 2017 年版，第 30 页。
② 《列宁全集》第 23 卷，北京：人民出版社 2017 年版，第 214-215 页。
③ 《列宁全集》第 36 卷，北京：人民出版社 2017 年版，第 341 页。
④ 《列宁全集》第 38 卷，北京：人民出版社 2017 年版，第 170 页。

高，社会上将不存在官僚、特权、警察、监督等。但是在落后的俄国成功
实现了革命，开启了建设社会主义的征程，这一问题就横在了列宁和执政
的俄共（布）面前。在领导俄共（布）执政的过程中，列宁非常重视法制
在惩治特权中的重要作用。1921 年 12 月，列宁专门在《致各中央苏维埃
机关领导人》的信中指出："你们机关里存在的极为恶劣的拖拉作风和文牍
主义必须彻底根除。……现在我提出警告，如果再继续以这种方式办事，人
民委员会接待室有权向失职人员追究责任，不管他是什么'级别'。"① 即
表明，不管领导干部是什么级别，只要违反党纪国法都要被追究责任。此
外，列宁还要求司法人民委员部狠抓两件事，其中一件就是："要让人民
法院加倍注意对官僚主义、拖拉作风和经济工作上的指挥失当进行司法追
究。"② 1922 年 3 月，俄共（布）第十一次代表大会通过的《关于党的建
设的组织问题的实际建议——对关于在清党以后巩固党的决议的补充》中
指出，一些党员把自己个人的利益置于全党利益之上，把局部的党内摩擦
和纷争置于党的团结和组织统一之上，"这种党员和个别集团应当受到最
严厉的党内处分，如果坚决不改，应当受到直至开除出党的处分"③。这种
把个人利益置于党的利益之上，因局部原因影响党的团结的行为就是特权
现象存在的典型表现，党通过的文件规定表明了党从严从重惩治特权的
决心。

三、中国共产党人关于克服党内官僚主义和特权行为的思想

中国共产党选择马克思主义、选择社会主义道路，就是要消除特权，
不仅要消除封建主义的特权，而且要消除资本主义的特权。因此就其本质

---

① 《列宁全集》第 52 卷，北京：人民出版社 2017 年版，第 170 页。
② 《列宁全集》第 42 卷，北京：人民出版社 2017 年版，第 362 页。
③ 《苏联共产党代表大会、代表会议和中央全会决议汇编》第 2 分册，北京：人民出
　　版社 1964 年版，第 189 页。

要求来说，社会主义与特权应是格格不入的。但是，中国社会封建"官本位"政治体制传统的思想较为深厚，所以特权思想作为一种政治文化遗存仍在中国社会存在。为此，中国共产党历代领导集体都要求消除特权的存在，保持中国共产党的清正廉洁。

（一）要"以真正平等的态度对待干部和群众"

党和国家的重要政治任务是消除特权、铲除腐败。毛泽东在中国革命、建设的各个时期都十分重视反特权思想，提出了共产党除了代表最广大人民群众的利益外没有任何私利可言，反对高薪制，领导干部也是人民群众中的普通一员等重要思想。

第一，中国共产党要为全体人民谋利益，而不只是一部分人的利益。1927年，毛泽东在江西领导了"三湾改编"，其中一项重要的内容就是建立民主主义制度，在连以上都设立士兵委员会，让士兵也可以参与军队的管理，通过实行官兵平等的原则建立了新型的官兵关系，破除了以往的雇佣关系。1938年10月14日，毛泽东在党的第六届中央委员会扩大的第六次全体会议上指出："共产党员在政府工作中，应该是十分廉洁、不用私人、多做工作、少取报酬的模范。……共产党员无论何时何地都不应以个人利益放在第一位，而应以个人利益服从于民族的和人民群众的利益。"[1]在他看来，共产党员在民族战争中应表现其高度的积极性、自觉性、主动性，共产党员应该成为英勇作战的模范、执行命令的模范、遵守纪律的模范、政治工作的模范、团结统一的模范，应该是廉洁为公、不谋私利的模范，应该把民族利益和人民群众利益放在首位，而不应该把个人利益放在第一位。

延安时期是中国共产党局部执政的重要时期，革命的火种之所以能够

---

① 《毛泽东选集》第2卷，北京：人民出版社1991年版，第522页。

"燎原"就在于我党在那时形成了党内党外的平等和谐关系,这种关系不仅表现在党员干部的上下级之间,还表现在党和人民群众之间。党的高级干部都能保持清贫的生活状态,与人民群众一起勤俭节约、不奢侈、不浪费,在人民群众面前不要花招、不摆架子,很好地诠释了党廉洁奉公、执政为民的优良品质。1941年11月6日,毛泽东在陕甘宁边区强调革命的三民主义,"其民权主义和民生主义,就是要为全国一切抗日的人民谋利益,而不是只为一部分人谋利益"①。这里再次强调了共产党要为全体人民谋利益,而非为一部分人谋利益。毛泽东在1942年也指出:"共产党的唯一任务,就在团结全体人民,奋不顾身地向前战斗,推翻民族敌人,为民族与人民谋利益,绝无任何私利可言。"② 可以看出,共产党的性质和宗旨决定党没有任何自己的私利可言,唯一要做的就是为国家、民族和人民谋利益。他一再告诫全党:"不要滋长官僚主义作风,不要形成一个脱离人民的贵族阶层。"③ 可以看出,特权阶层本质上是一种官僚主义的存在,往往以社会主人身份自居,而把人民群众置于任其摆布的奴仆位置。对此,毛泽东指出:"群众是从实践中来选择他们的领导工具、他们的领导者。……我们党要使人民胜利,就要当工具,自觉地当工具。"④ 这里,毛泽东从人民主体地位出发,强调党员干部的权力是人民赋予的,因此党就要做人民利益的代表者,要自觉为人民服务,维护最广大人民群众的根本利益,自觉充当好"人民公仆"的角色,保证人民群众实现当家作主。而不是把自己当作人民的主人,骑在人民头上作威作福。

第二,反对实行少数人的高薪制度,以防特权现象出现。公仆意识和

① 《毛泽东选集》第3卷,北京:人民出版社1991年版,第808页。
② 《毛泽东文集》第2卷,北京:人民出版社1993年版,第395页。
③ 中共中央文献研究室编:《毛泽东著作专题摘编》(下),北京:中央文献出版社2003年版,第2155页。
④ 《毛泽东文集》第3卷,北京:人民出版社1996年版,第373-374页。

特权思想是两种对立的思想意识。1964 年，人民日报编辑部和红旗杂志编辑部在《关于赫鲁晓夫的假共产主义及其在世界历史上的教训——九评苏共中央的公开信》中指出，在社会主义国家中出现新旧资产阶级向社会主义的进攻，这不奇怪，但是苏联出现了一个资产阶级的特权阶层，即"目前苏联社会上的特权阶层，是由党政机关和企业、农庄的领导干部中的蜕化变质分子和资产阶级知识分子构成的，是同苏联工人、农民、广大的知识分子和干部相对立的"[1]。毛泽东指出，列宁在十月革命初期就十分注重防止资产阶级和小资产阶级思想对无产阶级的包围、侵染和腐蚀，为此，列宁坚持不懈的斗争，从政治上、思想上、分配制度上制定了防止官僚特权存在和再产生的限定。但是，不可否认，斯大林逝世以前，苏联社会内部已经出现了官僚的特权阶层，已经有少数人优先享受到了高薪制度，高薪制度就像是蛀虫，这个蛀虫深深地腐蚀了苏共的思想，将他们蜕化为"肮脏的"资产阶级分子。毛泽东汲取苏联的教训提出："绝不要实行对少数人的高薪制度。……防止一切工作人员利用职权享受任何特权。"[2] 在他看来，苏联作为中国学习的榜样，但是现在它内部出现了官僚的特权阶层，中国共产党一定要引以为戒。

党的第一代领导人身体力行、率先垂范不断诠释着为人民服务这一党的最高宗旨。毛泽东强调要反对任何形式的特权，尤其反对脱离群众、突出领导个人的做法。1949 年 3 月 13 日，毛泽东在党第七届中央委员会第二次全体会议上作了《党委会的工作方法》的报告。他在报告中明确强调："禁止给党的领导者祝寿，禁止用党的领导者的名字作地名、街名和企业的名字，保持艰苦奋斗作风，制止歌功颂德现象。"[3] 1952 年，由于

---

① 《建国以来重要文献选编》第 19 册，北京：中央文献出版社 1998 年版，第 34 页。
② 《建国以来重要文献选编》第 19 册，北京：中央文献出版社 1998 年版，第 68 页。
③ 《毛泽东选集》第 4 卷，北京：人民出版社 1991 年版，第 1443 页。

干部子弟学校中存在学生待遇不一样的现象，学生享受公费补助竟然是根据学生家长的革命历史和职务进行划分，总共分为三个等级。为此，毛泽东写信给周恩来总理，要求："干部子弟学校，第一步应划一待遇，不得再分等级；第二步，废除这种贵族学校，与人民子弟合一。"① 1959 年，毛泽东再次强调："我很担心我们的干部子弟，他们没有生活经验和社会经验，可是架子很大，有很大的优越感。要教育他们不要靠父母，不要靠先烈，要完全靠自己。"② 可以看出，毛泽东是坚决反对干部子女利用父母的特权为自己谋私利的做法的。周总理专门召集家庭会议并定下"不准请客送礼""在任何场合都不要说出与总理的关系""不谋私利，不搞特殊化"等著名的"十条家规"。老一辈革命家以身作则、严于律己、严格要求身边人，也确保了新中国成立初期党的廉政建设取得重大成效。

第三，干部要以普通劳动者的姿态出现。毛泽东把特权思想、特权作风、特权享受看作是长期封建社会传统"官国"的遗产。他在党的七届二中全会上向全党发出警示，要以历史的眼光看到党取得执政地位之后、取得全国政权之后存在的危险。在他看来，特权是社会主义民主的大敌，从根本上破坏了人民当家作主的权利。新中国成立初期，在部分党员干部中出现了脱离群众、官僚主义等现象，"他们看不起党外人士，看不起群众，轻视党的组织和纪律，轻视政府和法律"③。一些共产党员在"糖衣炮弹"面前经不住诱惑，发生了一些违反党的政策和纪律的行为。1958 年 1 月，毛泽东在起草的《工作方法六十条》中的第二十六条提出："以真正平等的态度对待干部和群众。……决不许可摆架子。一定要打掉官风。"④ 意思是说，党的高级领导不能因自己的职位高就摆架子，高高在上，不了解下

---

① 《毛泽东书信选集》，北京：中央文献出版社 2003 年版，第 401 页。
② 《毛泽东文集》第 8 卷，北京：人民出版社 1999 年版，第 130 页。
③ 《建国以来重要文献选编》第 1 册，北京：中央文献出版社 1992 年版，第 233 页。
④ 《毛泽东文集》第 7 卷，北京：人民出版社 1999 年版，第 354-355 页。

级和群众的意见，而要以真正平等的态度来对待人民群众。在他看来，任何人都是人民中的一员，虽然工作可能不同、职务可能不同，特别是有职位的官员，在人民中间都要以普通的劳动者的身份出现，决不能摆官架子。毛泽东的一生中都坚持对"摆老爷架子""摆官僚架子"和不顾群众死活的干部进行严肃的批评。在 1958 年党的八大二次会议上，毛泽东指出："我们有些干部是老子天下第一，看不起人，靠资格吃饭，做了官，特别是做了大官，就不愿意以普通劳动者的姿态出现。"① 在他看来，一部分同志因革命胜利了，革命时代的意志和热情消退了，全心全意为人民服务的精神不足了，而挣地位、挣名誉、讲吃穿、讲排场、比薪水、比名利的多起来了，这些都是官僚特权在那一时期的反映，是脱离群众的表现。为此，他特别强调要保持党艰苦奋斗的作风，防止官僚特权对党的肌体的侵袭。

可以说，特权现象的产生与官僚制和等级制的存在是脱不了干系的。毛泽东一生中都在想尽各种办法来反对特权。但他也清醒地认识到："官僚主义和命令主义在我们的党和政府，不但在目前是一个大问题，就是在一个很长的时期内还将是一个大问题。"②

（二）搞特权和特殊化"势必使我们的干部队伍腐化"

第一，搞特权和特殊化引起群众不满，损害党的威信，腐化党的队伍。早在 1956 年党的八大《关于修改党的章程的报告》中，邓小平就深刻指出由于我们党现在已经是在全国执政的党，脱离群众的危险比以前大大增加了。他说："有一部分有功劳有职位的党员正是认为，他们的行为是不受约束的，这是他们的'特权'。……事实上，任何抱有这种想法或

---

① 《毛泽东文集》第 7 卷，北京：人民出版社 1999 年版，第 378 页。
② 《毛泽东文集》第 6 卷，北京：人民出版社 1999 年版，第 254 页。

者支持这种想法的人，就是帮助党的敌人腐蚀我们的党。"① 可以看出，在新中国成立之初，邓小平就富有远见地预见到党和国家可能出现特权现象，并在党的八大上提醒全党要防止特权和特殊化对党的腐化。在经历过"文化大革命"之后，1979 年 11 月 2 日，邓小平在中央党、政、军机关副部长以上干部会上指出："最近一个时期，人民群众当中主要议论之一，就是反对干部特殊化。要讲特殊化，恐怕首先表现在高级干部身上。……应该看到，这不单是一个党风问题，而且形成了一种社会风气，成了一个社会问题。"② 可以看出，在当时，干部的特殊化问题比较严重，上至高级干部，下至公社书记，都不同程度地存在着特殊化问题，引起了人民群众的强烈不满和反感。1980 年，党中央通过的《关于党内政治生活的若干准则》中强调："我们的国家中，人们只有分工的不同，没有尊卑贵贱的分别。谁也不是低人一等的奴隶或高人一等的贵族。那种认为自己的权力可以不受任何限制的思想，就是腐朽的封建特权思想，这种思想必须受到批判和纠正。共产党员和干部应该把谋求特权和私利看成是极大的耻辱。"③ 这里，用"极大的耻辱"来说明共产党员和干部谋求特权和私利的危害性。

　　1980 年，邓小平在《党和国家领导制度的改革》讲话中对新时期出现的官僚特权现象进行揭露和批判。他说："从党和国家的领导制度、干部制度方面来说，主要的弊端就是官僚主义现象，权力过分集中的现象，家长制现象，干部领导职务终身制现象和形形色色的特权现象。"④ 这句话中有几个关键词：官僚主义现象、权力过分集中现象、家长制现象、干部领导职务终身制现象、形形色色的特权现象。邓小平在这次讲话中分别对这些"现象"进行了阐述。关于"官僚主义现象"，他说："官僚主义现象

① 《邓小平文选》第 1 卷，北京：人民出版社 1994 年版，第 243 页。
② 《邓小平文选》第 2 卷，北京：人民出版社 1994 年版，第 216 页。
③ 《改革开放三十年重要文献选编》上，北京：人民出版社 2008 年版，第 133 页。
④ 《邓小平文选》第 2 卷，北京：人民出版社 1994 年版，第 327 页。

是我们党和国家政治生活中广泛存在的一个大问题。它的主要表现和危害是：高高在上，滥用权力，脱离实际，脱离群众，……等等。"① 在他看来，官僚主义是在中国历史上是一种长期存在的历史现象，中国现时代的官僚主义现象与历史上的官僚主义、资本主义国家的官僚主义相比，既有共同点，也有不同点。关于"形形色色的特权现象"，他说："当前，也还有一些干部，不把自己看作是人民的公仆，而把自己看作是人民的主人，搞特权，特殊化，引起群众的强烈不满，损害党的威信。"② 在邓小平看来，在领导人身上绝不允许谋求特权和私利，更不允许违反制度搞特殊化，应该把这些行为看成是极大的耻辱，党内决不能容许不受党纪国法约束或凌驾于党组织之上的特殊党员。

第二，对形形色色特权现象存在原因的分析。邓小平除了明确改革开放和社会主义现代化建设新时期特权现象的内涵及危害，还分析了特权现象存在的多种原因："由于革命斗争胜利和党在全国处于执政党地位而在一部分同志中产生的骄傲自满情绪，由于党和国家的民主集中制不够健全，由于封建阶级和资产阶级思想的影响，党内脱离实际、脱离群众、主观主义、官僚主义、独断专行、特权思想等不良倾向有所发展。"③ 这里可以得出这一时期特权现象出现的原因：一是中国共产党实现了由革命党到执政党的身份转变，这使得一些党员干部很容易滋生骄傲自满、夜郎自大的心态。二是党和国家的民主集中制不够健全和完善，很容易让一些心怀鬼胎的党员干部钻制度的空子为自己谋私利。三是封建思想和资产阶级思想的影响。上述三个原因共同促成了新时期特权思想有所发展。邓小平在有关讲话中也指出："旧中国留给我们的，封建专制传统比较多，民主法

---

① 《邓小平文选》第 2 卷，北京：人民出版社 1994 年版，第 327 页。

② 《邓小平文选》第 2 卷，北京：人民出版社 1994 年版，第 332 页。

③ 《改革开放三十年重要文献选编》上，北京：人民出版社 2008 年版，第 123 页。

制传统很少。解放以后，我们也没有自觉地、系统地建立保障人民民主权利的各项制度，法制很不完备，也很不受重视，特权现象有时受到限制、批评和打击，有时又重新滋长。克服特权现象，要解决思想问题，也要解决制度问题。公民在法律和制度面前人人平等，党员在党章和党纪面前人人平等。"① 这里邓小平分析了中国特权现象存在的原因，一是旧中国遗留下来的封建专制思想较多，民主法制思想较少。二是解放之后，党和国家没有及时有效的建立起保障人民民主权利的制度。三是法律和制度在党和国家的管理生活中不够重视、不够完备。四是反特权现象呈现很大的波动性，以至于特权现象"时涨时消"。为此，邓小平强调必须要保证法律和制度的权威性、有效性，任何人犯了法都要受到法律的惩处，任何人都不允许凌驾在法律之上。不管谁违反了党章党纪，都要受到纪律的处分，任何人都不能干预党纪的执行。

第三，要通过多种手段来同特权现象作斗争。上文已述，邓小平认为特权现象存在的原因既有历史因素，也有现实因素，既有文化因素，也有制度因素。为此，反对特权现象必须采用多种手段。1979 年，叶剑英在庆祝中华人民共和国成立三十周年大会上的讲话中明确提出："党和政府的工作人员特别是高级领导干部，决不允许利用职权谋求政治上生活上的私利和特权。要坚决反对一切特殊化、走后门、损公利私、损人利己、压制批评、打击报复的不正之风，凡是违反党纪国法的，必须严肃处理。"② 可以看出，十年的内乱严重破坏了党纪国法，使得特权现象滋长。"四人帮"被打倒之后，叶剑英就立马提出要坚决反对党和国家中出现的特权行为。为此，1979 年 11 月 13 日，中共中央、国务院专门出台了《高级干部生活

---

① 《邓小平文选》第 2 卷，北京：人民出版社 1994 年版，第 332 页。
② 《改革开放三十年重要文献选编》上，北京：人民出版社 2008 年版，第 76 页。

待遇的若干规定》①。1980 年 2 月，党中央在通过的《关于党内政治生活的若干准则》的第十一条专门提出 "接受党和群众的监督，不准搞特权"。其中提出："要坚决克服一部分领导干部中为自己和家属谋求特殊待遇的恶劣倾向。禁止领导人违反财经纪律，任意批钱批物。"② 这里是从生活行为方面来同特权行为进行斗争。1980 年，邓小平在中央召集的干部会议上指出："对于违反中央规定的党员干部，一定要进行认真的教育，教育无效的就要实行组织措施以至纪律处分。"③ 1987 年 2 月 18 日，邓小平在会见加蓬总统邦戈时指出："我们特别强调坚持四项基本原则，反对资产阶级自由化，同时提出加强思想政治工作、说服教育工作，同社会不良风气包括特权思想进行斗争。"④ 这里，他强调用思想政治教育的方法来同特权思想进行斗争。他指出："要有群众监督制度，让群众和党员监督干部，特别是领导干部。"⑤ 即是说，要建立群众的监督制度来反对特权现象，让法律和纪律真正有效地发挥其在反对特权现象中的实质性作用。

（三）党员干部 "绝不允许以权谋私，绝不允许形成既得利益集团"

第一，"既得利益" 的维护和扩大十分危险。所谓既得利益，是指借助于公共权力谋取私人或部门特殊的、非正常的、不正当的利益。在现有的社会结构中，既得利益者，是指借助现实社会中存在的不合理的社会制度、利用社会整合错位中的漏洞而形成的特殊利益群体。既得利益集团，顾名思义就是这些既得利益者为了维护他们共同的利益而结成的联盟和团

---

① 实际上，中国共产党在这一时期出台了许多党内法规来加强党的建设，具体可参见：《中国共产党党内法规选编（1978-1996）》，北京：法律出版社 2009 年版。
② 《改革开放三十年重要文献选编》上，北京：人民出版社 2008 年版，第 134 页。
③ 《邓小平文选》第 2 卷，北京：人民出版社 1994 年版，第 260 页。
④ 《邓小平文选》第 3 卷，北京：人民出版社 1993 年版，第 205 页。
⑤ 《邓小平文选》第 2 卷，北京：人民出版社 1994 年版，第 332 页。

体。2000年12月26日，江泽民在《推动党风廉政建设和反腐败斗争深入开展》的讲话中指出："由于我们党处在执政地位并长期执政，党内有一些人逐渐产生了一种错误的思想倾向，他们把党和人民赋予的职权，把自己的地位、影响和工作条件，看成是自己的所谓'既得利益'，……这是十分危险的。"① 这里，江泽民从党的执政地位和长期执政的要求出发，清醒地认识到随着改革开放的深入和市场经济的确立，一些领导干部开始用手中的权力来为自身谋利益，并形成了"既得利益"。为此他提出，从历史事实的经验和教训来看，政党或政治集团在执政后，利用手中的权力维护和扩大自己的私利，必然会遭到人民群众的反对，最终为人民群众所抛弃。基于此，他要求全党同志必须对这种"既得利益"现象保持高度警惕，自觉同这种错误思想倾向作斗争。2001年7月1日，在庆祝中国共产党成立八十周年大会上的讲话中，江泽民再次强调："所有党员干部必须真正代表人民掌好权、用好权，而绝不允许以权谋私，绝不允许形成既得利益集团。"②

第二，领导干部要自觉地做反对特权的表率。党员队伍的现状随着社会主义事业的发展发生了比较明显的变化，一方面新增党员的数量在不断增加，另一方面随着新老干部的不断更替，领导岗位中涌现出了一大批的年轻干部队伍。新兴党员力量的出现给新形势下反对特权既带来了机遇，也带来了挑战。党的十一届三中全会之后，在党的坚强领导下，各项党规法纪已初步建立起来，形成了一系列的具体制度。但是在现实生活的制度落实中，仍然存在走过场、摆样子、喊口号的形式主义，有些领导干部为民观念淡薄，权力意识却浓厚，有令不行、有禁不止；有的领导干部存在本位主义、分散主义，搞"上有政策、下有对策"的游击战；有的领导干

① 《江泽民文选》第3卷，北京：人民出版社2006年版，第183-184页。
② 《江泽民文选》第3卷，北京：人民出版社2006年版，第280页。

部搞个人专断和家长作风,在自己管辖的地方和部分搞"独立王国"。这些都是特权思想在改革开放新时期的外在表现。1997 年,在党的十五大上,江泽民在谈及加强党的作风建设时提出:"领导干部首先是高级干部要以身作则,模范地遵纪守法,自觉接受监督,抵制腐朽思想的侵蚀,做艰苦奋斗、廉洁奉公的表率,带领群众坚决同腐败现象作斗争。"① 这是新形势下,江泽民对广大干部在廉政建设中的期望,要求领导干部要从自身做起,做到自省、自重、自警、自励,自觉与一切特权思想、特权行为、特权现象作斗争。此外,党中央在《中共中央加强和改进党的作风建设的决定》中指出:当前党的作风建设还存在很多需要完善的地方,如"在一些地方、部门和领导干部中,教条主义、本本主义滋长,形式主义、官僚主义盛行,弄虚作假、虚报浮夸严重,独断专行、软弱涣散问题突出,以权谋私、贪图享乐现象蔓延"②。为此,《决定》提出了 8 条要求来加强党的作风建设,其中第 6 条提出要"坚持清正廉洁,反对以权谋私",这里要求党的领导干部要从自己身边的人管起、从自己身边的事做起,不搞特殊化、不以权谋私。当时,有些领导干部随着生活水平的整体提高,根深蒂固的特权意识开始泛起,用公款大吃大喝的有之,滥用权力、专横跋扈的有之,职务消费变成特权开支的有之,利用职权为家人亲属谋取私利的有之,这些行为都属于对权力的亵渎,对党风的败坏。为此,江泽民特别要求党的领导干部要从自身做起,削减特权给党的领导、党的事业、党的形象带来的极大危害。

(四)制度面前没有特权,遵守纪律没有特权

特权顾名思义就是凌驾于法律之外的权利,是普通人所不具备的特殊

---

① 《江泽民文选》第 2 卷,北京:人民出版社 2006 年版,第 46 页。
② 《改革开放三十年重要文献选编》下,北京:人民出版社 2008 年版,第 1189 页。

权利，而拥有特权的人往往会利用手中的特权为自己谋私利。比如在现实生活中，有些领导干部借助特殊身份为自己图方便，违规宴请、违规配车、违规占房等违规现象时有发生，还有些领导干部奢靡成风，生活豪华、吃拿卡要、挥霍无度。在这些官员看来，自己能坐到今天显赫的位置也是经过自己不懈的努力和辛勤的汗水换来的，所以理应高人一等，理应享有特殊照顾。这些现象表明，一些领导干部脑子里的特权思想之所以根深蒂固，主要原因还是"官本位"的落后思想在作祟。2010 年 1 月 12 日，胡锦涛在中共第十七届中央纪律检查委员会第五次全体会议上作了《加强反腐倡廉制度建设，提高制度执行力》的讲话。讲话指出，近年来发生的违法违纪案件和消极腐败现象说明了党和国家反腐倡廉的制度还不健全、还有漏洞。为此，他提出："加快建立健全惩治和预防腐败体系实施纲要所确定的各项制度，加快构建惩治和预防腐败体系基本框架，……提高反腐倡廉制度化、规范化水平。"① 这里明确了制度在反腐倡廉建设中的重要性，并提出了一系列抓好制度建设的指导意见。这其中提出："要着力在领导干部特别是高中级干部中树立法律面前人人平等、制度面前没有特权、制度约束没有例外的意识。"② 2011 年，胡锦涛在纪念中国共产党成立九十周年的纪念大会上再次表达了这一思想。"法律面前人人平等""制度面前没有特权""制度约束没有例外"等刚性词语，显示了中国共产党在新的一个时期反对特权的决心。

现实生活中，每当揭发出领导干部僭越法规制度的边界，依靠特权横行霸道，总是在社会中引起全民激愤，舆论一片哗然！可以说，搞特权对党和人民的伤害都是极大的。2012 年，在党的十八大报告中，胡锦涛又提出"遵守纪律没有特权"的论断。他说："加强监督检查，严肃党的纪律

---

① 《胡锦涛文选》第 3 卷，北京：人民出版社 2016 年版，第 299 页。
② 《胡锦涛文选》第 3 卷，北京：人民出版社 2016 年版，第 307 页。

特别是政治纪律，对违反纪律的行为必须认真处理，切实做到纪律面前人人平等、遵守纪律没有特权、执行纪律没有例外，形成全党上下步调一致、奋发进取的强大力量。"① 在党内生活中，一些有特权思想的领导干部，往往喜欢在党内民主生活中搞一言堂、家长制的作风，奉行"官大一级压死人"的工作原则，使党内民主窒息。此外，这种特权现象在领导干部之间还存在一定的"示范效应"，下级领导不自觉地会向上级领导看齐，这种不良风气不仅会腐蚀整个社会的风气，还会使更多的领导干部以官自居、唯我独尊、夜郎自大，甚至还会使一些党员干部对特权产生崇拜心理，进而扭曲他们的人生观、价值观和世界观。为此，党中央多次强调："任何组织或者个人都不得有超越宪法和法律的特权，绝不允许以言代法、以权压法、徇私枉法。"② 要想彻底根除由特权所滋生的腐败现象，首先要铲除领导干部的特权思想，其次要寻求权力运行的"特殊机制"，最后更要强化反特权的法律权威性和执行力。

现代社会的一条基本准则是人与人之间只有分工不同而没有尊卑贵贱之别，这也是社会主义国家的根本原则。中国共产党自成立之日起，党的性质和宗旨都表明了党代表的是最广大人民群众的利益，全心全意服务的对象也是人民群众，因此在广大人民群众面前，所有的党员干部都只能充当人民的公仆，不能有任何特殊的身份，更不存在任何地位上的差别。1982 年 9 月 6 日，中国共产党第十二次全国代表大会通过的《中国共产党章程》就明确规定："中国共产党党员永远是劳动人民的普通一员。除了制度和政策规定范围内的个人利益和工作职权以外，所有共产党员都不得谋求任何私利和特权。"③ 领导干部手中的确需要掌握一定的权力，这是工

---

① 《胡锦涛文选》第 3 卷，北京：人民出版社 2016 年版，第 658 页。
② 《十八大以来重要文献选编》上，北京：中央文献出版社 2014 年版，第 22 页。
③ 《十二大以来重要文献选编》上，北京：人民出版社 1986 年版，第 69 页。

作需要、职责所在。但是领导干部要时刻谨记这些权力是人民群众赋予的，不能忘记自己是人民公仆的身份，要为人民群众负责，切实维护好人民群众的根本利益，最重要的要从脑子里彻底肃清一切特权思想，更不要在工作中表现出"官本位"的腐朽思想，这样才能不辜负人民群众对党的信任和期盼。党的十八大报告提出："各级领导干部特别是高级干部必须自觉遵守廉政准则，严格执行领导干部重大事项报告制度，既严于律己，又加强对亲属和身边工作人员的教育和约束，决不允许搞特权。"① 这是自建党以来党的政治报告第一次明确提出"决不允许搞特权"的政治立场，可见"反特权"在党的建设中的重要性和紧迫性。

党的十八大之后，习近平总书记在治国理政的过程中反复强调反特权思想，对反特权进行了较多的论述，并带领全党进行了"八项规定""公车改革"等反特权实践。特权与腐败有着千丝万缕的联系，就好比一朵"孪生花"，相辅而生，因此，反腐败必然要反特权。基于这种认识，习近平总书记在多种场合将反特权和反腐败放在一起进行论述。2013 年 1 月，习近平总书记在第十八届中央纪律检查委员会第二次全体会议上郑重强调："反腐倡廉建设，必须反对特权思想、特权现象。共产党员永远是劳动人民的普通一员，除了法律和政策规定范围内的个人利益和工作职权以外，所有共产党员都不得谋求任何私利和特权。"② "不私，而天下为公"，这是我们党作为马克思主义政党区别于其他政党的显著标志。中国共产党正是因为没有与人民群众不同的利益，没有自己特殊的利益，才能拿出壮士断腕的决心和勇气进行自我革命，才能使得我们的政党历经百年沧桑依然风华正茂，饱经磨难而生生不息。特权思想和特权现象对党的危害极大，习近平总书记更是把反特权思想提高到党和国家生死存亡的高度来认识，指出：

① 《胡锦涛文选》第 3 卷，北京：人民出版社 2016 年版，第 657-658 页。
② 《习近平谈治国理政》第 1 卷，北京：外文出版社 2018 年版，第 388 页。

"特权现象正在腐蚀我们党的公信力，正在动摇党的执政基础，正在损害党和国家的事业发展。"① 特权是腐败的根源，特权的存在必然加剧腐败，甚至严重危害党的执政基础，关系到党和国家的生死存亡。因此，党的十八大以来，以习近平同志为核心的党中央旗帜鲜明反特权，坚持反"四风"、反腐败、反特权一体推进，并从权力监督机制与党风廉政建设等方面进行了一系列反特权探索，可以说，在反特权方面取得了很明显的成效，不断推进全面从严治党向纵深处发展。

四、对本章的综合分析与评价

马克思主义者或共产党人要坚决反对任何形式的特权现象、特权行为，这是自马克思、恩格斯创立科学社会主义伊始就旗帜鲜明地写在自己的纲领上的。但是在不同的时代、不同的国度、不同的文化的背景下，共产党人对特权的认识以及如何反对特权有着很大的差异。这种差异一方面表现为继承性，另一方面表现为发展性。

在马克思、恩格斯那里，特权的形成、发展、消亡构成了一个完整的闭合循环。关于特权的形成，他们认为与私有制有莫大的关联。私有制的出现，最直接的结果就是商业，即彼此交换必需品，亦即买和卖，进而引起竞争的出现。竞争使得相同利益的人们形成不同的阶级，这也意味着阶级差别的出现。关于特权的发展，他们认为首先是家庭特权的出现，体现为男女关系的不平等；其次是氏族的特权，体现为大部落集团对小部落集团的干涉；再次是封建特权，体现为封建地主阶级对农民的剥削；目前（指马克思所处的时代）是资本特权，体现为资产阶级对无产阶级的压迫。按照任何事物都有其产生到消亡的逻辑，特权有其产生，也必有其消亡。

---

① 《更加科学有效地防治腐败：习近平同志在十八届中央纪委二次全会上重要讲话精神学习读本》，北京：人民出版社 2013 年版，第 106 页。

特权的消亡将由无产阶级来完成。因此，伴随着无产阶级在全世界的胜利，特权也将随之消失，因为到时候国家已经消亡，公共权力失去了政治性质。

那么，无产阶级如何来消灭特权？在马克思、恩格斯的思想创造中提出了通过无产阶级政党采取革命夺取政权的办法来实现，因此他们给予了共产党人以很高的期望和要求。《共产党宣言》中第二板块开篇即指出，共产党人"没有任何同整个无产阶级的利益不同的利益。他们不提出任何特殊的原则，用以塑造无产阶级的运动"①。意思是说，共产党所追求的利益和无产阶级所要求的利益是不存在任何差距的，共产党人从来没有主动提出自己的特殊原则。马克思、恩格斯认为，共产党一方面要适应近代西方政党政治发展的形势，另一方面又要严格区别于一切旧的政党。那么，这种区别体现在何处？体现在共产党没有自己的特殊利益，它不是维护少数人、集团的利益，而是维护整个无产阶级的根本利益，其根本目标在于整个人类的彻底解放。

当1871年的巴黎公社作为第一个工人阶级政权在历史舞台上出现时，马克思、恩格斯给予了高度关注并寄予厚望，因为他们一直期盼的无产阶级革命在法国巴黎成为了现实。虽然这次革命使无产阶级政权仅存在了72天，并未出现他们所设想的"世界革命"的愿景，但是革命的出现使他们看到了希望。马克思把巴黎公社看作是"我们党从巴黎六月起义以来最光荣的业绩"②。后来，巴黎公社失败了。马克思又在第一国际总委员会上发言时指出："即使公社被搞垮了，斗争也只是延期而已。公社的原则是永久的，是消灭不了的。"③ 这里的"公社的原则"主要是指，社会公仆不

---

① 《马克思恩格斯选集》第1卷，北京：人民出版社2012年版，第413页。
② 《马克思恩格斯全集》第33卷，北京：人民出版社1973年版，第207页。
③ 《马克思恩格斯全集》第17卷，北京：人民出版社1963年版，第677页。

变质，民主与平等两个核心价值理念得以彰显（领导干部由民主选举产生，不得享有高薪和特权）。只有这样，才能真正实现人民心中的"廉价政府"和廉洁政府的目标。

马克思、恩格斯所设想的反对特权的闭合完整链条在理论上是成立的。但是这种成立是有前提条件的，如他们所处的西欧主要是资本主义发展较快的英国、德国、法国，这些国家的民主化程度和平等意识较高，因此反对特权的任务较容易实现。但是，首先实现社会主义革命胜利的国家是一个大的农业国，后来走向社会主义的国家却大部分是经济文化落后的国家。事实上，这里还有一个因素是，马克思、恩格斯所依托的国家都是小国（国土面积、民族成分等），而俄国、中国都是大国，大国治理和小国治理是不一样的。为此，马克思、恩格斯这种"理论上成立的"前提条件是很难被实践的。进而，走向社会主义的国家如何在具体的社会主义实践中展开反对特权的斗争就需要后来的马克思主义者和共产党人来探索。

事实上，列宁在十月革命前和十月革命后初期，对俄国共产党及其党员是寄予很高希望的，认为俄国共产党是一个严格的"革命家"组织，不仅战斗力强、组织性强，而且纯洁性好。这一判断一方面是基于马克思主义关于无产阶级政党的基本要求，另一方面是基于对俄国国情的判断。为此，他将古希腊科学家的一句名言改动了一下，说："给我们一个革命家组织，我们就能把俄国翻转过来！"① 这样的革命家组织，就是列宁领导的布尔什维克党。这样的政党是组织严密、纪律严明、高度集中、要求严格的团体，不会存在特权问题。因此，特权问题在列宁革命活动的早期并未成为一个重要的话题。

在列宁等人的领导下，在特定的历史条件下，布尔什维克党取得了政权，但是如何才能将一个广袤贫瘠的农业国转变为现代化的国家，可以

---

① 《列宁全集》第6卷，北京：人民出版社2013年版，第121页。

说，这是压在他们身上既紧迫又艰巨的现实任务，同时他们还肩负着将科学社会主义理论付诸于实践的历史重任。最根本的是，要从一个夺取政权的革命党转变为掌舵一国的执政党。如何完成政党的转型？有学者提出，列宁的英年早逝和种种原因使得"他未能对执政时期党的任务和党的建设有比较系统的论述和实践，未能完成从革命党向执政党的转型"①。当然，未完成转型体现在多个方面，比如阶级思维没有根本转变、民主集中制的辩证关系没有得到平衡、执政党自身建设问题未得到厘清等。这里执政党自身建设中的一个重要问题就是党内日益滋生的官僚主义、脱离群众、以权谋私等消极腐败现象。因为对于这些问题，布尔什维克党没有充分的思想准备，也没有任何执政经验。对此，在反对特权现象和行为的摸索中，列宁尝试了多种办法，比如"清党"、各种不同形式的教育、设立专门的监察机关、加强法制建设等等。客观地说，列宁作为党内的最高领导人，面对新的任务、新的形势的出现，他早已深刻认识到党的性质和角色都已经发生了深刻的变化，虽然列宁本人也一直在积极奋力摸索，但又受到主客观因素的制约，加之身体原因，使得列宁最终还是没有找到合适的路径去建立关于执政党建设的根本性制度。而在列宁逝世后，苏联社会主义发展中出现了大量的异常现象，特别是勃列日涅夫执政的 18 年，官僚特权阶层不断扩大。"官僚特权阶层"是一个以高级领导干部为核心的既得利益集团，在勃列日涅夫时期约有 50 万~70 万人，加上其家属共有三百多万人，约占全国人口的 1.5%②。特权阶层的出现和固化，为日后苏共败亡、苏联解体埋下了祸根。

　　中国共产党在新民主主义革命时期积累了较为丰富的反特权经验，如

---

① 周尚文：《列宁政治遗产十论》，上海：上海人民出版社 2018 年版，第 43 页。
② 陈之骅：《勃列日涅夫时期的苏联》，北京：中国社会科学出版社 1998 年版，第 15页。

特别强调要以真正平等的态度对待干部和群众；对领导干部特别是高级干部中的腐败分子要从严惩处；强化监督机制防止党员干部由人民的公仆变成人民的主人；等等。因此在新中国成立之前的党的七届二中全会上，毛泽东就早有预警地提出要"经得起糖衣炮弹的袭击"。新中国成立后，尽管时代和环境都发生了变化，特权的形式和形势也不尽相同，但是反对特权的宗旨并未发生改变。即便如此，党内还是出现了一部分官僚主义者，经受不住权力、金钱、美色的考验，滑向腐败的深渊。为此，党中央采取了新的整党整风运动，民主法制建设、监督检察机制等措施，大张旗鼓地领导和开展了一系列反对特权腐败的问题，并取得了较大成绩，为20世纪50年代良好社会风气的形成奠定了政治基础。但是，执政初期的中国共产党也没有成熟的经验，在反对特权的问题上，往往采取革命时期的一些作法，仍没有探索出和平发展时期社会主义国家的执政党进行廉政建设的长效机制。

1978年12月，党的十一届三中全会的召开，为改革开放新时期廉政建设创造了条件和提供了新的起点。所谓"创造了条件"，就是重新确立了实事求是的思想路线，廉政建设不再是"运动式"展开，而是遵循实事求是的基本原则，不再混淆两类不同性质的矛盾，不再随意出现扩大打击面的状况。所谓"提供了新的起点"，就是全党要告别"阶级斗争"的场域，把国家的工作中心转移到社会主义现代化建设上来。但是反特权的任务并未减轻，而是大大加重了。为此，以邓小平、江泽民、胡锦涛、习近平为主要代表的中国共产党在反对特权方面作出了以下贡献：一是特别重视制度化建设，因为只有制度才是管根本、管长远的。二是特别重视常态化建设，因为只有反对特权常态化，才不会出现反弹现象。三是特别重视体系化建设，因为将反对特权融入经济、政治、文化、社会等各领域，将反对特权贯穿到教育、制度、监督等各环节，才会形成反对特权的堤坝。

特权是人类社会政治发展中的一种政治现象，更是破坏廉政建设的一颗政治毒瘤。马克思、恩格斯从理论上构建了一个闭合的反对特权的路径，但是这一理论的成立有其前提条件，否则就会出现偏差。理论的正确与否需要实践的检验。以社会主义的实践来发展马克思主义关于反对特权的思想，构成了马克思、恩格斯之后的马克思主义者和共产党人所不懈探索的重要课题。

第五章

马克思主义廉政观的地位及当代启示

马克思主义自问世以来，其所表现的观念上、理论上的革新与解放，其所引发的经济上、政治上的变化与变革，其所导致的社会生活上、社会关系上的争论与斗争，都是前无所有的。马克思主义在发展中所形成的基本理论既反映了先前人类优秀的思想成果，又总结了人类认识和改造世界的理论成果，而且在社会主义的实践中能够与时俱进。因此，心系人类历史发展和未来前程的人们，都不能不正视这段历史，研究这段历史，从中汲取智慧，增强信心力量，从而更好地为人类的幸福和彻底解放继续奋斗。而在马克思主义发展史上，尤为重要的一点是，无产阶级政党及其领导的社会主义政权如何建设的问题。在马克思主义看来，代表无产阶级利益的政党和政权必然要彻底打破和抛弃资产阶级政党和政权所固有的腐败顽疾，建立一个历史上前所未有的廉洁政权。因此，实现"廉洁社会"是马克思主义所追求的重要目标。

一、马克思主义廉政观的地位

（一）探索了一条不同于资本主义国家的廉政建设之路

反腐倡廉是一个历史性的难题，也是一个世界性的难题，因为这一问题不仅历史上存在，而且现代也存在，不仅中国存在，而且外国也存在。反腐倡廉理论是马克思主义国家学说和政党理论的重要组成部分。事实上，在人类历史发展的长河中，实现反腐倡廉，建设一个高效廉洁的政府，一直是人们孜孜以求的奋斗目标和努力方向。但是，腐败的难题和顽疾却一直困扰着世人的头脑。为什么官员的腐败现象始终无法根绝？为什么反腐措施只能收一日之功，无法实现长久之效？为什么反腐制度往往被束之高阁，沦为一纸空文？为什么廉政建设的种种努力常常出现"走过场、看形式"，最终收效甚是微小？马克思、恩格斯在无产阶级革命的实践中，大胆吸收与批判借鉴了空想社会主义者和资产阶级学者的廉政思想，运用辩证唯物主义和历史唯物主义，深入分析了腐败现象赖以存在的物质生产方式以及基于这一方式建立起来的国家政权，深入分析了人类社会尤其是资本主义社会腐败问题，科学揭示了人类社会腐败产生的根源及其发展规律，探索了一条不同于资本主义国家的廉政建设之路，形成了马克思主义的廉政建设理论，为无产阶级政党和政权开展廉政建设提供了理论上的指导和实践上的指向。

首先，腐败的根源在于私有制，无产阶级的廉政建设必须要消灭私有制。马克思主义认为腐败是一种历史的产物，不是天然就存在的，也不会永远存在下去，而是伴随着私有制及其造成的阶级分化的出现而滋生。在人类历史发展进程中，特权并非是从来就有的，而是历史发展到一定阶段的产物。在他们之前，空想社会主义者就对社会腐败问题进行了揭露。如托马斯·莫尔认为，私有制是一种不公正的制度，造成了少数人的奢侈腐化和多数人的贫困贫苦。康帕内拉认为，自私自利是"万恶之因"。但是空想社会主义者并没有科学揭示出腐败的根源以及最终消除腐败的途径和方法。在马克思、恩格斯那里，他们提出腐败的根源在于私有制。他们认为，国家是阶级矛盾发展到一定阶段不可调和的产物，私有制使得国家权力在运转过程中不可避免地发生异化，剥削阶级贪婪成性、腐败盛行。恩格斯在《家庭、私有制和国家的起源》中对此进行了清晰的梳理与解答。他指出，贵族、农民、手工业者之间的阶级划分，虽然没有明确规定各个阶级之间的任何权利差别，但是"它表明，由一定家庭的成员担任氏族公职的习惯，已经变为这些家庭担任公职的无可争辩的权利；这些因拥有财富而本来就有势力的家庭，开始在自己的氏族之外联合成一种独特的特权阶级；而刚刚萌芽的国家，也就使这种霸占行为神圣化"①。他还指出建立国家的最初目的就是破坏氏族关系，把氏族成员划分为不同的阶级并使之互相对立起来。可以看出，国家是阶级分化到一定阶段的产物，并在一定程度上固化了阶级之间的对立。因此，马克思、恩格斯指出，人类社会中存在的腐败现象是私有制和国家的伴生物，而不是与生俱来的。他们认为，在未来的理想社会中，随着国家的消亡，阶级差别和阶级压迫将不复存在。到那时，将出现一个联合体，并且在这个联合体中每个人的自由发展是一切人自由发展的条件。

其次，基于唯物史观的理路，马克思主义认为，对腐败的认识必须要从社会生活的经济基础入手。私有制及其阶级分化以来，腐败现象一直存在，但是在不同的社会制度和历史文化中的表现形态各异，但有一点是共同的，即公权对私利的谋取。私有制导致了公共权力的异化，这里的公共权力早已不同于原来氏族社会公共权力的性质，已经异化为统治阶级疯狂为本阶级、为自己谋取私利的工具。古往今来，不少哲人、政治家、思想家等都对如何有效遏制腐败进行探究，也提出了许多有价值的解决思路，但是腐败现象却依旧存在。马克思、恩格斯与先前哲人不同之处在于，他们认为对腐败根源的探寻必须要到社会物质生活中去寻找，而不能肤浅地停留在政治制度的设计、思想文化的教育等，必须要到经济关系中探寻，

---

① 《马克思恩格斯选集》第4卷，北京：人民出版社2012年版，第125页。

唯有此，才能抓住事物的根本。因此，在私有制社会中腐败现象是不可避免的。

最后，未来的理想社会与腐败现象是水火不容的。根据马克思、恩格斯的逻辑，资本主义社会虽然比封建社会更高一级，但是资本主义的制度并没有从根本上解决腐败问题，成为廉洁政党和廉洁政府的榜样。相反，在资本主义社会中，腐败现象出现了加剧的趋势，因为背后有资本力量的驱使和操控。他们在《法兰西内战》中指出，中央集权的国家政权的各种机关起源于专制君主时代，当时充当了新兴资产阶级反对封建专制制度的有力武器，但是现在这些特权、垄断等中世纪的垃圾还在阻碍着资本主义政权的发展。虽然18世纪法国大革命的大扫帚扫除了过去时代的残余，但是，"在以后各个时期的政治体制下，政府都被置于受议会控制，即受有产阶级直接控制的地位"①。空想社会主义者莫尔、圣西门等都对资本主义社会中存在的腐败问题进行了揭露和批判。马克思、恩格斯在继承空想社会主义思想家的合理成分基础上，对历史发展中特别是资本主义社会中存在的腐败现象进行进一步探究。他们认为，腐败现象之所以顽固地存在，根源在于私有制，未来的共产主义社会将是扬弃了私有制的社会，因此就从根本上消除了腐败存在的所有制根源，腐败将不再存在。换言之，未来的理想社会将是与腐败根本不相容的，否则，就不能实现对资本主义所作的种种批判和革命的努力。到那时，"公社实现了所有资产阶级革命都提出的廉价政府这一口号，……但是，无论廉价政府或'真正共和国'，都不是它的终极目标，而只是它的伴生物"②。即是说，公社虽然是无产阶级掌握政权和建设政权的有效形式，实现了资产阶级提出但并没有实现的"廉政"口号，但是公社作为政权的组织形式只是无产阶级前进道路上的

---

① 《马克思恩格斯选集》第3卷，北京：人民出版社2012年版，第95-96页。

② 《马克思恩格斯选集》第3卷，北京：人民出版社2012年版，第101-102页。

伴生物，而不是终极目标。马克思、恩格斯认为，无产阶级的终极目标是消灭国家，实现自由人的联合体。

（二）确立了"人民至上"的廉政建设核心理念

古今中外的历史发展中，从阶级统治的二元视角看社会成员，可分为统治阶级和人民群众两大主体。这两大主体在社会发展中有时呈现出一致性，有时呈现出对立性，当表现为"一致性"的时候，社会发展会出现"官民同兴"的盛世局面；当表现为"对立性"的时候，社会发展会出现"官逼民反"的衰衰局面。纵观历史发展，明智的统治者都非常重视人民群众的利益诉求和利益选择，不然就会出现"一致性"向"对立性"的转变。需要指出的是，建立在私有制经济基础上的阶级统治，更多强调的是统治阶级的利益而不是人民群众的利益，不过是将两者之间的利益控制在一个平衡合理的范围内。但是，马克思、恩格斯在人类历史发展史上，第一次将"无产阶级""工人阶级""人民群众""最广大人民群众"① 的根本利益高高举起，作为无产阶级政党执政建设的根本宗旨，确立了"人民至上"的廉政建设核心理念。

马克思、恩格斯关于廉政建设的核心理念是"人民至上"这一判断体现于他们对于巴黎公社创举的高度肯定。巴黎公社的首要创举是制定了崭新的决策和法令，开展民主政治建设，它的终极目的不仅是让广大群众成为社会真正的主人，还要建立人民心中的廉洁政府。这表现在以下方面：一是取消一切旧的官僚特权，重新规定国家领导人的工资待遇。巴黎公社签发的《废除国家机关高薪法令》中写道："鉴于在真正的民主共和国里，既不应有轻俸，也不应该有高薪；为此决定，各公社机关的职员，最高薪

---

① 在马克思主义发展的不同阶段，用的词汇不尽相同，但是根本所指具有一致性。

金规定为每年六千法郎。"① 这个法令的规定将工人阶级政权与以往政权区别开来，体现了工人国家公仆的本质，公仆的待遇不应高于主人，体现了"人民至上"的核心理念。针对公社采取取消高薪制和限定公仆薪金等做法，马克思给予了高度的赞赏。他指出，公社各个行政部门的官员"从公社委员起，自上至下一切公职人员，都只能领取相当于工人工资的报酬"②。恩格斯也对巴黎公社的这一做法进行了高度的赞扬。从话语表达可以看出，马克思、恩格斯都是站在与"从前国家"的对比中评价巴黎公社的做法，进而彰显了巴黎公社在廉政建设方面的创举。二是真正地实现了"廉价政府"这一口号。封建社会的政权和资产阶级的政权是一种高价政府和特权政治，巴黎公社破天荒实现了廉价政府和廉洁政治。马克思在《法兰西内战》中指出："公社实现了所有资产阶级革命都提出的廉价政府这一口号，因为它取消了两个最大的开支项目，即常备军和国家官吏。"③即表明，资产阶级的统治者也追求"廉价政府"这一目标，但是它们只是口号并没有真正实施，而无产阶级却实现了。历史地看，巴黎公社改变资本主义旧社会，创建社会主义新社会的探索精神不容泯灭。具体到廉政建设，巴黎公社强调要发扬社会主义民主，建设廉价政府，实现廉洁政治，树立社会公仆形象，彰显了民主与平等两大核心理念，尝试了领导干部由民主选举产生、不得享有高薪和特权两项措施。这些都体现了无产阶级政权要坚持"人民至上"的价值理念，在人类发展史具有重要地位，永远值得我们认真学习、深刻领会、切实贯彻。

建立人民政权是马克思主义者所不懈追求的目标。十月革命胜利后，布尔什维克也试图按照巴黎公社的原则，按照人人直接参加国家管理的原

---

① 罗新璋编译：《巴黎公社公告集》，上海：上海人民出版社 1978 年版，第 87-88 页。
② 《马克思恩格斯文集》第 3 卷，北京：人民出版社 2009 年版，第 154 页。
③ 《马克思恩格斯文集》第 3 卷，北京：人民出版社 2009 年版，第 158 页。

则来组织政权。作为工人自发选举出的领导机构，苏维埃被以列宁为首的俄共（布）看作是劳动者实现直接管理国家的可行方式。1917 年 4 月，列宁在《论无产阶级在这次革命中的任务》中第 5 条明确提出："废除警察、军队和官吏。一切官吏应由选举产生，并且可以随时撤换，他们的薪金不得超过熟练工人的平均工资。"① 可以看出，列宁试图按照巴黎公社的原则来建设新政权。在具体做法上，苏俄政权建立之初，也采取了一系列措施进行短暂的直接民主制试验，如苏维埃的代表由基层群众直接选举产生，各政党通过在苏维埃代表大会中的党团代表来发挥政治影响。同时，苏维埃政府还注重吸收大量优秀的工农兵群众参加国家的管理工作。实践上，直接民主制在当时的难以通行，导致了列宁开始探索从直接民主到"党代管"。但是，无论是直接民主制的尝试，还是间接民主制的探索，民主的形式虽然发生了变化，但是其核心价值追求没有发生变化，这就是"人民至上"。在苏维埃组织中，劳动群众能够"那样广泛、那样经常、那样普遍、那样简便地行使选举权"② 。列宁高度肯定了这种能够最大限度实现工人和农民民主的制度。即表明，这将是一种带有世界历史意义的新型民主制。而这种"世界历史意义"就体现在"人民至上"的新型制度上。

中国共产党在革命实践中，确立了全心全意为人民服务的宗旨，这一宗旨不仅是共产党员的行为准则，更是共产党人廉洁奉公的出发点和归宿。

随着中国共产党在全国范围内影响力的增强和队伍的日渐壮大，为人民服务的宗旨没有改变。因为不能忘记初心，为中国人民谋幸福、为中华民族谋复兴。因此，针对形形色色剥削阶级思想意识的腐蚀和影响，中国共产党始终强调要保持自身肌体的纯洁与健康。在新民主主义革命时期、

---

① 《列宁选集》第 3 卷，北京：人民出版社 2012 年版，第 15 页。
② 《列宁选集》第 3 卷，北京：人民出版社 2012 年版，第 723 页。

社会主义建设和改革初期，中国共产党尝试过"整党整风"运动、"三反"运动、"五反"运动、新"三反"运动等等，本质上的目的只有一个，就是维护共产党的执政地位，保持党自身的肌体不发生异变，坚守全心全意为人民服务的宗旨。但是，从历史发展来看，这一时期的廉政建设没有走向常态化、制度化的轨道，往往以"运动式"的方式展开。事实上，中国共产党在执政后应将廉政建设的重点放在党的自身建设上，通过完善的民主、完备的法制、坚持民主集中制，反对任何形势的个人崇拜等，而不是主观地认为来自外部敌对势力的存在和进攻。不能及时认识到、认清楚这一点，而试图通过阶级斗争的办法来实现党的纯洁性，不仅容易导致阶级斗争的扩大化，而且严重干扰了党和国家的正常建设。

"运动式"的廉政建设治标不治本，使得改革开放后的中国共产党更加重视从法律、制度上来进行党的廉政建设工作。当然，廉政建设的核心理念是不变的，即坚持"人民至上"。为此，改革开放和社会主义现代化建设新时期中国共产党的廉政建设探索主要有以下方面：一是提出加强法制建设，为新时期廉政建设走向制度化、法制化轨道奠定基础。二是为了对党的领导干部进行有效监督，党中央特别强调要充分发扬民主精神，保障党员和人民群众的各种民主权利。三是决定重建党的各级纪律检查委员会，为加强廉政建设提供领导保证。在此基础上，通过打击经济犯罪、纠正各种不正之风、大力推进社会主义精神文明建设等具体措施来推动廉政建设工作。事实上，中国共产党上台执政后，一方面获得了比执政之前更好的执政环境，还获得了更好的为人民服务的条件和氛围，但另一方面一些党员干部脱离群众、权力异化、贪污腐化的危险也大大增加了。在改革开放的大环境下，这种危险会更大，如果放松警惕，后果将更加严重。因此，从根本上讲，加强党的廉政建设，不容忽视、不容小觑、任重道远、责任重大，因为它关涉党的初心使命、关系党的前途命运。

（三）指导了社会主义国家的政党和政权建设

马克思主义认为，消除私有制，建立社会主义社会和共产主义社会是无产阶级政党和社会主义国家政权的最终目标。在未来的理想社会中，腐败的经济根源和滋生腐败的根源将不复存在，随着根的死亡，腐败的现象也将付诸东流。马克思、恩格斯关于无产阶级政党和政权建设的思想在以苏俄、中国为代表的落后国家得到了继承和发展，有效地指导了东方落后国家的社会主义建设。

第一，指导了苏俄的共产党建设和社会主义政权的廉政建设。马克思、恩格斯思想中的社会主义革命首先应该是在西方资本主义发达的国家发生，然后这些已获得成功的西方国家的革命会激发东方国家进行革命，然后一起走向社会主义①。但是，历史的发展并非马克思、恩格斯所想象的那样简单，社会主义革命首先是在落后的国家爆发并取得了成功，无产阶级政党登上历史舞台，开始了领导建设社会主义的探索。在俄国十月革命胜利之后，列宁是在马克思、恩格斯的廉政思想的指导下，并结合苏俄社会主义建设的现状，对苏俄社会主义廉政建设进行的实践探索。

一是列宁强调，反对腐败关系到苏俄社会主义政权的生死存亡。在马克思、恩格斯革命活动的时期，无产阶级政党并没有真正成为执政党，也不存在社会主义政权，但是到了列宁时期，情况发生了革命性的转变。因此，列宁始终强调要坚持马克思主义为指导，从新生政权生死存亡的高度来强调廉政建设问题。1921 年 10 月，列宁在全俄政治教育委员会第二次代表大会上指出，"贪污受贿"是共产党员"面前的三大敌人"之一。在这次大会上，列宁毫不避讳地指出了苏俄社会主义建设中许多尖锐的问

---

① 俞良早：《恩格斯晚年关于俄国革命与西方革命"互相补充"的思想及对 1917 年俄国革命的影响》，载于《思想理论教育导刊》2017 年第 3 期，第 43-48 页。

题，如"我们的错误""谁将取得胜利——是资本家还是苏维埃政权？""斗争还将更加残酷""是最后的斗争吗？""三大敌人"。他讲道："只要有贪污受贿这种现象，只要有贪污受贿的可能，就谈不上政治。"① 可以看出，列宁认为，贪污受贿的腐败现象与社会主义政治建设的要求和目标是根本不相容的。1923 年 3 月，列宁在口授的《宁肯少些、但要好些》中，再次表达了对国家政权建设中官僚主义遗存的忧虑。他说："我们应当把沙皇俄国及其资本主义官僚机关大量遗留在我们国家机关中的一切浪费现象的痕迹铲除干净。"② 这里的"铲除干净"也是继承了马克思、恩格斯"消灭私有制"的思想，都是强调要坚决反对腐败，实现廉洁政治。

二是列宁强调加强思想政治教育提高党员干部素养。一个政党的廉政工作建设的如何要看这个政党的党员干部是否具备较高的文化修养和政治素养，而提高党员干部素养关键要靠思想政治教育的教化作用。在马克思、恩格斯关于未来理想社会的构想中，在未来社会全体成员组成的联合体中，将通过教育使全体社会成员得到全面发展，将彻底消灭阶级和阶级对立，到那时将不存在腐败堕落的滋生条件。列宁也提出："政治上有教养的人是不会贪污受贿的。"③ 理想和现实总是有距离的，他在领导苏俄的实践中发现，在苏俄当前的社会生活中，贪污受贿现象随处可见。为此，列宁认为，必须持续深化党员干部对马克思主义理论和党的路线、方针、政策的学习，不断提升他们的思想文化水平和政治觉悟，进而从思想上提高党员干部防腐拒变的意识自觉。在苏共十大、十一大上，对党员干部进行共产主义教育被列宁列为主要议程，并制定了相关决议。如苏共十大上，制定了《关于政治教育总局和党的宣传鼓动任务》的决议；苏共十一

① 《列宁选集》第 4 卷，北京：人民出版社 2012 年版，第 591 页。
② 《列宁选集》第 4 卷，北京：人民出版社 2012 年版，第 797 页。
③ 《列宁选集》第 4 卷，北京：人民出版社 2012 年版，第 588 页。

大上，制定了《关于报刊和宣传》的决议。在这些决议中，党强调要通过建立马克思主义研究班、社会主义学院、党校等来提高党员干部的政治修养水平和文化修养水平，提高党员干部防腐拒变的意识自觉。

三是列宁带头制定相关法律法规，建立监督监察机关，防止权力滥用。法律法规和权力监督是廉政建设不可缺少的重要一环。1918 年 5 月 2 日，列宁在致司法人民委员会的信中明确指出，针对贪污受贿的腐败分子必须立即提出一项法令草案，明确规定触犯法律的代价和应有惩罚。同年 5 月 8 日，列宁在《对惩治受贿的法令草案的修改》中又指出："1. 在俄罗斯社会主义联邦苏维埃共和国担任国家职务或社会职务的人员……利用进行其职权范围内的活动或协助进行其他部门公职人员职权内的活动而犯有受贿罪者，应判处不少于 5 年的徒刑，服刑期间强迫劳动（并没收其全部财产）。"① 与此同时，列宁还强调，对于"利用职员的特权""利用渎职""敲诈勒索"等贿赂行为者应加以严惩。列宁认为，这些行为的所有者都属于有产阶级，它是与无产阶级政权根本不相容的，因此利用手中特权保持或谋取与所有权有关的特权都应该加以没收，而且罪犯本身也应该受到最严厉的惩罚。1919 年，列宁在俄共（布）第八次代表会议上明确提出了"党的纪律"建设，指出："严格遵守党的纪律是全体党员和一切党组织的首要义务。"② 这里强调了党的纪律的重要性，拒不执行上级组织决议的和犯有党内公认罪的都会受到相应的惩罚。

1922 年 3 月，苏维埃的共产党员滥用职权，贪污受贿，影响十分恶劣。列宁专门派人调查，结果证实了上述情况。然而，在俄共（布）召开的有关莫斯科苏维埃主席团参加的会议上，却认为这个事件的调查结果是

---

① 《列宁全集》第 60 卷，北京：人民出版社 2017 年版，第 227 页。
② 《苏联共产党代表大会、代表会议和中央全会会议汇编》（第 1 分册），北京：人民出版社 1964 年版，第 597-598 页。

没有依据的，于是决定将此事移交到新的党务委员会复查。为此，列宁立即给俄共（布）中央政治局写信严厉指出："2. 宣布给包庇共产党员（包庇的方式是成立特别委员会）的莫斯科委员会以严重警告处分。3. 向各省委重申，凡试图对法庭'施加影响'以'减轻'共产党员罪责的人，中央都将把他们开除出党。"① 在信的最后，列宁还特别附言道："执政党竟庇护'自己的'坏蛋!! 真是可耻和荒唐到了极点。"② 上述列宁关于严格执法和加强法制建设的规定，在一定程度上体现了无产阶级政党反腐败的强烈决心和坚定立场。

不受监督的权力是不可想象的，因此建立有效的权力制约和监督机关就成为政党或政权建设的一种必须。十月革命后，苏维埃政权建立了中央监察委员部，后来又设立了中央控告检举局，专门审理人民群众检举领导干部违法犯罪行为的案件。1920 年 2 月，苏维埃俄国又专门成立了国家监察机关——工农检查院。其中，进入工农检查院必须要满足以下两个条件：第一必须要有几名其他共产党员的推荐，第二必须要通过国家机关问题的基础知识的考试。工农检查院的主要职责是：同党内官僚主义和拖拉作风作斗争，监督各国家机关和各社会团体的活动，检查苏维埃政府法令和决议的执行情况是否到位等。1921 年 3 月，俄共（布）第十次代表大会选出了首届中央监察委员会，通过了《关于监察委员会的决议》，决议明确了监察委员会的主要任务是同党内不正之风作斗争，特别是同党员滥用自己职权为自己谋私利的行为作斗争。1923 年 3 月，俄共（布）第十二次代表大会决定成立中央监察委员会—工农检查院这一党和苏维埃的联合监察机构，共同担负着监督和改进国家机关工作的重要任务。列宁在病榻上的思考中，仍不忘怎样改组工农检查院的工作，想办法提高其工作质量。

---

① 《列宁全集》第 43 卷，北京：人民出版社 2017 年版，第 52 页。
② 《列宁全集》第 43 卷，北京：人民出版社 2017 年版，第 53 页。

他说道："提高工作质量对于工农政权和我们苏维埃制度是绝对必要的。"①上述实践探索和思想论述都旨在加强无产阶级政党和政权的廉政建设。

第二，指引中国共产党的建设和中国的社会主义政权的廉政建设。中国共产党成立百余年来，在推进我国反腐倡廉建设实践中，始终坚持将马克思主义经典作家的廉政思想为指导，并结合中国的具体国情，提出了很多具有实际成效的反腐倡廉建设的新思想、新论断和新做法，不仅有效地指导了中国共产党和社会主义政权的廉政建设，同时也为丰富和发展马克思主义反腐倡廉的理论宝库作出了巨大的贡献。

一是高度重视反腐倡廉建设，在革命、建设和改革各个时期都强调要清除旧社会遗留给新社会的官僚主义作风。1921 年 7 月，中国共产党成立伊始，在党的第一个纲领性文件——党纲中的十二条就明确提出："地方委员会的财务、活动和政策，应受中央执行委员会的监督。"② 1926 年 8 月 4 日，《中共中央扩大会议通告——坚决清洗贪污腐化分子》中指出：各级党组织要"迅速审查所属同志，如有此类行为者，务须不容情的洗刷出党，不可令留存党中"③。新中国成立初期，针对一些党政机关存在的浪费、贪污、官僚主义的现象，1951 年 11 月 30 日，中共中央向全党发出，必须严格地查处和惩治党员干部的贪污腐败行为的通知。同年 12 月 1 日，中共中央指出要把反贪污、反浪费、反官僚主义作为贯彻精兵简政、增产节约的重要手段。1953 年 1 月 5 日，毛泽东在为中共中央起草的党内指示中写道："官僚主义和命令主义在我们的党和政府，不但在目前是一个大

---

① 《列宁全集》第 43 卷，北京：人民出版社 2017 年版，第 379 页。
② 《建党以来重要文献选编（1921～1949）》第 1 册，北京：中央文献出版社 2011 年版，第 2 页。
③ 《建党以来重要文献选编（1921～1949）》第 3 册，北京：中央文献出版社 2011 年版，第 348-349 页。

问题，就是在一个很长的时期内还将是一个大问题。"① 毛泽东认为，这些不良作风实际上就是反动作风，这是反动统治阶级旧政权在新社会上的残余，所以应该毫不犹豫地予以清除。这与马克思主义经典作家的反官僚主义思想是一致的，体现了继承性。

进入改革开放和社会主义现代化建设新时期，1977 年 8 月 18 日，中国共产党第十一次全国代表大会通过的《中国共产党章程》提出："反对官僚主义、命令主义和军阀主义……保持和发扬谦虚谨慎、不骄不躁、艰苦奋斗的作风，防止党员、特别是党的领导干部利用职权谋取任何特权，同资产阶级思想和作风作坚决的斗争。"② 1980 年，邓小平在《党和国家领导制度的改革》的讲话中直言不讳地指出了中国共产党成立以来，特别是新中国成立以来，党和国家领导制度中存在的问题，包括权力集中、兼职副职过多、官僚主义现象、家长制现象等。这些弊病，在邓小平看来，"多少都带有封建主义色彩"。他说："现在应该明确提出继续肃清思想政治方面的封建主义残余影响的任务，并在制度上做一系列切实的改革，否则国家和人民还要遭受损失。"③ 这里，邓小平指出，种种腐败问题或多或少都遗留着旧社会的痕迹和影响，是旧社会留续到新社会的问题，而建设中国特色社会主义就要坚决肃清旧残余的影响，否则党、国家、人民都要遭受危害。

"从党的十三届四中全会到党的十六大的 13 年，是中国改革开放不断深入的历史时期，也是反腐倡廉思想不断深化的历史时期。"④ 针对 20 世

---

① 《毛泽东文集》第 6 卷，北京：人民出版社 1999 年版，第 254 页。

② 《中国共产党反腐倡廉文献通典：1921 年—2008 年》第 3 卷，北京：党建读物出版社 2009 年版，第 85 页。

③ 《邓小平文选》第 2 卷，北京：人民出版社 1994 年版，第 335 页。

④ 辛向阳、陈建波：《中国特色反腐倡廉道路研究》，天津：天津人民出版社 2015 年版，第 33 页。

纪 90 年代苏联和东欧国家发生的政权变更，1991 年 9 月 27 日，江泽民在中央工作会议上指出："只要我们党自己不腐败，自己不蜕变，谁也演变不了我们。我们说，在新的历史条件下要经得起执政、改革开放和反和平演变的考验，最根本的是两条，一是信念坚定，坚持走有中国特色的社会主义道路；二是艰苦奋斗，作风廉洁，关心人民疾苦，把人民利益摆在首位。"① 虽然苏联解体、东欧剧变的原因是多方面的，但是执政党自身的廉洁问题是一个重要方面。这些国家政权的变更为执政的中国共产党敲响了警钟，即必须要加强党的自身建设，特别是反腐倡廉建设。进入 21 世纪，以胡锦涛同志为主要代表的中国共产党人也高度重视党的廉政建设，强调打击腐败惩治腐败关系到党和国家的生死存亡，要坚持反腐败永远在路上，要坚定全党反腐倡廉的决心和毅力，加强党的廉政建设，始终保持马克思主义政党的先进性和纯洁性。

二是廉政建设要坚持群众路线，注重发挥人民群众的主体作用。重视发挥人民群众的主体作用是马克思主义政党廉政建设的突出特征，也是马克思主义政党与资产阶级政党最明显的区别。因此，反腐倡廉建设最关键的就是要充分发挥人民群众的主体性力量，不能脱离人民群众，要将群众观点和群众路线与党的廉政建设紧密联系在一起。1945 年 4 月 24 日，毛泽东在中国共产党第七次全国代表大会上的政治报告中指出，"我们共产党人区别于其他任何政党的又一个显著的标志，就是和最广大的人民群众取得最密切的联系。"② 1956 年 9 月 16 日，邓小平在《关于修改党的章程的报告》中指出，中国共产党已由革命党转变为执政党，但是"执政党的地位，使我们党面临着新的考验。……脱离实际和脱离群众的危

---

① 《江泽民论党风廉政建设和反腐败斗争》，北京：中国方正出版社 2003 年版，第 169-170 页。
② 《毛泽东选集》第 3 卷，北京：人民出版社 1991 年版，第 1094 页。

险，对于党的组织和党员来说，不是比过去减少而是比过去增加了"①。这里，邓小平用共产党执政经验来说明执政党要时刻提醒自己不能脱离群众，否则就会出现变质、就会变腐。

改革开放以来，随着社会生活条件的改善，一些党员干部中出现了脱离群众、贪污腐化、官僚主义等问题。因此，在新形势下坚持党的群众路线、发扬党的优良作风尤为重要。1980 年 12 月 25 日，邓小平在《贯彻调整方针，保证安定团结》中指出："群众是我们力量的源泉，群众路线和群众观点是我们的传家宝。党的组织、党员和党的干部，必须同群众打成一片，绝对不能同群众相对立。"② 这里，邓小平将群众、群众路线、群众观点与党的组织、党的干部紧密联系在一起。1993 年 12 月 26 日，江泽民在毛泽东诞辰一百周年纪念大会上的讲话中指出："群众路线，是把马克思列宁主义关于人民群众是历史创造者的原理，系统地运用在党的全部活动中形成的党的根本工作路线。"③ 这里，江泽民明确指出了群众路线是对马克思列宁主义的继承和在中国的实际运用。

三是重视思想政治教育，加强廉政建设的思想引领。思想政治教育看似虚无缥缈，实则真实见效。毛泽东一贯提倡要经常地对党员干部进行马克思主义理论的教育，帮助他们树立正确的权力观和廉政观。因此，思想建设不仅是必要的，而且只能加强不能削弱。毛泽东说："有无认真的自我批评，也是我们和其他政党互相区别的显著的标志之一。"④ 在他看来，思想建设是必要的，而且只能加强不能削弱。新中国成立不久，党内就出现了骄傲自满情绪，任意违反党和政府的政策，对上级的政策和决定不屑一顾，喜欢耍"上有政策，下有对策"的小聪明，从不把上级说的话当回

---

① 《邓小平文选》第 1 卷，北京：人民出版社 1994 年版，第 214 页。
② 《邓小平文选》第 2 卷，北京：人民出版社 1994 年版，第 368 页。
③ 《江泽民文选》第 1 卷，北京：人民出版社 2006 年版，第 344 页。
④ 《毛泽东选集》第 3 卷，北京：人民出版社 1991 年版，第 1096 页。

事，对待人民群众的来访工作态度恶劣、行为蛮横，甚至有的领导干部公然滥用职权贪污受贿，这既损害了党同人民群众的血肉联系，也引起了人民群众对政府强烈的不满。为此，党中央要求在全党必须开展一次大规模的严格的整风运动。毛泽东提出整风的主要任务就是"提高干部和一般党员的思想水平和政治水平，克服工作中所犯的错误，克服以功臣自居的骄傲自满情绪，克服官僚主义和命令主义，改善党和人民的关系"①。经过全党半年多的努力，整风运动提高了党员干部的思想觉悟，改进了党的作风，对克服官僚主义和预防腐败现象起到了积极作用。

建党百余年来特别是新中国成立以来，中国共产党在建设廉洁型执政党过程中，始终坚持以马克思主义关于廉政建设的思想为指导，并结合中国的具体国情，提出了具有中国特色的社会主义廉政建设新思想，为无产阶级政党建设廉洁政治指明了方向。

二、马克思主义廉政观的当代启示

腐败是世界性的难题，反腐败更是世界性的难题。腐败的产生及其表现与一个国家的经济社会状况、政治制度安排、历史文化传统等密切相关。同样，反腐败也必须要围绕着这些紧密相关的要素有针对性地进行展开，否则就会出现"按下葫芦浮起瓢"的怪圈。因此，廉政建设是一个整体性、系统性的工程，需要多方面、多层级、多维度协同共进，才能实现或产生预期的效果。马克思主义的廉政理论在历史的发展中不断发展完善，形成了一些基本的经验，为新时代的廉政建设提供了方法论的指导。

（一）巩固理想信念，补足精神之钙

党员干部理想信念淡漠、党性意识弱化等是其腐败的重要原因。大量

---

① 《毛泽东文集》第6卷，北京：人民出版社1999年版，第72页。

的事实已经证明，腐败行为的发生与否，与个人的理想信念、思想素养紧密相关。一些党员干部走上贪污腐化、行贿受贿、违法乱纪的犯罪道路常常从理想信念的动摇开始。众所周知，任何人都不是生活在真空之中的，党员干部也不例外，生活在现实生活中的人必然要受到各种社会关系的影响。这也证明了马克思在《关于费尔巴哈的提纲》中所说的："人的本质不是单个人所固有的抽象物，在其现实性上，它是一切社会关系的总和。"① 在改革开放的大浪潮中，特别是随着社会主义市场经济的发展，经济的开放、思想的多元成为一种必然的趋势，党员干部的文化观念自然而然会受到不同渠道的影响，而且受影响的程度也在不断地加深。因此，在社会生活中，不可避免地会受到一些腐朽思想、落后思想、错误思想、迷惑思想的侵蚀和干扰，稍不警惕和设防，一些人就会受到腐蚀，然后走上邪路。在建设廉洁型执政党的道路上，马克思主义经典作家十分重视思想政治教育的教化作用，他们强调要通过文化教育、思想灌输来提高工人、农民的思想觉悟。历代中国共产党人在革命、建设和改革的实践进程中，十分重视和发挥思想政治教育对于反腐倡廉的基础性作用，时时刻刻不忘加强对党员干部的廉洁政治教育，通过引导他们树立正确的世界观、人生观、价值观，建立牢固的思想道德内心防线，从而实现从思想源头上预防腐败。巩固理想信念，加强廉政教育，构筑思想防线，成为中国共产党治理腐败和预防腐败的重要经验。

毛泽东指出："掌握思想教育，是团结全党进行伟大政治斗争的中心环节。如果这个任务不解决，党的一切政治任务是不能完成的。"② 中国共产党自诞生以来，之所以能够以星星之火发展成为燎原之势，重要原因之一就在于党始终重视发挥思想政治工作在教育和引导、动员和凝聚、激励

---

① 《马克思恩格斯选集》第 1 卷，北京：人民出版社 2012 年版，第 135 页。
② 《毛泽东选集》第 3 卷，北京：人民出版社 1991 年版，第 1094 页。

和武装广大党员与人民群众中的作用，实现紧密团结党中央周围，朝着正确的方向齐心协力、共同进步的效果。邓小平明确指出，我们要通过教育和法制两个基本的手段来解决腐败问题。他强调要在人民群众中强化思想政治教育工作，这样可以让他们继续保持艰苦奋斗的优良传统，"坚持这个传统，才能抗住腐败现象。所以要加强对人民进行思想政治工作，提倡艰苦奋斗。这是中国从几十年的建设中得出的经验"①。党的十三届四中全会后，党中央始终把加强教育作为从源头上预防腐败的一项基础性工作来抓，开展了以"讲学习、讲政治、讲正气"为主要内容的"三讲"思想教育活动。新世纪之初，胡锦涛指出，必须继续在思想教育上下功夫，必须要在党员领导干部中间开展有关保持共产党员先进性的主题教育活动，为的是广大党员领导干部自觉拒腐防变，带头打击腐败行为，率先实现廉洁自律、廉洁从政，不断筑牢广大党员领导干部拒腐防变的思想道德防线。

万物得其本者生，百事得其道者成。党员干部要为反腐败做好思想和能力准备，拧紧世界观、人生观、价值观的"总开关"，筑牢信念之基、补足精神之钙、把稳思想之舵。党的十八大以来，党中央更加重视理想信念和思想教育在廉政建设中的基础性作用。2012年11月17日，习近平总书记在《紧紧围绕坚持和发展中国特色社会主义学习宣传贯彻党的十八大精神》的讲话中强调："坚定理想信念，坚守共产党人精神追求，始终是共产党人安身立命的根本。对马克思主义的信仰，对社会主义和共产主义的信念，是共产党人的政治灵魂，是共产党人经受住任何考验的精神支柱。"② 这里，习近平总书记强调廉政建设一定要坚定共产党人的理想信念教育，因为理想信念是共产党人立党立命之本。习近平总书记在多次重要

---

① 《邓小平文选》第3卷，北京：人民出版社1993年版，第290页。
② 《习近平关于全面从严治党论述摘编》，北京：中央文献出版社2016年版，第57页。

讲话中把共产党人的理想信念比喻精神上的"钙",并指出"共产党人如果没有理想信念,精神上就会'缺钙',就会得'软骨病',必然导致政治上变质、经济上贪婪、道德上堕落、生活上腐化"。① 这段论述,高度概括了共产党人坚定理想信念的重要意义以及信仰缺失的严重危害。2013 年 1 月 17 日和 2 月 22 日,习近平总书记先后来到新华社、人民日报社调研,在调研中针对广大干部群众的浪费行为强调:"浪费之风务必狠刹!……努力使厉行节约、反对浪费在全社会蔚然成风。"② 这里,他强调要通过思想教育引导的方式来反对现实生活中的浪费现象。2021 年 9 月 1 日,习近平在中央党校中青年干部培训班开班式上强调:"现实生活中,一些党员、干部精神空虚、意志消沉、心为物役,信奉金钱至上、名利至上、享乐至上,少数人更是把党和人民赋予的权力作为谋取私利的手段,堕入腐败深渊,说到底都是理想信念动摇所致。"③ 这里,习近平总书记指出了现实生活中党内存在不良风气和腐败行为的主要原因在于党员干部理想信念不坚定。此外,习近平总书记还强调要树立和发扬"三严三实"④ 的作风,只有理想信念坚定者,才能做到旗帜鲜明、百毒不侵,才能在各种利益诱惑面前做到木人石心、忠贞不屈,才不会在面对大是大非面前陷入举棋不定、左右摇摆的尴尬境地,才不会在大风大浪来临时表现出临阵脱逃、惊慌失措的惶恐画面。

(二) 紧紧依靠人民,保持执政本色

谁是廉政建设的真正主体? 这个问题历来为中外政治家和思想家所争

---

① 《习近平谈治国理政》第 4 卷,北京:外文出版社 2022 年版,第 523 页。

② 《习近平关于党风廉政建设和反腐败斗争论述摘编》,北京:中国方正出版社 2015 年版,第 69 页。

③ 《习近平谈治国理政》第 4 卷,北京:外文出版社 2022 年版,第 523 页。

④ "三严三实":严以修身、严以用权、严以律己,谋事要实、创业要实、做人要实。

论。马克思主义确立了"人民至上"的原则，明确提出人民群众是廉政建设主体的思想，这也是马克思主义政党区别于资产阶级政党突出标志。根据马克思主义政党观的基本原理分析，共产党从来没有自己的特殊利益，共产党始终代表和维护的只有工人阶级和最广大人民群众的利益。因此，党的先进性，决定了保持自身清正廉洁的必然性。种种腐败现象最大的危害就是损害人民群众的利益，破坏党同人民群众的血肉联系，从根本上削弱党的根基，危害党的基础。

发挥人民群众的主体性作用，是中国共产党坚持群众观点群众路线的具体体现，也是人民群众参与管理国家事务、保证国家权力合理运作的重要途径。"依靠人民群众反腐败是毛泽东廉政思想的核心观点。"[①] 毛泽东灵活将人民群众是历史创造者的思想运用到中国民主政治建设领域，成功实现了人民当家作主，紧紧依靠人民群众的力量，成功地在井冈山、延安等革命根据地建立了廉洁政府。廉政建设的历史事实证明，群众的支持和参与是反腐败的力量所在。因为群众是腐败行为的直接受害者，他们对腐败现象的感悟最为真切，反腐败的愿望也最为强烈，他们是反腐败斗争的直接受益者，坚决反腐的积极性也最为主动。改革开放之初，邓小平基于党反腐倡廉建设的正反经验明确指出，人民群众对贪污、行贿、盗窃以及其他乱七八糟的东西非常反感，在推进改革开放的过程中能否有效治理腐败，关键就是要发挥人民群众的主体性力量，并且取得人民群众对党的衷心的拥护和信赖。党的十六大报告中指出："不坚决惩治腐败，党同人民群众的血肉联系就会受到严重损害，党的执政地位就有丧失的危险，党就有可能走向自我毁灭。"[②] 可以看出，反腐倡廉建设的核心问题是处理和维

---

① 卜万红：《中国特色廉政文化建设研究》，北京：中国社会科学出版社 2018 年版，第 67 页。

② 《改革开放三十年重要文献选编》下，北京：人民出版社 2008 年版，第 1268 页。

护好党同人民群众的亲密关系，党同人民的关系就好比鱼和水一样的关系，如鱼得水说的就是中国共产党只有得到最广大人民群众的支持和信赖，才能得以生存和发展，失去人民群众的力量，就好比鱼失去水一样，只能死路一条。实际上，在中国共产党执政进程中，依靠群众的支持和参与，不断拓展群众参与途径，已经形成了诸多行之有效的反腐倡廉机制。比如，坚持和完善举报制度；定期向人大、政协、民主党派、老干部汇报党风廉政建设和反腐败工作，认真听取他们的意见和建议；组织人大代表、政协委员、特邀监察员、党风廉政建设监察员对党风廉政建设和反腐败工作的检查考核；等等。

历史经验表明，执政基础、执政能力、执政地位最容易因腐败问题而削弱、降低、动摇。为此，党的十八大以来，习近平总书记特别强调党要时刻保持同人民群众的密切联系，搞廉政建设工作必须要以人民群众满意为根本方向和检验标准。党执政后的最大危险是脱离群众，然而党内目前存在的"四种危险"问题不仅没有得到根本性的改善，反而更加尖锐地摆在全党面前。习近平总书记强调："党内脱离群众的现象大量存在，一些问题还相当严重，集中表现在形式主义、官僚主义、享乐主义和奢靡之风这'四风'上。"[1] "我们要坚定决心，有腐必反、有贪必肃，不断铲除腐败现象滋生蔓延的土壤，以实际成效取信于民。"[2] 这里，习近平总书记强调要紧紧依靠人民群众来保持执政本色，即人民群众衷心拥护的，党就要一抓到底，人民群众反对抵制的，党就要坚决改正。只有切实解决好人民群众身边反映最集中、最强烈的问题，特别是解决好与人民群众利益最相关的腐败问题，维护好人民群众的切身利益，增加人民群众的获得感、幸

---

[1] 《习近平关于党风廉政建设和反腐败斗争论述摘编》，北京：中国方正出版社 2015 年版，第 13 页。

[2] 《习近平谈治国理政》，北京：外文出版社 2014 年版，第 386-387 页。

福感和安全感，才能让人民群众相信党、信任党，才能让他们心甘情愿地、真心实意地支持党、拥护党，增强他们对党中央反腐败的信心和决心。2021年1月22日，习近平在中共十九届中央纪委五次全会上讲话指出："民心是最大的政治，人民群众最痛恨腐败，不得罪成百上千的腐败分子，就要得罪14亿人民，这是一笔再明白不过的政治账、人心向背账。"① 强调反腐败是民心所向，唯有反腐才能赢得民心，才能厚植执政根基。党的十八大以来，党中央还特别强调通过开展党内集中教育加强党员干部的人民性，包括党的群众路线教育实践活动、"不忘初心、牢记使命"主题教育等历次党内学习教育，根本目的就是教育和引导广大党员干部要始终同人民群众同呼吸、共命运、心连心，始终同人民群众想在一起，干在一起，坚决防止出现因脱离群众而失去群众的现象。在反腐倡廉建设实践中，紧紧依靠人民群众，发挥人民群众的主体性力量，调动人民群众的积极性、主动性和创造性，党治国理政、管党治党才能取得更好的实效，方可在廉政建设的道路上渐行渐远。

（三）纯洁党的组织，筑牢战斗堡垒

党的组织是指全体党员同志根据党的纲领和章程建立起来的统一体，它是一个完整的组织体系，由中央、地方和基层组织三个层级构成，并且在党内奉行民主集中制的原则。"党的组织生活是党内政治生活的重要内容和载体，是党组织对党员进行教育管理监督的重要形式。"② 党的组织生活是党内政治生活的基础，具有不可替代的重要功能。没有严格的党的组织生活，党员的教育管理监督，党组织决议的落实，党的工作任务的传达，党的路线方针政策的实施，党员先锋模范作用和党组织战斗堡垒作用

---

① 《习近平谈治国理政》第4卷，北京：外文出版社2022年版，第507页。
② 《习近平谈治国理政》第2卷，北京：外文出版社2017年版，第182页。

的发挥，都将失去依托和载体。马克思、恩格斯认为，党的组织尤为重要，因为广大无产阶级是处于散涣状态的，只有通过组织的方式将其凝聚起来才会有力量，才能去与资产阶级形成强有力的对抗。正如恩格斯在《英国工人阶级状况》中所描述的，工人用暴力来反抗使用机器，工人捣毁工厂和炸碎机器，虽然在一定程度上起到了反抗资本主义的目的，"但是这种反抗形式也只是零散的，它局限于一定的地区，并且仅仅针对现存关系的一个方面。……工人必须找到一种新的反抗形式"①。那么，这种"新的反抗形式"是什么呢？在马克思、恩格斯看来，就是要成立党和党的组织，进而团结起来从根本上反抗资本主义及其制度。只有这样，才能激发出蕴蓄在工人阶级身上的民族力量，推进民族发展才有可能。列宁继承了马克思、恩格斯的这一思想，在俄国革命进程中特别强调党组织在革命中不可代替的重要作用。针对当时党内存在的关于组织建设意见的分歧，列宁特别强调严格和纯洁党的组织的重要性。他说："为了真正成为自觉的表现者，党应当善于造成一种能保证有相当的觉悟水平并不断提高这个水平的组织关系。"② 即表明，党要自觉发挥其先锋队的作用，就必须不断提高自身的觉悟水平。与此同时，列宁还特别强调党的章程、组织纪律、组织原则、组织方式等在党的建设中的重要作用。

中国共产党在成立之初就明确了党的奋斗目标、组织原则。党在领导中国革命的实践中，特别强调要加强党的组织建设，尤其是要积极发挥党组织的战斗堡垒作用。针对部分党员干部在革命进程中消极懈怠、无所事事，毛泽东在《反对本本主义》中对部队中出现的安于现状、精神懈怠的现象进行了严肃的批评，他指出"红军中显然有一部分同志是安于现状，不求甚解，空洞乐观，提倡所谓'无产阶级就是这样'的错误思想，饱食

---

① 《马克思恩格斯选集》第1卷，北京：人民出版社2012年版，第106页。
② 《列宁全集》第8卷，北京：人民出版社2017年版，第270页。

终日，坐在机关里面打瞌睡，从不肯伸只脚到社会群众中去调查调查"①。后来"饱食终日、无所用心"被中央看作一种官僚主义作风，并且成为被严厉批判的对象。1963年5月，周恩来总理专门做了反对官僚主义的报告。他在报告中提到了20种官僚主义，其中第九种便包含"饱食终日，无所用心"②。事实上，这体现的就是一种"为官不作为"的官僚主义作态。领导干部在党内个个身居要职，手握重权，在其位却不谋其政，整日浑浑噩噩、无所事事，用"当一天和尚撞一天钟"的心态混日子，这对于党员领导干部来说，就是理想信念消退，初心意识淡泊的体现。这样没有担当精神、没有创新观念、没有忠诚意识的党员干部，是不会赢取人民群众对党的任何信任的，只能辜负党和人民的寄托与信赖。1980年2月，中国共产党十一届五中全会通过了一部比较全面系统的党规党法——《关于党内政治生活的若干准则》。该准则准确地概括了历史上在处理党内关系和整顿党风方面的经验，同时提出了当前党的建设任务，这为以后解决党的建设中面临的各种重大问题指明了方向。这是在当时历史条件下，提高党员特别是干部的思想政治水平，增强党性，加强党的建设的一项具有重大意义的措施，在党的历史上是一个创举。

党的十八大以来，以习近平同志为核心的党中央高度重视党的组织建设，提出要通过培养选拔好干部、从严管理干部的方式来加强党的组织建设，夯实基层组织，巩固党执政的组织基础。"国有贤良之士众，则国家之治厚"，如果没有一批既干净廉洁又忠诚担当的干部去将党和国家的各项方针、政策付诸实施，那么一切美好的设想都将付诸东流、止于空谈。因此，在习近平总书记看来，"各级党组织要严格把好政治关、廉洁关，

---

① 《毛泽东选集》第1卷，北京：人民出版社1991年版，第116页。
② 《周恩来选集》下卷，北京：人民出版社1984年版，第420页。

绝不能让政治上、廉洁上有问题的人蒙混过关、投机得逞"①。他还提出党的好干部至少应做到"信念坚定、为民服务、勤政务实、敢于担当、清正廉洁"②。信念坚定对于一个好干部来说是摆在第一位的，没有了理想信念，一切将无从谈起；为民服务和勤政务实强调好干部要自觉充当人民的公仆，工作中要坚持求真务实、真抓实干的精神；敢于担当是干部的职责所在，也是价值所在，一个干部的担当有多大就会有多大的业绩。2019年7月9日，习近平总书记在中央和国家机关党的建设工作会议上讲话强调："必须正确处理干净和担当的关系，决不能把反腐败当成不担当、不作为的借口。……要把干净和担当、勤政和廉政统一起来，勇于挑重担子、啃硬骨头、接烫手山芋。"③清正廉洁是好干部的基本素质，能自觉做到敬畏权力、慎用权力是一个好干部应该体现的政治本色。在长期执政条件下，面对权力、金钱等考验和各种形式的"围猎"，党员干部特别是各级领导干部要始终做到为民务实清廉，"要时刻用党章、用共产党员标准要求自己，要有'与人不求备，检身若不及'的精神，时刻自重自省自警自励，努力做到'心不动于微利之诱，目不眩于五色之惑'，老老实实做人，踏踏实实干事，清清白白为官"④。在现实生活和工作中正确处理公私、义利、是非、情法、亲清、俭奢、苦乐、得失的关系，始终坚守共产党人的政治本色，因为这关乎深入推进全面从严治党，关乎党长期执政和国家长治久安。

（四）完善制度建设，防止权力越轨

制度建设是反腐倡廉建设得以有序开展的强力支撑，这是不言而喻

---

① 《习近平谈治国理政》第 4 卷，北京：外文出版社 2022 年版，第 505 页。
② 《习近平谈治国理政》，北京：外文出版社 2014 年版，第 412 页。
③ 《在中央和国家机关党的建设工作会议上的讲话》，《求是》2019 年第 21 期。
④ 《十八大以来重要文献选编》上，北京：中央文献出版社 2014 年版，第 341-342 页。

的。但是，制度建设的规范化，制度实施的落实化，确实是不容易做到的。在各种诱惑面前，把握住自己、守得住清贫、耐得住寂寞、稳得住心神、经得住考验确实不容易。纵览历史，不同时期的统治阶级都在试图找到一套制度规范，来防止权力越轨和权力变异甚至变更。横看各国，不同国家的统治者也在努力探寻一套适合本国有序发展的制度建设路子。从制度的起源看，制度最初出现是为了满足人的基本分配需求，而不断扩大的社会网络正在逐渐强化和修正这种需求，如果制度不能表现出适应社会需求变化的功能，就会形成社会抵触。马克思、恩格斯对制度的种种设想都与当时所处的社会制度有关。正是由于他们亲眼见证了资本主义制度下人的种种压迫，进而从人的本质、人的存在揭示了制度的社会属性，尝试使人从自然的奴役、物的奴役和一切异己力量的奴役的制度下解放出来。"马克思恩格斯对资本主义制度的揭露和对未来社会制度的设想，力图摆脱不完整的发展形态。"① 在这一意义上，当前中国特色社会主义制度及其具体呈现，正是延续了这种思想，通过制度建设逐步走向社会和人的完善发展。列宁在领导苏俄进行社会主义建设的探索中特别注意提醒人们要认真对待国家的法律条文。他说："做生意吧，发财吧！我们允许你这样做，但是我们将加倍严格地要求你做老实人，……不得有一丝一毫违背我们的法律，——这些就应当是司法人民委员部在新经济政策方面的基本准则。"② 他要求对那些玩忽职守、违法乱纪的工作人员要严厉打击，撤换法办。

新中国成立之前及成立之后的一段时间内，中国共产党在反腐倡廉建设中所采取的基本思路常常是通过整风运动来实现的。虽然也有机构和制

---

① 孟宪平、姚润田：《国家治理语境中的非制度化生存研究》，北京：人民出版社 2016 年版，第 24 页。

② 《列宁全集》第 42 卷，北京：人民出版社 2017 年版，第 428 页。

度性的建设，但不是常态化、常规化的做法。党的十一届三中全会之后，党和政府认真汲取"文化大革命"中各项制度遭到严重破坏的沉痛教训，在总结反腐倡廉建设历史经验和教训的基础上，党中央就如何解决在体制转轨过程中出现的腐败问题进行了新的思考，扬弃了依靠群众性政治运动反腐的传统，开始强调法制、制度在反腐倡廉中的重要作用，并得出制度问题更重要，更带有根本性的重要结论。在反腐倡廉建设中特别强调"还是要靠法制，搞法制靠得住些""制度是保证""更加注重制度建设"等思想的指导下，形成了中国特色反腐倡廉建设的一系列法规制度体系。虽然改革开放以来，党一直努力通过制度反腐来遏制腐败，但是由于我国正处于社会结构转型时期，很多腐败思想、腐败行为仍然顽固地潜伏在党内，可以说，党内反腐倡廉的形势仍然不容乐观。

党的十八大以来，党在制度反腐方面取得了长足的进展。习近平总书记提出，新一届中央领导要定规矩①，指出："没有规矩，不成方圆。"②这里的"规矩"即有"制度"含义，强调廉政建设首先要定制度、立规矩。习近平总书记还指出："关键是要抓住制度建设这个重点，以完善公务接待、财务预算和审计、考核问责、监督保障等制度为抓手，努力建立健全立体式、全方位的制度体系。"③此外，习近平总书记十分强调法规制度在反腐倡廉建设中的根本性作用："铲除不良作风和腐败现象滋生蔓延的土壤，根本上要靠法规制度。……只有建好制度、立好规矩，把法规制度建设贯穿到反腐倡廉各个领域、落实到制约和监督权力各个方面，发挥法规制度的激励约束作用，才能筑起遏制腐败现象滋生蔓延的'堤坝'，

---

① 指《十八届中央政治局关于改进工作作风、密切联系群众的八项规定》。
② 《习近平关于党风廉政建设和反腐败斗争论述摘编》，北京：中国方正出版社2015年版，第67页。
③ 《习近平谈治国理政》，北京：外文出版社2014年版，第364页。

才能推动形成不敢腐、不能腐、不想腐的有效机制。"① 习近平总书记认为,法规制度的生命力更在于执行,只有让反腐倡廉的法规制度落地、发力,才能生根、生威,不能让法规制度成为"稻草人""纸老虎",更不能随便变通、恶意规避、无视制度。因此,党的十八大以来,党中央在加强反腐倡廉法规制度建设过程中坚持了"两手抓"方针,一手抓制定完善,一手抓贯彻执行。对任何踩"红线"、碰"底线"、闯"雷区"的顶风违纪官员,无论是否身居高位、无论是否退居二线,只要以身试纪必然自食其果,必然严惩不贷。法规制度面前是人人平等的、遵守法规制度和执行法规制度自然也是没有例外的。为了强化法规制度执行力,习近平总书记还强调要健全问责机制,坚持有责必问、问责必严,在反腐倡廉建设中充分发挥法规制度的根本性力量。总之,新时代党中央先后制定完善了一系列党内法规制度,使制度的"笼子"越扎越紧,制度治党、管权、治吏的特点也更加突出。

（五）加强权力监督,确保权力阳光化

"没有监督的权力必然导致腐败,这是一条铁律。"② 权力是把"双刃剑",用得好可以为民造福,用得不好就会滋生腐败,从而损害党群利益关系,危害党和人民的伟大事业。绝对的权力导致绝对的腐败,党员领导干部权力如果得不到有效的监督和制约,就容易引发一些违法犯罪现象。一些党员干部的权力观发生扭曲,产生了"有权不用、过期作废"的错误思想,从而利用手中所掌握的权力大搞权钱交易、权权交易,大肆为个人、为小圈子、为小集团谋取不正当利益。因此,要从根本上治理腐败和

---

① 《习近平关于严明党的纪律和规矩论述摘编》,北京:中央文献出版社2016年版,第61页。
② 《习近平谈治国理政》,北京:外文出版社2014年版,第418页。

防止权力越轨，关键是要建立一套系统的制约和监督权力的机制和体系，从而确保权力能够沿着制度化和法制化的轨道运行，确保权力在阳光下运行。

马克思、恩格斯认为，权力从根本上或长远上来说是要废除的，未来的理想社会将不存在任何权力。列宁在领导苏俄（布）和苏俄社会主义前进的过程中意识到权力必须要受到强有力的监督，否则就会葬送无产阶级的政权。为此，在他的直接领导下，苏俄先后成立了国家监察委员部、工农检查院。其实，关于加强权力监督的思想，中国共产党早在延安时期就进行了初步探索，那时国内还存在多个政权组织，为了能够有效地对这些政权组织进行监督，中国共产党专门探索了一套有效的监督办法。新中国成立后，为了加强对公权力的监督，中国共产党又进行了深入的探索，但这其中有成功的做法，也有失败的教训。党的十一届三中全会后，党和国家各种监督制度逐步得到恢复和完善。党的十七大报告提出："要坚持用制度管权、管事、管人，建立健全决策权、执行权、监督权既相互制约又相互协调的权力结构和运行机制。"[①] 要健全防控机制，紧盯权力资源集中、廉政风险较高的重点部门、关键岗位等，开展内部巡视，强化监管措施。要深化标本兼治，努力构建不敢腐、不能腐、不想腐的有效机制。

党的十八大以来，在党中央的领导下，基本形成了一套结构合理、制约有效的权力制约和监督体系，建立健全了党内各项通报制度，及时公布和更新党内信息，创新公开形式，扩大公开范围。习近平总书记强调，健全权力运行制约和监督体系是加强权力监督的有效方式，充分发挥人民群众的监督作用，让权力在阳光下运行，让权力走不出制度的"笼子"。2012年12月4日，在首都各界纪念现行宪法公布施行三十周年大会上的讲话中，习近平总书记强调："我们要健全权力运行制约和监督体系，有

---

① 《十七大以来重要文献选编》上，北京：中央文献出版社2009年版，第25页。

权必有责，用权受监督，失职要问责，违法要追究，保证人民赋予的权力始终用来为人民谋利益。"① 在党的十九大报告中，更加明确了健全党和国家的监督体系，习近平总书记提出："要加强对权力运行的制约和监督，让人民监督权力，让权力在阳光下运行，把权力关进制度的笼子。"②

在权力运行制约和监督体系中，以习近平同志为核心的党中央非常重视发挥巡视监督作用，在反腐败过程中把巡视工作摆在突出位置。2013 年4 月，习近平总书记在中央政治局常委会审议关于中央巡视工作领导小组第一次会议研究部署巡视工作情况报告时指出："巡视是党章赋予的重要职责，是加强党的建设的重要举措，是从严治党、维护党纪的重要手段，是加强党内监督的重要形式。"③ 这里，明确了巡视在党内监督中的战略作用，突出了巡视在全面从严治党中的重要地位。巡视制度作为加强党内监督的一项重大举措，在反腐败方面发挥着关键作用，展现出巨大的反腐能量，是反腐的一把"利剑"。习近平总书记多次发表重要讲话作出"用好巡视这把'利剑'"的重要指示，并指出巡视工作的重点内容就是加强党风廉政建设和反腐败斗争，巡视工作的主要职责就是发现问题、形成震慑，并且主要体现"四个着力"④ 上。在巡视过程中但凡发现腐败问题，不管是党风廉政问题还是"四风"问题，党中央都要及时进行纠正和处

---

① 《十八大以来重要文献选编》上，北京：中央文献出版社2014 年版，第92 页。
② 习近平：《决胜全面建成小康社会　夺取新时代中国特色社会主义伟大胜利——在中国共产党第十九次全国代表大会上的报告》，北京：人民出版社2017 年版，第67 页。
③ 中共中央纪律检查委员会、中共中央文献研究室编：《习近平关于党风廉政建设和反腐败斗争论述摘编》，北京：中央文献出版社、中国方正出版社2015 年版，第107 页。
④ "四个着力"：要着力发现是否存在形式主义、官僚主义、享乐主义和奢靡之风等违反中央八项规定的问题；着力发现领导干部是否存在权钱交易、以权谋私、贪污贿赂、腐化堕落等违纪违法问题；着力发现领导干部是否公开发表违背中央决定的言论、散布违背党的理论和路线方针政策的意见、搞"上有政策、下有对策"等违反政治纪律的问题；着力发现是否存在买官卖官、拉票贿选、突击提拔干部等选人用人上的不正之风和腐败行为。

置，绝不姑息，严查到底，既然党中央给了巡视组这个"尚方宝剑"，那么巡视组就应当发挥好"千里眼"作用，着力发现和反映问题，找出"老虎"和"苍蝇"这些腐败分子，形成震慑，以此达到遏制腐败的作用。综上所述，要想保证人民赋予的权力始终用来为人民谋利益，就必然增强权力制约和监督的效果，必须充分调动人民群众的主体性作用，人民是国家的主人，监督党和政府权力运行是否得当的最有效的方式就是接受人民的检验，接受人民的监督。

（六）严厉打击特权，维护制度公正

特权及特权现象是阶级社会存在的毒瘤。依据马克思主义理论，未来的理想社会一定是不存在特权的，进行社会主义革命和建设其中一个重要的任务就是要消除阶级社会中的特权存在。东方落后国家实现了社会主义革命，无产阶级政党上升为统治阶级，虽然并没有很快消灭阶级对立和特权现象，但是反对特权，维护制度公正一直是马克思主义和无产阶级政权所遵循的基本原则和不懈奋斗的目标。

社会的良序运转，离不开人类形成的契约及其契约精神。在现代社会，这种契约就体现为"法律"和"法律至上"的精神。建设社会主义法治国家，最关键的就是要在全社会树立法律权威意识，将依法治国方略坚持到底，以此来保障国家的长治久安和社会的和谐稳定。从社会主义实践层面上看，我国已基本实现了法律的正常有序运转，法律与制度的权威在社会上也树立起来。首先，各级国家机关能够在其位谋其政，依法办事，全心全意为人民服务，依法保障公民的合法权利，依法打击犯罪，为民除害，在维护社会公平正义与和谐稳定方面做出了卓越的成绩。其次，公民自身的法律意识得到有效的增强，特别是守法、用法、护法意识，当自己的合法权益受到损害时开始学会运用法律武器保护自己，敢于对各种腐败

现象说不,学会积极应对各种违法犯罪行为。

但是现实生活中,特权现象依旧存在。那么,什么是特权?特权"就是政治上经济上在法律和制度之外的权利"①。事实上,党和国家并不是没有与之相关的法律和制度,而是一部分党员干部将其束之高阁,利用手中的权力谋取特权。特权现象和特权思想的存在破坏了党群关系,妨碍了社会公正,助长了权力崇拜,放纵了腐败行为。中国共产党自建党那刻起就十分重视反特权思想。早在改革开放初期,我们党就在《关于党内政治生活的若干准则》中专门强调不准搞特权。但是特权问题仍没有得到很好解决,这既有封建专制传统的因素,也有规章制度不规范的诱因,既有监督不到位的症结,也有惩处不严厉的困惑。实际上,反对特权关键要从领导干部入手。特别是高级领导干部在党内身居要职,权高位重,在党内容易起到表率作用,只要他们身先士卒,在全党范围内率先带头反对特权,那么克服特权思想、特权现象就指日可待了。共产党人实现政治清醒的前提是首先要做到理论清醒。广大党员干部特别是领导干部要唤醒心中维护法律制度的自觉性,首先要树立正确的马克思主义权力观,坚持群众观点和群众路线,坚持全心全意为人民服务的宗旨,才能自觉对特权思想和特权现象说不。

党的十八大以来,习近平总书记在不同时间、地点多次强调反特权思想和反特权现象:"反腐倡廉建设,必须反对特权思想、特权现象。……所有共产党员都不得谋求任何私利和特权。"②坚持反腐倡廉就必须坚决反对"四风"问题,必须从思想作风上反对特权。2013 年 7 月 11—12 日,习近平总书记在河北调研指导党的群众路线教育实践活动时的讲话中指出:"解决'四风'问题,要标本兼治,既治标又治本。治标,就是要着

---

① 《邓小平文选》第 2 卷,北京:人民出版社 1994 年版,第 332 页。
② 《习近平谈治国理政》,北京:外文出版社 2014 年版,第 388 页。

力针对面上'四风'问题的各种表现，该纠正的纠正，该禁止的禁止。治本，就是要查找产生问题的深层次原因，从理想信念、工作程序、体制机制等方面下功夫抑制不正之风。"① 中央也十分重视从思想作风上反对特权，提出领导干部务必要改善工作作风、自觉同党内不正之风作斗争，努力克服特权思想。2016 年 6 月 28 日，习近平总书记在中共中央政治局第三十三次集体学习时强调："要以上率下，……任何时候都不搞特权，都不破坏党的制度和规矩。"② 这里，习近平总书记强调要想在全党范围内克服特权思想，中央政治局成员作为党的高级领导干部，首先自身要做到率先垂范反特权，要想要求别人做到反特权，自己必先要带头执行八项规定，真正做到上级做给下级看、上级带着下级干，这样不仅可以有效遏制特权思想和特权现象，而且可以引领社会新风正气。经过党的十八大以来的全面从严治党，"刹住了一些过去被认为不可能刹住的歪风，纠治了一些多年未除的顽瘴痼疾，党风政风和社会风气为之一新"③。习近平总书记关于反对特权的重要思想深刻展现了新一届领导班子反对特权的决心和毅力，丰富和发展了无产阶级政党反特权的思想，为无产阶级政党依法反对各种特权指明了方向。

---

① 《习近平关于全面从严治党论述摘编》，北京：中央文献出版社 2016 年版，第 153 页。
② 《严肃党内政治生活净化党内政治生态　为全面从严治党打下重要政治基础》，《人民日报》2016 年 6 月 30 日，第 1 版。
③ 《中共中央关于党的百年奋斗重大成就和历史经验的决议》，北京：人民出版社 2021 年版，第 31 页。

结　语

　　在人类政治发展史中，廉洁是一个永恒的价值追求和期待。反腐倡廉建设是各国政府所面临的共同课题，建立一个廉洁的政府是人类现代政治文明的美好愿望，建设廉洁型政党也是马克思主义经典作家的共同期盼。马克思主义经典作家提出的关于反对腐败和建设廉洁政治的经验，对于中国共产党永葆先进性和纯洁性，建设海晏河清的廉洁政治生态具有重要意义。马克思、恩格斯提出要坚持人民群众的主体地位，充分发挥人民群众的作用，实现廉洁型的政党和政府建设，无产阶级政党要为人民群众的利益和幸福而奋斗。列宁在领导俄国进行社会主义建设过程中，号召布尔什维克的党员干部和人民群众与党内的存在的不良风气、腐败行为进行了坚决的斗争，为了防止权力专断和腐败的产生，列宁提出要同一切特权作不调和的斗争，要建立专门惩治贪污腐败的监督检查机构和开展多种多样的自上而下的监督形式，这些主张对保证布尔什维克的廉洁执政，建设廉洁政权产生了重要的积极作用。

　　清正廉洁是中国共产党的政治本色，坚定不移地反对腐败，建设廉洁政治也是我们中国共产党一贯坚持的鲜明政治立场。自成立那刻起，我们党就将"反对腐败"庄严地写在了我们的旗帜上，把反腐倡廉建设摆在党的建设的突出位置。改革开放四十多年来，党中央始终坚持党要管党、从严治党，把反对腐败贯穿于改革开放全过程，在不同时期持续深化党风廉政建设和反腐败斗争，党的建设也取得了明显成效。但不可否认，当前党内仍然存在许多亟待解决的突出问题，一些地方和部门都不同程度地存在选人用人上的不正之风，"四风"问题、特权思想仍然存在，需要继续纠治，全党要深刻认识到党面临的"四种危险"①的严峻性和"四大考验"②的长期性特点。此外，党内存在的"七个有之"③问题严重影响了党的形象和威信，严重损害党群干群关系。

党的十八大以来，习近平总书记站在党的建设和国家改革事业的高度作出了全面从严治党的战略部署，这是新时代管党治党重大任务和主题。党的十八大以来，以习近平同志为核心的党中央坚定推进全面从严治党，从把全面从严治党纳入"四个全面"战略布局，再到写入党章并把它作为党的指导思想，标志着我们党对中国特色社会主义建设规律的认识达到了一个前所未有的高度，同时也彰显了中国共产党全面从严治党的坚定信心和决心。事实证明，党中央在反腐惩恶上坚持不敢腐、不能腐、不想腐一体推进，拿出了刮骨疗毒、壮士断腕的勇气、决心和零容忍、无禁区、全覆盖的态度，全党上下坚定不移地把"打虎""拍蝇""猎狐"的重任进行到底，坚持从根本上打击腐败遏制腐败，使得腐败无处藏身、无处遁形。可以说，"党的十八大以来，经过坚决斗争，全面从严治党的政治引领和政治保障作用充分发挥，党的自我净化、自我完善、自我革新、自我提高能力显著增强，管党治党宽松软状况得到根本扭转，反腐败斗争取得压倒性胜利并全面巩固，消除了党、国家、军队内部存在的严重隐患，党

---

① "四种危险"是指精神懈怠的危险、能力不足的危险、脱离群众的危险、消极腐败的危险。

② "四大考验"是指执政考验、改革开放考验、市场经济考验、外部环境考验。

③ "七个有之"：搞任人唯亲、排斥异己的有之，搞团团伙伙、拉帮结派的有之，搞诬告、制造谣言的有之，搞收买人心、拉动选票的有之，搞封官许愿、弹冠相庆的有之，搞自行其是、阳奉阴违的有之，搞尾大不掉、妄议中央的也有之。

在革命性锻造中更加坚强"①。

当前，反腐败斗争取得压倒性胜利并全面巩固，但我们不能有任何喘口气、歇歇脚的念头，我们必须看到当前的党风廉政建设和反腐败斗争形势依然严峻尖锐，损害党的先进性和纯洁性的因素仍然存在，腐败的诱因错综复杂、腐败的形式五花八门。从根本上讲，只要腐败产生的土壤和条件没有彻底铲除，新的问题就会一直滋生，腐败现象也会不断变化，也就意味着距离实现海晏河清的政治生态还任重道远。反腐败是一场攻坚战、持久战，必须永远在路上，一刻都不能喊停。现在党内仍然面临许多顽固性和多发性问题，我们绝不能掉以轻心，产生厌倦情绪，新时代，在新的"赶考"路上，我们要咬定青山不放松，继续保持反腐败高压态势，越是在反腐败取得压倒性胜利的关键时刻，越要拿出"越是艰险越向前""狭路相逢勇者胜"的坚定信念，通过自我革命永葆党的先进性和纯洁性，确保党始终不变质、不变色、不变味，从这个意义上来说，梳理马克思主义经典作家和中国共产党人的廉政观中所贯穿的主线、核心思想，对于新时代坚决打赢反腐败斗争这场正义战、持久战，为走好新的"赶考"之路营造海晏河清的政治生态具有重要的指导性意义。因此，对于广大学术研究者来说，应该肩负起相应的责任，着力加强这方面的研究，为推动新时代党风廉政建设和反腐败斗争工作贡献智慧。本书在遵循党的建设基本规律基础上，对马克思、恩格斯、列宁、毛泽东、邓小平、江泽民、胡锦涛、习近平关于廉政建设的基本观点进行了系统的梳理，通过厘清他们廉政观的历史发展脉络、主要内容阐释，并在此基础上概括出他们在阐述廉政观时所遵循的内在的规律，希望能为新时代党建工作特别是党风廉政建设和反腐败斗争工作提供些许参考。

---

① 《中共中央关于党的百年奋斗重大成就和历史经验的决议》，北京：人民出版社 2021 年版，第 33-34 页。

　　实践发展永无止境，理论创新永无止境。随着中国特色社会主义进入新时代，党的建设新的伟大工程不断推进，"马克思主义廉政观"这个重要问题必将获得学术界更多的关注。路漫漫其修远兮，吾将上下而求索！笔者日后还会对该问题持续进行关注和研究，希望取得更多有深度的研究成果。

参考文献

一、马克思主义经典著作

[1]《马克思恩格斯选集》第 1-4 卷，人民出版社 2012 年版。

[2]《马克思恩格斯文集》第 1-10 卷，人民出版社 2009 年版。

[3]《马克思恩格斯全集》第 1-44 卷，人民出版社 1956-2018 年版。

[4]《列宁全集》第 4-60 卷，人民出版社 2013-2017 年版。

[5]《列宁选集》第 1-4 卷，人民出版社 2012 年版。

[6]《毛泽东文集》第 2-8 卷，人民出版社 1993-1999 年版。

[7]《毛泽东选集》第 1-4 卷，人民出版社 1991 年版。

[8]《邓小平文选》第 1-3 卷，人民出版社 1993-1994 年版。

[9]《江泽民文选》第 1-3 卷，人民出版社 2006 年版。

[10]《胡锦涛文选》第 2-3 卷，人民出版社 2016 年版。

[11]《改革开放三十年重要文献选编》（上、下册），人民出版社 2008 年版。

[12]《习近平总书记系列重要讲话读本》，人民出版社 2016 年版。

[13] 习近平：《在庆祝中国共产党成立 95 周年大会上的讲话》，人民出版社 2016 年版。

[14]《习近平谈治国理政》第 1 卷，外文出版社 2018 年版。

[15]《习近平谈治国理政》第 2 卷，外文出版社 2017 年版。

[16]《习近平谈治国理政》第 3 卷，外文出版社 2020 年版。

[17]《习近平谈治国理政》第 4 卷，外文出版社 2022 年版。

[18]《习近平关于全面从严治党论述摘编》，中央文献出版社 2016 年版。

[19]《习近平关于严明党的纪律和规矩论述摘编》，中央文献出版社 2016 年版。

[20]《习近平关于党风廉政建设和反腐败斗争论述摘编》，中国方正出版社 2015 年版。

[21]《江泽民论党风廉政建设和反腐败斗争》，中国方正出版社 2003 年版。

[22]《严肃党内政治生活净化党内政治生态 为全面从严治党打下重要政治基础》，《人民日报》2016 年 6 月 30 日。

[23] 胡锦涛：《坚定不移沿着中国特色社会主义道路前进 为全面建成小康社会而奋斗——在中国共产党第十八次全国代表大会上的报告》，《人民日报》2012 年 11 月 8 日。

[24] 习近平：《决胜全面建成小康社会，夺取新时代中国特色社会主义伟大胜利——在中国共产党第十九次全国代表大会上的报告》，人民出版社 2017 年版。

[25]《中共中央关于党的百年奋斗重大成就和历史经验的决议》，人民出版社 2021 年版。

[26] 习近平：《习近平在十九届中央纪委六次全会上发表重要讲话强调 坚持严的主基调不动摇 坚持不懈把全面从严治党向纵深推进》，《光明日报》2022 年 1 月 19 日。

[27] 习近平:《高举中国特色社会主义伟大旗帜 为全面建设社会主义现代化国家而团结奋斗:在中国共产党第二十次全国代表大会上的报告》,人民出版社 2022 年版。

二、国内外著作

[1] 董世明等:《马克思主义廉政学说》,社会科学文献出版社 2016 年版。

[2] 宋振国、刘长敏著:《各国廉政建设比较研究》,知识产权出版社 2013 年版。

[3] 周卫东著:《廉政理论研究》,中央编译出版社 2005 年版。

[4] 王茂林等著:《廉政建设概论》,法律出版社 1991 年版。

[5] 项继权、李敏杰著:《中外廉政制度比较》,商务印书馆 2015 年版。

[6] 时希平、张严著:《马克思主义政党先进性建设的理论与实践》,人民出版社 2006 年版。

[7] 王进芬著:《列宁共产党执政思想研究》,中共中央党校出版社 2008 年版。

[8] 尹彦著:《列宁时期的党内民主》,厦门大学出版社 2003 年版。

[9] 李保国著:《列宁执政党建设理论新探》,南京师范大学出版社 2015 年版。

[10] 顾训宝著:《列宁执政党学习思想研究》,中国社会科学出版社 2013 年版。

[11] 龚廷泰著:《列宁法律思想研究》,南京师范大学出版社 2000 年版。

[12] 郑东艳著:《列宁文化观研究》,人民出版社 2017 年版。

[13] 黄苇町著:《苏共亡党十年祭》,江西高校出版社 2002 年版。

[14] 辛向阳、陈建波著:《中国特色反腐倡廉道路研究》,天津人民出版社 2015 年版。

[15] 黄宝玖、杨海蛟著:《新中国反腐倡廉建设历程》,世界知识出版社 2011 年版。

[16] 黄修荣、刘宋斌主编:《中国共产党廉政反腐史记》,中国方正出版社 1997 年版。

[17] 陈挥、王关兴著:《中国共产党反腐倡廉建设史》,东方出版中心 2011 年版。

[18] 卜万红著:《中国特色廉政文化建设研究》,中国社会科学出版社 2018 年版。

[19] 孟宪平、姚润田著:《国家治理语境中的非制度化生存研究》,人民出版社 2016 年版。

[20] 黄宝玖著:《新中国反腐倡廉建设历程》,世界知识出版社 2011 年版。

[21] 郭兴全著:《中国廉政建设的理论与实践》,中国社会科学出版社 2014 年版。

[22] 倪星、肖滨著:《中国廉政制度创新研究》,中山大学出版社 2012 年版。

[23] 张雪娇、邹谨等著:《新中国廉政建设史纲》,社会科学文献出版社 2015 年版。

[24] 王传利、张海鹏著:《毛泽东与反腐倡廉》,中国社会科学出版社 2015 年版。

[25] 孙道祥、任建明著:《中国特色反腐倡廉理论研究》,中国方正出版社 2011 年版。

[26] 林喆著:《权力腐败与权力制约》,山东人民出版社2009年版。

[27] 刘宪权著:《法治中国与防腐、反腐》,上海人民出版社2017年版。

[28] 钱小平著:《法治反腐的路径、模式与机制研究》,南京东南大学出版社2001年版。

[29] 奚洁人著:《党的先进性建设研究》,人民出版社2011年版。

[30] 黄桂英著:《中国共产党保持和发展先进性的理论与实践研究》,东北师范大学出版社2015年版。

[31] 金波著:《新中国廉政建设史纲》,知识产权出版社2017年版。

[32] 刘淑霞著:《中国共产党廉政建设史纲》,中国政法大学出版社2017年版。

[33] 陈挥、王关兴著:《中国共产党反腐倡廉史》,上海人民出版社2014年版。

[34] 徐家林等著:《中国共产党反腐倡廉建设史论》,中国方正出版社2009年版。

[35] 邵景均著:《中国反腐倡廉之路》,中国方正出版社2009年版。

[36] 窦效民、王良启著:《中国共产党反腐倡廉历程》,郑州大学出版社2006年版。

[37] 尉健行著:《论党风廉政建设和反腐败斗争》,中央文献出版社2009年版。

[38] 许峰著:《廉政文化建设研究》,北京理工大学出版社2018年版。

[39] 孙道祥、任建明著:《中国特色反腐倡廉理论研究》,中国方正出版社2011年版。

[40]〔法〕罗曼·罗兰著:《莫斯科日记》,夏伯铭译,上海人民出

版社 1995 年版。

[41] 〔苏〕埃·她·根基娜著：《列宁的国务活动（1921-1923年）》，中国人民大学出版社 1982 年版。

三、论文

[1] 郭春生：《论马克思恩格斯的反特权思想及其当代启示》，《毛泽东邓小平理论研究》2010 年第 6 期。

[2] 王传利：《新中国成立初期反腐制度建设论析》，《政治学研究》2014 年第 6 期。

[3] 丁俊萍：《列宁的反腐倡廉建设思想及其启示》，《马克思主义研究》2015 年第 1 期。

[4] 刘少奇：《要防止领导人员特殊化》，《党建》1988 年第 11 期。

[5] 俞良早：《工农国家须防止"社会公仆变为社会主人"——经典作家反对腐败和加强廉政建设思想对中国共产党反腐倡廉建设的启示》，《扬州大学学报（人文社会科学版）》2016 年第 1 期。

[6] 俞敏、俞良早：《苏俄非常时期列宁加强党的理论建设的思想》，《科学社会主义》2016 年第 2 期。

[7] 励慧芳：《反腐倡廉：从政治自觉到文化自觉——改革开放 30 年来中国共产党廉政观念的演进》，《浙江社会科学》2008 年第 6 期。

[8] 许耀桐：《列宁党内民主思想探析》，《福建师范大学学报》（哲学社会科学版）2019 年第 3 期。

[9] 董世明：《马克思的廉政建设思想及其启示》，《广州大学学报》（社会科学版）2008 年第 10 期。

[10] 张明清：《马克思列宁廉政思想探述》，《理论月刊》1994 年第 8 期。

[11] 杨建兵、陈绍辉《马克思恩格斯反腐败思想及其当代引领价值》，《广州大学学报》（社会科学版）2016 年第 2 期。

[12] 和军：《马克思恩格斯的反腐败思想及其现实意义》，《云南行政学院学报》2012 年第 2 期。

[13] 蒋来用：《习近平反腐倡廉思想的新时代特色》，《理论探索》2017 年第 6 期。

[14] 吴成林：《列宁从严治党的思想实践及其现实启示》，《理论导刊》2017 年第 1 期。

[15] 孙立军：《论习近平廉政文化建设思想》，《马克思主义研究》2017 年第 5 期。

[16] 张士海：《列宁关于无产阶级政党纯洁性思想及其启示》，《社会主义研究》2013 年第 2 期。

[17] 蒯正明、王玉：《列宁关于保持无产阶级执政党纯洁性的思想与现实启示》，《学术论坛》2012 年第 12 期。

[18] 王强：《列宁法制思想的当代意义》，《西南科技大学学报》（哲学社会科学版）2005 年第 2 期。

[19] 张国安：《列宁法制反腐败思想初探》，《学术论坛》2006 年第 7 期。

[20] 梁丹丹：《列宁"三位一体"的权力制约思想及其当代价值》，《理论导刊》2015 年第 1 期。

[21] 王志连、石磊：《以"权利"制约权力—列宁晚年时对社会主义国家权力制衡的探索》，《社会科学研究》2001 年第 3 期。

[22] 王建国：《列宁一般监督理论的制度实践与借鉴价值》，《法学评论》2013 年第 2 期。

[23] 闵雪、薛忠义：《马克思恩格斯的廉政思想》，《求实》2012 年

第 7 期。

[24] 金光美：《马克思、恩格斯廉政建设思想的当代解读》，《甘肃社会科学》2010 年第 6 期。

[25] 何潇：《马克思主义的反腐败思想及其现实价值》，《人民论坛》2012 年第 26 期。

[26] 马小芳：《中国共产党加强先进性建设的当代创新——有关马克思主义执政党跳出"历史周期率"的思考》，《中共中央党校学报》2012 年第 3 期。

[27] 徐柏才：《建设马克思主义学习型政党：保持和发展党的先进性的本质要求》，《思想理论教育导刊》2012 年第 2 期。

[28] 朱效生、宫玉涛：《马克思恩格斯的"一把手"监督制约思想及其当代启示》，《广西社会科学》2014 年第 2 期。

[29] 蔡亚志：《列宁关于党的纯洁性思想及其当代价值》，《马克思主义研究》2015 年第 2 期。

[30] 黄勇、武彬：《列宁构筑"三位一体"权力监督体系的思想研究》，《社会主义研究》2013 年第 3 期。

[31] 王永浩：《试论列宁的反腐倡廉思想》，《求实》2011 年第 1 期。

[32] 陈东辉：《列宁党内监督思想及其当代启示》，《学习论坛》2018 年第 4 期。

[33] 李小珊：《十月革命胜利初期列宁关于"计算和监督"的思想及其现实价值》，《当代世界与社会主义》2014 年第 2 期。

[34] 黄勇、武彬：《列宁构筑"三位一体"权力监督体系的思想研究》，《社会主义研究》2013 年第 3 期。

[35] 田旭明：《全面从严治党实践中党内非制度化行为治理机制探析》，《马克思主义与现实》2017 年第 2 期。

［36］蔡如军、魏永强：《习近平党的纯洁性建设思想研究》，《思想理论教育导刊》2017 年第 6 期。

［37］朱联平：《毛泽东党的纯洁性建设思想及其现实启示》，《理论导刊》2017 年第 2 期。

［38］俞良早：《党密切联系群众的理论认识及实践途径》，《马克思主义与现实》2012 年第 5 期。

［39］田旭明：《法治反腐生态化：深化制度反腐的必然选择》，《理论导刊》2015 年第 4 期。

［40］刘旺旺：《马克思恩格斯关于文化发展的思想及其当代启示》，《当代世界与社会主义》2018 年第 5 期。

［41］邵景均：《中国共产党 90 年反腐败的基本经验》，《中共中央党校学报》2011 年第 3 期。

［42］田旭明、李春艳：《中国共产党建设廉洁型执政党的理论认知和实践路径》，《理论探讨》2017 年第 1 期。

［43］李春艳、田旭明：《马克思主义经典作家关于廉洁型执政党建设的思想及启示》，《学校党建与思想教育》2019 年第 3 期。

后　记

　　本书是笔者在博士论文的基础上整理形成的，书中的内容是笔者读博期间和现在一直都在持续关注的课题。该书聚焦于马克思主义经典作家的廉政观，既有经验的概括，又有现实的关照；既有挖掘思想理论的内容体系，又要重视实践经验的总结。虽然这本书对经典作家关于廉政观的梳理有了较为完整的体系，但是由于国外目前还没有学者直接系统地对中国化的马克思主义廉政观进行研究过，所以笔者对于国际社会中关于马克思主义廉政观的认识还不够深刻，还需要加强研究，这也是笔者后续研究的内容之一。

　　在书稿完成之际，笔者怀着深深的感激之情感谢博士导师——俞良早老师！俞老师是学术界最早开始研究列宁的专家，被许多学者称为是"东方社会主义学说第一人"。"咬定青山不放松"，坚定不移、孜孜以求，把学术研究当作一生的事业，这是俞老师最贴切的写照。如今，俞老师已年过古稀，仍然笔耕不辍，把做学问当作是自己每天的必修课，这种敬畏学问的态度深深地影响着我。在今后为人师表的岁月里，我一定谨记俞老师的谆谆教导，求真务实、沉心静气做学问。

　　笔者还要特别感谢刘旺旺、杨荣刚两位师兄，他们都是非常优秀的学者，给我树立起好的榜样。生活中他们更是乐于助人，对本人关照有加。

因智识有所不及，思力有所不逮，本书难免有疏漏和不足之处，敬请各位读者批评指正！